2016年安徽省高校优秀青年人才支持计划重点项目
"道德人格的现代重塑——唐君毅成德思想研究"(gxyqZD2016

TANGJUNYI DAODE RENGE SIXIANG YANJIU

唐君毅
道德人格思想研究

孙海霞　著

安徽师范大学出版社
·芜湖·

责任编辑：陈　艳　丁　翔
装帧设计：任　彤

图书在版编目（CIP）数据

唐君毅道德人格思想研究 / 孙海霞著. — 芜湖:安徽师范大学出版社, 2019.1（2024.6 重印）
ISBN 978-7-5676-3562-3

Ⅰ.①唐… Ⅱ.①孙… Ⅲ.①唐君毅（1909—1978）– 伦理思想 – 研究 Ⅳ.①B261.5

中国版本图书馆CIP数据核字（2018）第102715号

唐君毅道德人格思想研究　　　孙海霞◎著

出版发行：安徽师范大学出版社
　　　　　芜湖市九华南路189号安徽师范大学花津校区
网　　址：http://www.ahnupress.com/
发 行 部：0553-3883578　5910327　5910310（传真）
印　　刷：阳谷毕升印务有限公司
版　　次：2019年1月第1版
印　　次：2024年6月第2次印刷
规　　格：700 mm × 1000 mm　1/16
印　　张：14.75
字　　数：259千字
书　　号：ISBN 978-7-5676-3562-3
定　　价：59.00元

如发现印装质量问题，影响阅读，请与发行部联系调换。

序

　　读着海霞《唐君毅道德人格思想研究》厚重的文稿，不由得再次陷入感叹、怀念与追忆。海霞选择以研究唐君毅先生为业，与周辅成先生直接有关。在周先生去世前几年，有次我到北京办完事后去北大朗润园看望周先生。我发现先生书架上多了套唐君毅先生的书，周先生便即兴谈起唐先生，认为唐先生的著作思想值得仔细研究，并建议我找合适的学生做此工作。此后，我便一直留心物色合适人选。

　　2009年，海霞在职读博。察其知识背景、学识与人品颇合我意，便与她谈了我的想法。经过几次长谈，海霞确定以唐君毅先生为研究对象，确立在"中国传统文化现代转化"的历史大视野中理解唐君毅先生所做的工作，并明确了中西汇通、继承重构的角度与立场。经过几年踏实工作，海霞不辱使命，终于交出了这份沉甸甸的成果。其中的挑战、困惑、艰辛、乐趣与收获，唯有其自知。如海霞事后所说，随着研究的展开与深入，心底涌动起一股激情与冲动，时常向往着追求那人格境界，这正是唐君毅先生的思想魅力所在。就海霞而言，她做了一件在学术上非常有意义的事；就我而言，既了却完成了周先生嘱咐的这一心愿，又打开了另一扇学术大门。由于历史原因，自己误打误撞走上了哲学研究的道路，并由此决定了对哲学理论的理解和把握难免于"俗"，自己总是试图基于时代和现实理解哲学理论，发现重要哲学理论问题并做出自己的思考。中国传统文化如何创造性再生、获得新的生命力，这一直是自己多年来思想深处的关切之一。

一

唐君毅先生及一批现代新儒家有使命感，他们要"返本开新"，使悠久的中国传统文化尤其是传统儒学获得新生。他们的这种使命感、责任担当精神令人肃然起敬。

"返本开新"始终有几个问题无法回避。其一，何谓"本"，何为"新"？在何意义上为"本"、为"新"？其二，为何要"返本"？为何要"返本开新"？是否可以不"返本"即可"开新"？其三，如何"开新"？凭何"开新"？唐君毅先生对此有清楚揭示："我们要救当今之弊，须再生清以前宋明儒者之精神，发扬西方之近代理想主义，与中西方人文主义之精神。此是求中西学术文化精神之返本。然此返本，则同时是求开新。融会中西方理想主义人文主义之精神，与其文化思想，即开新的工作的始点。"①就中国文化传统而言，从现象看，返本似乎是要回到孔子、孟子及其为代表的传统儒学。不过，孔子、孟子在何种意义上成为"本"？孔子、孟子生活在两千多年前，"返本"显然不是返回到两千多年前。两千多年来，人类社会经历了天翻地覆般的变化，儒学本身亦有重大演进。"返本"不是历史纪年意义上的，而是哲学意义上的，是普遍、根本、永恒意义上的。此"本"是孔子、孟子思想中所隐含着的那些普遍、永恒的人类问题与思想，是古今通问、古今通理，是人类对这些永恒问题在那个时代所能达到的真知灼见。这些真知灼见对今人有意义。这样，所谓"返本"就不是简单地回到孔子、孟子等那里去，而是回到人类永恒问题及其真知灼见探究中去，是对此永恒、普遍问题在今天的继续探究、接着讲。孔子、孟子是古代中国那个历史大转折时代的思想

---

① 唐君毅.人文精神之重建（一）[M].桂林:广西师范大学出版社,2005:7.

探索者，他们表达了那个时代的"时代精神"，在那个"时代精神"中存在着永恒、普遍的内容。所谓"返本"，不是返回那个时代的"时代精神"，而是要找出以特殊样式隐含在那个"时代精神"中的永恒、普遍内容，找出古今通问、古今通理。

欧洲近代在走向现代社会时曾有过文艺复兴运动，这是通过古希腊罗马文化再发现而获得思想启蒙的历程。文艺复兴思想启蒙历程不是简单地回到苏格拉底、柏拉图、亚里士多德去，而是以他们为先驱，获得思想、精神解放的资源与动力。在其现实性上，直接为欧洲现代化历史进程奠定思想基础的，不是苏格拉底、柏拉图、亚里士多德，而是笛卡尔、培根、霍布斯、洛克、伏尔泰、卢梭等，他们是近代欧洲再生的苏格拉底、柏拉图、亚里士多德。两千多年后的当代中国，再生的孔子、孟子在哪，再生的孔子、孟子思想是什么，没有现代再生了的孔子、孟子，中华民族现代社会历史进程是否可能？这就恰如没有再生的苏格拉底、柏拉图、亚里士多德，是否可能有欧洲现代社会历史进程一样。中华民族正经历另一场伟大的历史转型。这是产生新的孔子、孟子的历史时代，是一个呼吁、期待、培育思想伟人的时代。没有思想解放、精神自由，既不可能"返本"，更不可能"开新"。

"开新"是历史性事件，它是历史自身的内在否定性新生。"开新"内在地包含着方向性与时间性，没有方向性与时间性，无所谓文化的新生。这样，"开新"就应当放在人类文明演进历史进程中把握。人类文明的历史，是不断打碎加予自身的各种枷锁走向自由的历史。中华民族文明演进同样如此。"开新"当然是基于中华民族现实生活及其历史的"开新"，不过，"开新"首先是向着文明、自由方向的前行。一百多年来，诸多先贤前赴后继，苦苦求索中华民族汇入人类文明主潮流的现实道路，其间，他们自然地将目光投向那些先进民族，向先进民族学习、借鉴。"返本""开新"，应当借鉴已成功实现现代化的先进民族的思想资源，努力与中国传统思想资源融通并使其获得新生，这正是唐君毅先生等先贤们坚持中西汇通的缘由。"中西汇通"的要旨，不是学习西方，而是学习以西方文明形式存在的人类普遍文明成就，与此同时，亦使中国传统文化中的孔孟儒学等成为人类文明的普遍成就。

二

对待传统文化一直有所谓的古今厚薄之争，是"厚今薄古"还是"薄今厚古"？作为历史性事件的"开新"，一方面，本身就意味着对"古"的怀疑、批判，就是历史进程中的自我否定。没有怀疑、批判、反思，就没有"开新"。另一方面，当然得立足于今天。历史及其文化之所以要"开新"，就在于社会存在、交往、生活方式发生了根本变化，历史形态发生了根本变化，社会结构及其基本规范性秩序根据发生了根本变化。旧的社会生活方式、社会结构及其相应的社会文化失去了存在的合理性根据。如果一定要有厚薄古今取舍，那么一定是"厚今薄古"而不是"厚古薄今"。只不过，此"厚"之"今"亦不是简单纪年意义上的，而是现代社会、时代精神意义上的。"厚今"是立足当今时代、高扬时代精神，是要以朝气蓬勃的姿态生活在 21 世纪并创造 21 世纪的新生活。否则，就会被历史无情抛弃。

如何使悠久文化在今天获得新生，使之成为珍贵的文明财富，而不是沉重的历史包袱？新生本就是一艰巨任务。先贤们已为此不懈奋斗百余年。我们在做此项工作时须清醒明晰两个前提性的常识。其一，人类文明大方向或历史发展大趋势。唯有在人类文明历史趋势中，才能看清历史方向并合理选择自己的发展路径。其二，有悠久历史的中华民族一定不能失去自己深厚的文化根基，否则将无自尊。此种自尊，不是臆造意淫，而是历史真实。中华民族悠久文化中有极为丰富的内容，其中有珍宝。只不过此珍宝需要识宝人，须经过仔细辨识并清洗后才能重现辉煌。道德人格、自由精神，正是中华民族悠久文化中可以挖掘的最珍贵内容之一。

在某种意义上，中国传统文化本质上是道德文化，注重的是道德人格精神。我们可以对中国传统文化提出诸多深刻批评乃至根本性否定，但是，我们却无法否认其中所包含的这种自由精神、人格品位、英雄气质与高贵情怀，它们在今天仍然是这个民族的珍贵财富。我们正处于大发展时期，这艘大船正在面临挑战并经受考验。虽然已经进入了现代社会，但道德人格、勇于担当等高贵精神仍是国家发展的根基。民族振兴需要有自由意志精神主体，需要有大仁大智大勇大义之心者。

正如唐君毅先生以及诸多东西方思想大家所反复揭示的，高贵人格可以自足，无所他待。阿伦特曾强调一个人须与自己在一起，须有"独处"的能力。"独处"、与自我在一起，这并不是说一个人不要进入社会、不要积极参与社会生活，而是说，一个人不能没有本真自我，不能没有道德人格和良知，不能没有道德担当。一个人应当坚守本真自我，应当有道德人格、良知和道德担当。人不仅是复数的，还是单数的，单数的人是社会的活力源泉。不过，当今社会的有些人似乎非常自我：以自我为中心，没有他人，没有敬畏。"与自我在一起"之"自我"，不是现象、实存意义上的，而是良知、本体意义上的，是人的心灵、良知、本性之"我"。与自我在一起，即与良知在一起。一个人必须时常听从心底的声音。为什么一个人必须与自我在一起？因为生命肉体必须与灵魂在一起。人的高贵不在于人形，而在于心灵境界。唐君毅所期待的道德人格及其心灵境界，既是做人的高贵，亦是人类的希望。一旦人们拥有大仁大智大勇大信之心，即便人类面临危机，亦会无所畏惧地直面挑战，勇于担当，给人类以希望。

三

然而，问题在于：其一，在一般的意义上，这种高贵道德人格形成何以可能？离开政治共同体，离开良善习俗、公平正义制度体制，是否可能？人性、道德在多大意义上可靠？其二，具有道德精神的人们如何培育出良善习俗、构建起公平正义的制度体制及其规范秩序？精神自由不能缺少政治自由，唐君毅、牟宗三先生等晚年对此均有清醒的认识。

传统儒学核心有二：仁、礼。尽管我们可以对传统儒学在具体解释上给出诸多批评、否定，但是，如果能够洞察其要旨，在一般意义上，从其"仁"把握健全道德人格之主旨，从其"礼"把握客观伦理秩序之

序

主旨，那么，传统儒学的"返本开新"就有两条线：第一，从君子人格"开新"出现代道德人格；第二，从礼治秩序"开新"出现代法治秩序。这并不意味着可以直接得出结论，说传统儒学中就有现代道德人格精神或现代法治秩序，而是说传统儒学的仁、礼的现代"开新"方向。在传统儒学中找到那些具有永恒性的问题，并摒弃其旧时代历史内容，注入新时代历史精神。一个充满活力与生机、如马克思所说"合乎人性"的社会，一定在客观上具有法治秩序，在主观上具有自由人格精神。这两个方面无法从传统儒学自身中直接生长出来，它须经历深刻反思、批判、诠释的痛苦过程。

既然是作为时代精神的表达，古代儒家就必定回避不了社会客观制度体系与社会成员个体主观精神的关系问题，回避不了礼、仁关系，回避不了礼、仁之间的张力。孔子"克己复礼为仁"思想事实上揭示了一个极为深刻的道理：社会客观制度体系对于整个社会的基础性意义。一个社会首先应当建立起公平正义的基本制度体系及其规范性秩序。在今天，首先是建立起法治社会、法治秩序，实现规范性重构，否则，所谓的道德人格，或者是悲剧的，或者是扭曲的，或者是虚伪的。在法治社会、法治秩序基础之上，培育良善社会习俗，陶冶社会成员心灵，塑造其第二天性，在过好生活、做好公民中成为好人。这是走向未来的光明大道。

海霞所做工作极有意义，给人启迪，令人深思。海霞大作经过数年打磨，现今出版，可喜可贺。期待她日益精进，取得更大成就。

是为序。

高兆明

戊戌初夏于南京翠屏山

目 录

导　言

————————◆◆◆————————

　　民族的生存与发展必须建立在自己的文化及文化传承的基础上。文化构成民族生存与发展的凝聚力和动力，也是民族屹立的根本因素。

　　20世纪可谓是人类文明发展史上的"黑暗时代"①。在先后遭受两次世界大战的"洗礼"之后，人类不得不时时面对核武器的威胁，并常常处于实际的军事冲突的惶恐中。人们发现西方现代文明发展所带来的并不都是繁荣与和平，而是常常充满恐怖与暴戾；并不都是民主与正义，而是存在着极权与专制；并不都是个性的解放与自由的实现，而是日益陷入理性沉沦、理想失落和人格迷失之中。

　　近代中国闭关自守，但也未能逃脱西方近代工业文明所带来的恶果，遭受了西方列强长达一百多年的殖民侵略。面对国家和民族遭受的巨大苦难，中华儿女纷纷奋起，救亡图存，前赴后继。而始终伴随着这场救亡图存的民族解放运动的，是对中华民族传统文化的自觉反省与改造。20世纪中国政治革命新篇章的开启就是从新文化运动开始的。一批先进知识分子从西方引入了科学和民主的理念，对中华民族传统文化进行激烈地批判。然而，西方的科学和民主并不完美，由近代西方启蒙运动所开启的现代化建设存在着诸多的"阴暗面"②。

————————————

① [美]汉娜·阿伦特.黑暗时代的人们[M].王凌云，译.南京:江苏教育出版社,2006:1.
② [英]安东尼·吉登斯.现代性的后果[M].田禾，译.南京:译林出版社,2000:6.

　　在中国，一直有这样一批仁人志士，他们一方面怀有强烈的民族情怀和忧患意识，对孔孟开创的中华传统儒家文化有着深沉的敬意和坚定的传承信念；另一方面，他们积极面向西方社会和西方文明，大胆融摄西方先进文化理念，反思西方现代文明建构进程中的"现代性后果"，从而在对儒家文化执着信守的基本立场上，致力于传统儒学的现代性转化，意图通过返本开新建构民族新文化，挖掘和开拓民族兴盛不竭的动力之源，并以此诊治现代社会所产生的诸多现代性问题。他们因此被人们尊称为"现代新儒家"。唐君毅就是20世纪最重要的新儒家代表之一。

　　唐君毅（1909—1978），出生于四川宜宾，其思想融摄中西，一生以全幅生命的真性情传承和弘扬中国传统文化，力图以儒家内圣之学、成德之教重塑现代之人格，以儒家人文化成天下，被尊称为"文化意识宇宙中之巨人"①（牟宗三语）。唐君毅著作成果颇丰，并且始终高扬人的道德理性，弘扬道德价值精神，这使得其思想充满着伦理学的意蕴。今天，当我们重新审视中国传统道德文化，力图推进传统道德文化在当代的新生转进，实现道德文化的现代新建构时，显然必须认真研究像唐君毅这样的思想家的思想，领会、借鉴和反思其中的伦理精神资源。

一、唐君毅伦理思想研究现状及研究方向展望

　　从现有资料考察，学术界对唐君毅思想的针对性研究早在其生前就已在国内外兴起。唐君毅逝世后，以其弟子李杜的《唐君毅先生的哲学》为首开，专论唐君毅思想的著作便不断问世。1988年，纪念唐君毅逝世十周年的"唐君毅国际学术会议"在香港召开，这意味着对唐君毅思想的研究进入了一个新的时期。2005年至2006年，广西师范大学出版社和中国社会科学出版社分别出版了唐君毅生前主要著作，对掀起唐君毅思想研究热潮起到了推动作用。而香港学者梁瑞明依托志莲净苑出版社从2006年至2012年先后推出的"唐君毅先生《生命存在与心灵境界》

―――――――
① 唐君毅全集编辑委员会.纪念集[M].台北:台湾学生书局,1991:26.

导读"系列丛书（共四本），更是为之后的学者深入解读和把握唐君毅的思想精髓搭建了桥梁。从既有研究成果来看，对唐君毅思想的研究呈现出多学科、多领域、多视野的特性，这与唐君毅思想自身呈现的博大圆融是相关的。其中，有关唐君毅伦理思想的研究成果也多有呈现。对现有有关唐君毅伦理思想研究成果进行考察，不难发现这些研究在视角、方法和所要解决的问题上都呈现出不同的特征，其中蕴含的研究发展趋势，为唐君毅伦理思想研究的深入进行指明了方向。

（一）有关唐君毅伦理思想非专题性研究成果综述

1.大哲学视野下的研究

"哲学"在唐君毅那里是一个比较特殊的范畴，它不同于西方的"philosophy"，而是一个更为宽泛的概念，包括"名理论""天道论""人道论"和"人文论"四个部分[①]。在大哲学的视野下，伦理观只是唐君毅哲学思想中的一个构成部分，与人生观、文化观、宗教观并列。早期研究中，唐君毅弟子李杜的《唐君毅先生的哲学》和学者张祥浩教授的《唐君毅思想研究》两部著作对后来的研究者全面了解唐君毅的思想起到了很好的引导作用。2001年，单波专著《心通九境——唐君毅哲学的精神空间》出版，这部著作以心本体论为唐君毅哲学思想中心，分别阐释和分析唐君毅人生道德哲学、人文精神论和宗教哲学等领域的思想，揭示唐君毅哲学思维的精神实质，即追求人的精神世界的真实统一性，推动人的精神空间的展开。与之前李氏、张氏著作侧重于呈现唐君毅整体思想体系的建构不同的是，单波的研究试图凝练唐君毅哲学思想背后的精神实质，可谓是对唐君毅思想研究的一种深入。单波研究的这一路向对后来的研究者无疑具有重要的启示意义。王兴彬的博士论文《心灵本体论的重构：唐君毅新儒学思想研究》（中国人民大学哲学院，2005年）和王怡心的著作《唐君毅形上学研究——从道德自我到心灵境界》（中国文史出版社，2006年），便侧重于从中心观念把握的角度展现唐君毅整个哲学体系；胡岩的博士论文《重建理想的自我：唐君毅哲学研究》（华东

---

① 唐君毅.哲学概论(上册)[M].北京:中国社会科学出版社,2005:31.

师范大学，2011年）则以“重建理想的自我”这一问题为核心，从自我与自然、身体与心灵、自我与他人、自我与神灵四个层面分别阐释唐君毅的文化观、道德观、政治观和宗教观，通过挖掘唐君毅思想的问题意识，整体把握唐君毅的哲学思想。然而，在大哲学视域下，伦理观与文化观、宗教观等分立并列的阐述，终归不利于揭示唐君毅伦理观与其文化观、宗教观的内在逻辑关联；同时，受研究问题视域的影响，这一视域下的研究，也不能全面、深入地呈现唐君毅伦理思想的内涵特质。

2.人生哲学视野下的呈现

在唐君毅的思想中，生命的真实存在与道德理性的认肯直接相关。正是在道德理性的推动之下，人们才把理想人格的圆满实现作为人生的最高目的与追求。唐君毅的人生哲学与其道德哲学是紧密相连的。目前对唐君毅人生哲学的研究集中在对唐君毅人生境界说的探讨中，李明的博士论文《现代新儒家人生境界说研究》（南开大学，2005年）可谓其中的代表。该论文基于唐君毅人文主义的立场，专列一章阐释了唐君毅心本体论思想，揭示人向善的精神超越本质，深入分析唐君毅的“心灵九境”理论，揭示出唐君毅转识成智、摄智归仁，为人类安身立命的理论宗旨。付长珍教授《宋儒境界论》（上海三联书店，2008年）则将唐君毅等现代新儒家的境界理论看作是对宋儒境界说的一种现代回应。此外，阐述唐君毅人生观的论文也散见于各种期刊中，其中比较有代表性的包括何仁富教授的《唐君毅论超越人生之哀乐相生》（《四川大学学报（哲学社会科学版）》，2006年第1期）、韩建夫博士的《论唐君毅对儒家生命境界论的省察与重构》（《求索》，2012年第11期）等。我们认为，虽然唐君毅的人生哲学与道德哲学有着非常密切的联系，但人生哲学更注重人生本身的问题研究，而道德哲学除了个体道德外，还包括伦理关系和社会道德问题的专门研究。道德哲学在外延上要广于人生哲学，在问题研究上更具有一般性。因而，在人生哲学的视野下，难以全面呈现唐君毅有关伦理的命题和精神。

3.政治哲学视野下的呈现

按照黑格尔对“道德”与“伦理”两个范畴的分判，我们不难发现，其“道德”范畴更侧重个体道德精神层面，而其“伦理”范畴更侧重社会伦理层面。这实际上表明，道德哲学应该是个体道德与社会伦理两个部分相互联系的统一体。对唐君毅政治哲学思想的研究，可以从唐君毅有关社会伦理的思想中呈现。这方面的研究成果以吴圣正《德性与民主——与现代新儒家谈政治哲学》（宁夏人民出版社，2009年）和孔兆政的博士论文《儒家视域中的个人与社群》（吉林大学，2008年）为代表。前者在谈到唐君毅时，主要呈现了唐君毅对现代民主政治的反思，以及唐君毅本人对理想民主政治的建构设想；后者则在现代自由主义和社会群主义的视域中，比较研究了唐君毅政治哲学中的个人观、社群观，探讨儒家民主建构的可能性，揭示唐君毅政治哲学中存在的政治与道德背离的现象与原因。海外学者墨子刻、颜世安在其著作《摆脱困境——新儒学与中国政治文化的演进》（江苏人民出版社，1996年）中对唐君毅思想的研究则可谓独树一帜。在这篇论著中，墨子刻"企图弄清理学与当代中国政治文化的关联，以理解中国政治文化的特质"[1]，他特别注意到了唐君毅关于通过人生的道德体验达到自我确认的观点，并分析指出，由于唐君毅未能在现实社会结构背景中探讨道德自主性问题，因而其政治理论无法摆脱"困境"，不具有可行性。墨子刻在其另外一本关于中西政治文化比较的论文集中，延续了这种观点。在当前社会主义民主政治建构的背景下，不少学者也发表了有关唐君毅民主政治理论观点的文章，例如，杨永明教授的《唐君毅对民主政治的批评》（《西南民族大学学报（人文社科版）》，2013年第2期）一文，着重从唐君毅对现行西方民主政治的反思角度，展现了唐君毅有关新型民主政治的构想，揭示唐君毅有关民主政治理论主张的时代启发性。

4.文化观和文化哲学视域下的呈现

张祥浩教授的著作《复兴民族文化的探索——现代新儒家与传统文化》（江苏人民出版社，2003年）从民族文化批判地继承的角度，呈现现代新儒家各代表的文化观，其中专列一章介绍了唐君毅文化思想大要。作者通过唐君毅关于伦理道德思想的介绍，指出中国人所注重的伦理道德，纯是一种内在的精神需求，是成己成德的内在要求。罗义俊教授的

---

① 陈来.传统与现代:人文主义的视界[M].北京:生活·读书·新知三联书店,2009:256.

著作《生命存在与文化意识——当代新儒家史论》（学林出版社，2009年）中对唐君毅"能保守而能求进步"的文化观给予了高度评价。郭荣丽的博士论文《文化理念的构建与落实——唐君毅、牟宗三、徐复观文化观研究》（黑龙江大学，2008年）则分别专章介绍了唐君毅、牟宗三、徐复观的文化观。其中，对唐君毅的文化观的介绍与阐释从文化的形而上学基础、文化的综合理论、中国文化观三个层面进行。巴文泽的博士论文《唐君毅文化意识论研究》（中国人民大学，2009年）以"文化意识"为中心，阐明了文化意识与自我意识、道德意识、人文精神、宗教信仰的内在关联，强调文化意识就是道德意识，文化活动始终贯穿着人文精神。唐君毅高扬道德价值精神，在这一最高理论旨趣下，其道德不仅仅是一种内在的修养，而更强调通过人的文化活动在实践中呈现道德。唐君毅突出道德的实践性本质，决定了其道德观与文化观具有内在相连性，但伦理道德问题仍需在人与道德的关系视域中进行才是深刻的。

5.哲学史梳理与阐释视野下的呈现

在唐君毅博大的思想体系中，《中国哲学原论》系列著作是以"即哲学史以言哲学"的方式，对中国哲学进行全面梳理和阐释。其中，我们既能感受到中国先哲生命精神的韵律，更能体会到唐君毅本人的哲学智慧。一些研究者正是从唐君毅"即哲学史以言哲学"的角度，通过梳理唐君毅对中国先哲智慧的继承与发展的线索，呈现唐君毅本人思想和精神发展的脉络，比较具有代表性的是台湾学者苏子敬的《唐君毅孟学诠释之系统研究》（花木兰文化出版社，2009年）。书中指出，唐君毅大致透过宋明新儒学（以孟学为主调）以上契先秦儒家，再经调适而上进，以求更得其实，则其对孟子精神思想之契会与诠释自更举足轻重。由于唐君毅以孟学为主调，因此，该著作对于我们理解和把握唐君毅的伦理思想精髓具有重要的参考价值。

（二）有关唐君毅伦理思想的专题性研究成果综述

综上考察，我们不难发现，虽然有关唐君毅伦理思想的观点散见于不同的理论研究视野之下，但由于学科不同、研究的方法不同，这些视野下的研究一般都很难全幅呈现唐君毅有关伦理思想的观点和精神，所以，对唐君毅伦理思想的研究必须要在伦理学学科的专业视角下进行。随着伦理学逐渐成为一门显学，专题性、专业性探讨唐君毅伦理思想成为其理论自身研究深入的一种内在要求，同时也成为时代的召唤。

就现有正式出版的著作来看，关于唐君毅伦理思想的专题性、学科性理论研究有两部是在比较的视野下进行的：一是郑顺佳的著作《唐君毅与巴特 —— 一个伦理学的比较》（三联书店（香港）有限公司，2002年）；二是刘俊哲等的著作《熊十力 唐君毅道德与文化思想研究》（巴蜀书社，2008年）。金小方的《唐君毅道德哲学研究》（安徽师范大学出版社，2014年）作为有关唐君毅伦理思想专题性、系统性研究，具有首创的意义与价值。其他有关唐君毅伦理思想的专题性研究则多以小论文形式见诸各种期刊中。

1. 《唐君毅与巴特 —— 一个伦理学的比较》简介

在《唐君毅与巴特 —— 一个伦理学的比较》中，作者将唐君毅作为东方儒学代表，将之与同时期西方神学界代表巴特的伦理思想进行比较研究，其主要目的是寻求双方伦理思想的相契之处，以作两种文化的进一步沟通了解。该著作非常重视唐君毅观点论证思路与脉络的梳理，注意挖掘康德伦理思想对唐氏伦理思想的影响，但总体而言，论文的梳理和比较工作又是线条式的。在方法上，作者指出唐君毅伦理学是形上与经验的相互联接。形上层面的心之本体为其伦理学之基础；经验则是其伦理学的起点，使其伦理学立足现实，关注生命存在自身，呈现出以道德实践和人格形塑为核心的伦理特色。作者对唐君毅人格形塑进路的梳理具有重要启发意义，但总体而言，作者对唐君毅道德人格思想探讨集中在个体自我修养的层面上，而比较忽视文化建构和社会伦理关系要素的影响。

2. 《熊十力 唐君毅道德与文化思想研究》简介

该著作在儒家主位论、中西文化融通观、心性本原论、儒家文化观、内圣外王之道等方面对熊十力、唐君毅这一对师生的道德与文化思想进行了比较研究。与一般认为"道德自我"是唐君毅思想的核心稍有不同的是，该著作认为，超越的、理想的道德价值才是唐君毅哲学的中心观念。该著作揭示了熊十力、唐君毅思想中强烈的道德理想主义色彩，并对这样一种道德理想主义对人的精神追求的提升作用予以高度评价。该著作认为，唐君毅提出了属于自己的道德学说，道德学说构成了唐君毅全部学说的重要部分，并主要凝结于《人生之体验》《道德自我之建立》《心物与人生》《人生之体验 续编》《文化意识与道德理性》《生命存在与心灵境界》等著作，而《道德自我之建立》则为其枢要。受人物思想比较视域的影响，在实际的论述过程中，该著作确实又未将唐君毅晚年的扛鼎之作《生命存在与心灵境界》作为唐君毅道德学说的核心研究对象，这使得唐君毅所致力于的和谐人际关系和伦理生活世界的构建的努力在这部研究著作中没有得到足够的重视和呈现。

3.《唐君毅道德哲学研究》简介

不难发现，在严格的意义上，上述两部在人物思想比较视野中的研究著作，虽具有专题性，却仍不是系统性的。金小方的《唐君毅道德哲学研究》从本体论、工夫论、规范论三个层面进行模块式研究，阐述和分析了唐君毅有关道德形上学建设、道德修养与道德教育理论、道德伦理原则重释等三方面的思想观点，对学术界有关唐君毅伦理思想的评价与争议也给予了一次较为全面的呈现和评析。在学术界尚缺乏系统性专题论述唐君毅伦理思想著作的背景下，金小方这部著作的研究工作显然具有首创的意义。但是，由于未能将唐君毅《生命存在与心灵境界》作为核心的考察对象，该项研究在唐君毅伦理思想内在逻辑理路特征和本质的把握上仍有缺憾。

4.唐君毅伦理思想专题研究论文成果观点梳理

虽然专题性、系统性研究唐君毅伦理思想的著作还比较稀有，但是对唐君毅伦理思想进行专题性研究的期刊性论文还是不少的。根据研究视角不同，大致可以进行以下分类。

第一，对唐君毅伦理思想内在逻辑线索的宏观考察与评述。严家建在《略述唐君毅先生的道德哲学》（《唐学论衡——唐君毅先生的生命与学问（下册）》，中国文史出版社，2005年）一文中指出，唐君毅继承儒家道德哲学的理路特性，以形而上学为基点阐释道德哲学，一方面谈道德理想对人生的引导与主宰，一方面强调道德作为人文世界成立的根据，将道德修养的过程看作是发乎其内而行之于外的，而人文科学世界就是人类实践道德行为的场所。论文指出，唐先生讲道德哲学不仅仅涉及精神修养与道德行为，还将视野扩充到整个人文世界，希望借此建立一个充满高尚理想与道德价值的社会。总体而言，论文概要性地阐述了其对唐君毅道德哲学基本理论的理解。由陈特完成的论文《唐君毅先生的道德哲学》（《唐君毅思想国际会议论文集2·宗教与道德》，法住出版社，1990年）也是值得关注的。该论文指出，唐君毅先生道德哲学的方法是个人主体感受和体悟式的方法，既不同于当代语言分析的进路，也不同于近代西方经验主义的进路，同时也不是康德理性主义的分析路径，而类似于存在主义方式的"存在的思索"，意在克服把道德作为客观对象进行研究、使道德丧失生命力的研究弊端，让道德更加充满生命的色彩。以此方法为基础，论文分别呈现了唐君毅在道德的性质、道德的自主性、恶的根源、道德的普遍性原则等问题上的主张，以展示唐君毅体悟式道德哲学的普遍性和系统性特征。王泽应在其论文《唐君毅的"伦理开新说"论评》（《求索》，1994年第1期）中，从伦理开新、伦理文化重建处把握唐君毅伦理思想的核心精神，将唐君毅对民族伦理文化的开新之处逐一列举，指出唐君毅一方面高扬"返本"，极力推崇民族伦理文化；另一方面，主张"开新"，尽量吸纳西方优秀伦理思想，以实现中华伦理文化的重建。此外，熊吕茂在《论唐君毅的伦理观》（《伦理学研究》，2010年第2期）一文中，从唐君毅对中国人文之"礼让"精神、"报恩"精神、"成善之德"精神、"五伦"道德精神的具体阐释中，展现唐君毅的伦理观，并指出唐君毅的伦理思想对于构建社会主义和谐社会，建设社会主义精神文明的积极启迪意义。

第二，以唐君毅某文本著作为研究对象进行伦理解读。周辅成在其长文《唐君毅的新理想主义哲学（上、下）——论〈生命存在与心灵境界〉》（《齐齐哈尔大学学报（哲学社会科学版）》，1991年第2、第3期）中，以唐君毅《生命存在与心灵境界》为核心，从认识论上谈唐先生的理想主义哲学对近代西方理想主义、理性主义的"重接"，从形上学宇宙观上揭示唐君毅哲学的特征，对唐君毅三向九境的哲学体系进行了阐释，认为此一体系的建立为中国哲学展开了一个新的方向，既体现出解决中国哲学困境的能力，也表现出解决正在困境中的西方哲学困境的抱负和能力。郑家栋在《唐君毅〈生命存在与心灵境界〉评述》（《浙江学刊》，1990年第2期）一文中，也从基本精神把握的层面，认为唐君毅的《生命存在与心灵境界》旨在新的历史条件和文化背景下，重新阐述和说明知与行、理想与现实、内在与超越的关系问题，并最终实现当下生活的理性化，使得抽象与具体、理想与现实融合为一。同样以《生命存在与心灵境界》为核心，宋志明在《唐君毅儒学价值观评述》（《邯郸学院学报》，2007年第6期）一文中，阐释了唐君毅"道德理性"的本体论地位和"人生九境"体现出的价值观的儒学特性和现代人文价值。熊吕茂在《论唐君毅的道德观——读〈道德自我之建立〉》（《伦理学研究》，2008年第5期）一文中，则从道德生活的本质、道德自我在宇宙中之地位、现实世界之物质、身体皆为精神之表现等方面阐释唐君毅《道德自我之建立》中的道德观。曾昭旭在《论道德理论与道德体验——从唐先生〈人生之体验 续编〉得到的启示》（法住出版社，1990年）中，则谈到道德体验对良知的验证，良知并不仅仅是一个理论的预设，它更是一个活泼的存在，为人们所感知，也正因为此，人们的良知与道德可以相通。在文本解读唐君毅伦理思想的这一研究视角中，显得比较与众不同的是，蔡仁厚专门对唐君毅《孔子与人格世界》一文进行阐释，写成《唐君毅先生论人格世界》（法住出版社，1990年）。该著作对唐先生划分的人格类型进行解读，将唐先生所谓人格类型划分为"人格世界基型""人格世界特型""人格世界常型"三种基本类型。其中，孔子精神实现了超越精神与持载精神的统一，是天人合德的最高境界。论文指出，唐君毅继承了以德性为人格评价的主要根据的传统，主张以德性人格为最高人格价值体现，在道德自觉中来完成德性生命，来创造人格价值和文化价值。该论文将人格解释为"人品"，又看作是精神的表现，以唐君毅人格世界的阐释视角，呈现了唐君毅所主张的极具儒学特征的价值精神实质。

第三，在一定伦理问题视域下的比较研究。《后结构主义与中国文化——从福柯到唐君毅》（《开放时代》，1997年第1期）从后现代视域中，比较福柯的反人文主义思想与唐君毅人文主义情怀两种理路产生的不同背景和意义。《论唐君毅与马丁·布伯之"人我"观》（《山东科技大学学报（社科版）》，2007年第4期）通过唐君毅的"吾汝"沟通思想与马丁·布伯强调的"人我"共在理论的比较分析，指出二者皆有存在主义的立场的相通性，又有具体理路上的相异性：中国哲学以"体"的态度去涵容，而西方哲学则是从"用"的层面去发挥。《"心通九境"中的忧患意识——从舍勒、福柯到唐君毅》（《西南民族大学学报（人文社科版）》，2006年第10期）对唐君毅哲学思考的动机进行考察，并揭示唐君毅对时代之忧患意识与舍勒、福柯某种意义上的同质性。郭齐勇的《唐君毅与熊十力》（法住出版社，1991年）在唐君毅与其师熊十力思想的比较中，呈现唐君毅思想的特征，指出唐君毅与熊十力的学问都致力于生命存在的真实性问题探讨，反对现代工业文明对人的整全人性的肢解，力图通过建立统一的价值精神成就生命存在的真实性，把塑造道德人格以成就真实生命存在的道德精神作为思想的核心。郭教授指出，唐君毅与熊十力都强调主体性，但唐君毅在主体性的结构层次和动态发展上的研究更为清晰、深透，同时，唐君毅对儒学最独特也最重要的部分"工夫论"的研究有"很大的建树"。

第四，还有一些论文和著作专门就一个具体的道德问题，阐发唐君毅的主张。比如，何应敏的《完善自我修养观——新儒学家唐君毅伦理道德观研究》（《华东理工大学学报（社科版）》，2008年第4期）、高玮谦的《唐君毅论"德性之知"与"知性之知"的关系之检讨》（《鹅湖月刊》，2001年第10期）、郑祖基的《唐君毅人性思想初探》（《鹅湖月刊》，2005年第11期）、杨祖汉的《唐君毅先生的恕道论》（文津出版社，1997年）、刘国强的《心灵九境与个体性原则——新儒家唐君毅之个体存在观》（中国文史出版社，2005年）、方世豪的《唐君毅先生之自由观》（中国文史出版社，2005年），等等。其他如黄玉顺的《唐君毅思想的现象学奠基问题——〈生命存在与心灵境界〉再讨论》（《面向生活本身的儒学：黄玉顺"生活儒学"自选集》，四川大学出版社，2006年），则在一种存在主义的视域下对唐君毅思想进行方法的探究，具有一定的启发意义。

（三）当前唐君毅伦理思想研究中存在的问题与研究方向展望

到此，我们可以说，有关唐君毅伦理思想的研究正在从非专题性、非系统性、非学科性走向专题性、系统性、学科性，正在从线条式、概要性阐释走向全面、深入的探讨。鉴于对目前既有研究成果的考察，我们认为对唐君毅伦理思想的系统性、学科性研究亟待深入。深刻把握唐君毅道德哲学精髓，全面呈现唐君毅伦理思想体系可谓刻不容缓，对唐君毅伦理思想的研究还需开辟或深入以下几个方面的问题。

第一，必须充分重视唐君毅道德哲学强调道德实践性的特征，对其以仁心感通为基础而形成的伦理思想体系进行深入考察和剖析。2009年，在唐君毅百岁冥寿的国际学术研讨会上，劳思光教授指出，当前很多人对唐君毅理论精髓缺乏深刻了解，研究发生了"偏离"，实际上，唐君毅最大的贡献在于他真正"掌握"了"成德之学""工夫论"等宋明儒学的特殊成就，他所代表的是中国哲学研究中的"德行实践取向"①。劳思光教授对当前有关唐君毅哲学思想研究中存在问题的点明可谓是切中要害的。唐君毅本人曾于1962年在《道德自我之建立》的重版序言中谈到他对道德哲学的理解。他说，道德哲学是直接关乎"道德生活""道德实践"的，涉及"应世涉世"或"待人接物"的道德实践，最终需开出人皆为尧舜、人皆为圣贤的自由人格之平民化路径。而这样一门关于道德生活的学问主要包括三个方面的问题："一、人们的追求之目标，毕竟是些什么？其高下之秩序与价值，如何加以规定？目标之手段化所发生之价值之改变或颠倒之各种情形如何？二、人之各种目标，如何会发生冲突？此各种冲突之调解如何可能？人之同情尊重肯定他人所怀之不同目标之胸襟与度量，如何养成？人当如何本此胸襟度量，以相应之态度，对不同之人，而与人合以成事？三、个人之日常生活中之事，与其所从事或参加之诸社会之公共事业，如何能成为相互顺成的？人对他人之道德批评与道德教训，本身如何成为有效的，兼为成事的而非败事

---

① 刘笑敢.中国哲学与文化 第八辑 唐君毅与中国哲学研究[M].桂林:广西师范大学出版社，2010:22,19.

的?"①从这段话里我们不难看到，唐君毅首先强调的是道德的实践性本质，他所要构建的道德哲学并非是纯粹形而上学意义上的，而是体现实践转向的实践道德哲学。实际上，在其生命最后也是最重要的著作《生命存在与心灵境界》中，他也是以"道德实践境"来呈现他对道德本质的把握的。唐君毅在这里实际上也初步呈现了其欲要构建的道德哲学的基本思路，即在身心、人我、个人与社会的关系中依次呈现人的道德主体性地位。唐君毅生前确实也有过就以上问题专门写就一本关于道德实践哲学著作的愿望，虽然最后并未如愿，但其思想早已在其生前的著作中体现出来。如此，逻辑地再现唐君毅独具特色的道德哲学理论思想就应成为后学者的使命。

第二，重视对唐君毅伦理思想的中心范畴和核心精神的把握。唐君毅一生著作颇丰，但其思想精神却是一以贯之的。唐先生本人对此也多有表达。按照其弟子李杜的观点，唐先生在三十四岁写成《道德自我之建立》后，基本就确立了"道德自我"这一中心观念，之后的著作都不过是围绕着这个中心观念在不同层面的展开。李杜的这一看法被学界广泛接受。"道德自我"属于心灵层面的范畴，它体现了仁心本性在唐君毅整个思想体系中的基础地位。然而，从伦理学的角度来说，"道德自我"作为心灵层面的范畴，还不能很好地将唐君毅关于道德实践性的本质把握体现出来。周辅成指出，唐君毅《道德自我之建立》这本著作"也许不算是唐先生的最有代表性的著作，但却是唐先生的生活历程中最重要的著作"②。这实际上也启发我们对唐君毅道德哲学的研究必须超越"道德自我"的范畴。通过考察，我们认为"道德人格"作为人的精神层面的范畴，更能突出唐君毅道德哲学的特质。心灵是内在的，而精神具有客观外化的需求，精神层面的"道德人格"范畴更能体现唐君毅对道德实践性本质的把握。实际上，唐君毅也很早就确定了将道德人格塑造作为哲学最高宗旨的思想（这在唐君毅早期手稿《西方近代理想主义之哲学精神》中就已得到体现），在其最后的扛鼎之作《生命存在与心灵境界》中更是明确提出，哲学的最高目标就是成人成教，将道德人格的塑

---

① 唐君毅.道德自我之建立[M].桂林:广西师范大学出版社,2005:14-15.
② 周辅成.周辅成文集(卷Ⅱ)[M].北京:北京大学出版社,2011:303.

造和道德人格世界的构建作为哲学最高目标。其生命"九境"中之最高"天德流行境"就是有关道德人格的最高境界。中心范畴的确立有助于对唐君毅伦理思想核心精神的凝练。

第三,对唐君毅伦理思想的研究应该基于本体论、认识论、价值观、文化观与伦理观相统一的立场。唐君毅致力于中华民族道德文化体系的重新构建,其思想理论具有系统性、体系性、完整性的特征。只有坚持本体论、认识论、价值观、文化观与伦理观相统一的立场,才能全幅展示唐君毅伦理思想的精髓,从中理解和体味唐君毅对"人应该成为什么样的人""人应该过什么样的生活"等问题的思考,探寻唐君毅伦理精神构建的形上根据和现实可能性,对其自觉担负的理论使命才能有所体会。就当前的研究而言,在本体论上,对唐君毅人性论的研究,还缺乏一种理性主义与情感主义比较的视野,对唐君毅所谓"性情的形而上学"特性还没有给予特别关注;而在认识论上,我们能够注意到,唐君毅对近代主客二分对立思维方式进行了自觉反思,他在儒学传统理论思维的基础上,提出的"心境感通"模式应该受到更多的关注。这是一种类似于现代存在主义哲学,但又在某些方面克服了存在主义缺憾的思考。本体论、认识论、价值观、文化观与伦理观相统一的立场,将呈现唐君毅伦理思想中对理想与现实、知与行、身与心、自我与他人、个人与社会相统一的理想人格塑造与理想社会构建的努力。霍韬晦指出,《生命存在与心灵境界》侧重哲学中知识论与形上学方面之论述,与早年同样成体系之《文化意识与道德理性》不同,在精神主旨上两书一贯,但在内容分类上,后者偏重于文化哲学与道德哲学,合而观之,方得其全。这是一句对唐君毅哲学思想有着宏观把握、全面深入接触和思考后的总结,给我们的研究很大的启示。为此,有关唐君毅伦理思想的研究,必须更加重视对唐君毅《生命存在与心灵境界》的研究,并在《生命存在与心灵境界》与《文化意识与道德理性》思想的一贯性中去探求唐君毅伦理思想的整体面貌,从而清晰呈现唐君毅有关个人道德和社会伦理的丰富思想,探寻其内在的逻辑思路。

第四,深化对近代西方理性主义反思的比较视野。唐君毅致力于中华民族新道德文化的构建,新的历史条件下,这种重建工作必须具有世界文化发展的现实视野。因此，必须对近代西方理性主义进行自觉反思，对现代社会发展提出的问题给予积极回应。在西方近代理性主义者中，中国现代新儒学者们在康德那里找到了更多的契合点。具体到唐君毅的理论思考，一方面，他在哲学思想的方法构建上，更多地借鉴了黑格尔辩证的思维方式，受到黑格尔《精神现象学》体系构建的方法启示；另一方面，具体到道德问题，唐君毅则更多地直接与康德对话。因此，在康德、黑格尔伦理思想与唐君毅伦理思想的比较关系视野中把握唐君毅伦理思想，不仅有助于理解唐君毅在对儒学伦理道德文化返本开新的诉求过程中的使命担当意识，也有助于理解唐君毅对整个人类伦理文化重建所做的努力。实际上，唐君毅对自己的哲学也有过这样的自述："就我对哲学的看法来说，哲学的确要从怀疑（如笛卡尔）或批判（如康德）开始……无论怀疑或批评，最后必定要归到一种积极的建构（structure）。"[①]目前的研究不乏这一比较视野，但是，基于伦理问题的系统比较与反思仍是线条式的，非系统性的。

二、唐君毅对民族生存境遇之忧和对时代问题之思

唐君毅认为，"吾人今真欲正面了解古人之思想，亦必须以吾人自己之思想，上与古人之思想相凑泊，求吾之心直契于古人之心，如不见所谓历史上之古今之隔"[②]。同样，我们在进入对唐君毅道德人格思想的伦理论题研究之前，也有必要走近唐君毅的心灵，事先了解这位当代新儒学者对其所处的民族生存境遇和时代问题的思考，去感受他的民族情怀与仁者胸襟。

（一）对新文化运动的反思

众所周知，近代工业革命在推进西方本土文明飞跃式发展的同时，却以强盗的方式撞开了古老中国的大门。绵延悠久的东方文明面对入侵

---

① 唐君毅.中华人文与当今世界补编(一)[M].桂林:广西师范大学出版社,2005:366.
② 唐君毅.中国哲学原论·导论篇[M].北京:中国社会科学出版社,2005:47.

者的坚船利炮，沦入任人宰割的境地。内忧外患的民族生存境遇，激励着一代又一代中华有识之士救亡图存的意志。从农民运动、变法求新到革命颠覆，从太平天国运动、维新运动到辛亥革命，中国人民最终于20世纪初推翻腐朽没落的清王朝统治，实现了政制的改变。然而，新兴政府的建立，并没有给国人太多惊喜。相反，国内局势的发展令人失望。先是袁世凯称帝、张勋复辟，紧接着是军阀混战……封建复辟的顽症不时复发，国人充满怨尤。由此，一场以批孔讨儒为标志的新文化运动在思想领域迅速兴起。以陈独秀、李大钊为代表的新兴知识分子试图通过引进西方的"赛先生"和"德先生"重新开启民智，重估一切价值，以对中国之传统文化进行批判，提出打倒孔家店、打倒封建礼数等口号。"民族与国家者，皆人类文化之产物也"①。面对西方入侵者，中华有识之士皆能自觉思考自己的文化，无论是传统派，还是革新派，都有意识地从文化的角度思考近代中国之命运。这种思考到1915年新文化运动兴起时，产生了革命性的推进，即把孔家儒学与专制、落后相联系，对孔家儒学进行激烈批判，由此掀起一股反儒的风潮。

新文化运动在中国树立了科学与民主的权威，开辟了建构中国新文化的新路向。然而，其对儒学的极端态度，也引起了不同的意见，由此催生出以梁漱溟为先锋的新儒学派的诞生。"作为当代新儒家，首先他应是一位真儒，切实契合古圣往贤的生命智慧，视儒学为自己文化生命的归宿；其次在儒学面临生死考验的时代，能够继往开来，在儒学向现代形态的转进中作出独特的贡献。"②继梁漱溟之后，几代新儒学者前赴后继，自觉担当起儒学在现代社会新生转进的大任。

作为现代新儒家最重要的代表之一，唐君毅从小就受到良好的传统文化教育，中学时代便立下弘扬传统文化的志向。"泰山何崔巍，长江何浩荡。郁郁中华民，文化多光芒。非我其谁来，一揭此宝藏。"③时遇五四新文化运动浪潮，唐君毅也看一些新书，但面对传统文化所遭遇的颠覆性批判，少年唐君毅还是产生了一种"莫名其妙的怀疑和反感"。这时

---

① 钱穆.国史大纲[M].北京:商务印书馆,1991:31.
② 颜炳罡.当代新儒学引论[M].北京:北京图书馆出版社,1998:57-58.
③ 唐君毅.唐君毅全集 卷27 日记(上)[M].台北:台湾学生书局,1988:235.

的唐君毅分明是感到了这场新文化运动在中国历史进程中的积极意义，但同时又不完全赞成这种对传统文化进行全盘怀疑和批判的主张。若干年后，思想趋于圆熟的唐君毅对这场新文化运动做出了冷静的分析。唐君毅首先肯定了这场新文化运动的历史意义，认为它"完成了自晚清以来，中国人对其传统政治文化之自我超越、自我否定的历程"，指出"如果无新文化运动，则整个中国传统政治与文化之批判，亦不能到底"①。正是新文化运动对传统文化所抱的批判怀疑态度，给中国新文化构建带入一股新鲜的朝气，给人以心灵解放的感觉。但是，唐君毅同时也进一步深刻地指出，新文化运动"尚未进到一理性心灵、道德心灵的朝气"，因而不能有"创造的成果"②。唐君毅认为，仅仅在消极意义上怀疑批判传统文化、空谈重估价值是不够的，仍只是"生物民族主义"③的表现，新文化的构建还需有实实在在的、积极重建的工作，需本着对文化重构的担当精神，对中西文化作深入的理性分析。唐君毅的这一分析是客观的。实际上，虽然新文化运动在中国革命进程中具有思想启蒙的意义，但这场致力于文化重建的思想领域的文化运动很快转向了政治领域的革命运动，因而缺乏对中西文化理性、深入的分析。由此，其反对儒学、引入西学难免带有感性的情绪，缺乏科学谨慎的态度。文化是各民族精神生命的集中表现，具有内在的传承性和一致性，文化的重建应是一种在传统文化基础上的超越，而不能是对传统文化的全盘否定。正是对民族生存境遇和对儒学所陷入从未有过的生存困境的忧患意识，唐君毅等新一代儒者自觉担当起了文化重建的任务，寻求儒学在当代的转进新生路径，延续中华民族的精神血脉。

（二）花果飘零与灵根自植

20世纪40年代末50年代初，唐君毅赴香港定居，在那里与钱穆等人创办了香港新亚书院，致力于中华道德理念和人文精神的传承。20世纪50年代中后期始，唐君毅学术活动扩展到世界范围。旅港的生活和海

---

① 唐君毅.中国人文精神之发展[M].桂林:广西师范大学出版社,2005:147-148.
② 唐君毅.中国人文精神之发展[M].桂林:广西师范大学出版社,2005:148.
③ 唐君毅.生命存在与心灵境界[M].北京:中国社会科学出版社,2006:667.

外的见闻,让唐君毅深刻感受到中华文化花果飘零的命运,他心生悲情,但从未气馁,而是不断地鼓励世界华人树立信心,自植灵根,走出困境。

1957年2月,唐君毅应美国国务院邀请,首次离开香港赴外访问。这次访问中,唐君毅先在日本各地参观,会见一些学者,然后于2月底到达美国,与美国学界人士进行各种形式的学术交流,前后达五个多月的时间。此次访问,让唐君毅注意到中国传统文化在美国汉学界绝大多数学者眼中早已被认作与现代中国发展毫无关系的、业已死亡的文化。"中国文化死亡论"深深刺痛了唐君毅。为向美国乃至整个西方世界力陈中国传统文化的特色和生命力,唐君毅联合张君劢、牟宗三和徐复观,于1958年元旦发表四人联合宣言:《中国文化之精神价值 中国文化与世界——我们对中国学术研究及中国文化与世界文化前途之共同认识》。这篇由唐君毅执笔起草的四万字宣言,在海内外产生了重大影响,"对于中国文化死亡论,起到了摧陷廓清的作用"[1]。

海外的旅居生活也让唐君毅对海外中华儿女产生深切的关怀之情。实际上,华夏子孙大量移居海外早在鸦片战争之后便已开始,他们或移居东南亚各国,或到檀香山、美国西部谋生。这批侨民不管到哪里,都保持着中国社会的风习。从结婚吊丧、房屋建筑到交谈通信,大都坚守着中国的文化习惯。早期的中国留学生也都表现出不忘本的文化意识。然而,唐君毅悲情地注意到,"今日旅居外国之华侨社会中,中国人所保存之风习,尚有几何?"[2]新一批侨民正逐渐丧失原有的社会风习、文化语言,他们千方百计地改变国籍,自动自觉地向外国归化。对此,固然很难以应当或不应当进行道德上的责备,但唐君毅指出:"然而一民族之无共同之文化与风习语言,加以凝摄自固;一民族之分子之心志,必然归于日相离散。"[3]文化与语言是民族性的表征,也是民族形成与凝聚的媒介。当唐君毅看到一些海外中华儿女不屑用汉语与人交谈,不免心生悲情与慨叹。当看到一些知识分子以"迎接人类文化大融合""使中国人

---

① 胡洪治.大家精要唐君毅[M].昆明:云南教育出版社,2008:104.

② 唐君毅.中华人文与当今世界(一)[M].桂林:广西师范大学出版社,2005:4.

③ 唐君毅.中华人文与当今世界(一)[M].桂林:广西师范大学出版社,2005:4.

跃进为世界人"为名要为此情形作辩护，并要将之普遍化为一种流行的思想和意识时，唐君毅则不能容忍。近代以来，国人在西方文化面前逐渐失去民族自信心与归属感，国人的文化自信与民族自尊亟待唤醒与重塑。唐君毅指出，人的真实存在与其民族的特性是分不开的。正是民族的语言文化、社会风习教养了一个人的存在，民族性是个体存在的根据所在。在这个意义上，当中国人不再是中国人，那么中国人也不能真成一个人，更不配成为天下一家之世界中之一份子，而将中华民族沦于万劫不复之地。唐君毅强调，民族性其实是一个人的个性，民族由有民族性的个人构成，民族性是个人之性命之所在，是个人存在的价值之根。失去民族性，失去价值之根据，中国人将犹如飘零的花朵，无以自存。因此，唐君毅进一步指出，作为一个人，应该要有所坚守，守住自己的民族性，守住自我，以此追求进步，才能成就真实的人格。不能坚守自身的民族性和文化传统，既反映出国人不自信的心态，也反映出国人对于民族文化所内蕴的价值意义缺乏自觉的意识，一味求变、求新、求奇，只能是一种"轻薄"行为。

面对现状，唐君毅是悲情的，但并不因此悲观和失望。"一切正面的东西，皆对照反面的东西而昭显。"[①]飘零异域、流落他乡，若是失去价值的坚守，也就失去了自作主宰的人格，绝望之境中的痛苦感受，必将使中华子孙自觉反省，从而做到自尊自重、自信自守。由此，不论飘零何处，都能做到灵根自植。面对未来，唐君毅充满期待，21世纪是中国的世纪，是中国文化之中心观念之以"人"为本的世纪，即人的世纪，或人文的世纪[②]。面对青年，唐君毅有着无限的期望：唯有中华子孙在内心深处自尊自重、自信自守，中华民族文化才能发扬光大，中华民族才能屹立于世界民族之林！

（三）人类世界毁灭之可能

当今世界是一个世界文化急剧交流、融合的时代，中华民族及其文化的存亡兴衰与世界文明以及人类的命运息息相关。唐君毅没有将自己

① 唐君毅.中华人文与当今世界(一)[M].桂林:广西师范大学出版社,2005:42.
② 唐君毅.中华人文与当今世界(一)[M].桂林:广西师范大学出版社,2005:53.

导言

封闭在狭隘的民族意识中，他在更广阔的世界情怀中关注人类的未来与命运，反思今日以西方文明为主导的人类世界的时代性问题，由此把握中华民族文化与文明及人类文化与文明的发展方向。

人类所处之当前时代，为"自觉到人类世界之毁灭之有一真实可能之时代"①。特殊的人生经历和深厚的文化修养，使得唐先生对时代问题的把握深邃而精确。20世纪上半叶，人类世界先后遭遇两次世界大战，下半叶人们则时时担忧第三次世界大战的爆发。面对足以毁灭人类世界的氢弹、核弹的威胁，生活在现代社会的人们，一方面感受着科技进步带来的丰裕的物质文明；另一方面又常常处于人类世界即将毁灭、世界末日即将到来的内心恐慌和悲观、焦躁、迷茫中。

"人类世界毁灭""世界末日"的说法，古已有之，古代宗教和哲学思想中早就有过这方面的猜测。从逻辑推理来说，一切存在者都有不存在的可能。近代物理学的发展，也曾试图证明地球终将冷却、世界终将归于死寂。但这与以往关于人类世界毁灭、世界末日的说法有所不同的是，以往的世界毁灭说往往与自然的因素或者神的旨意直接相关，皆属于不可抗拒之外力而引发，而现代社会所谓世界毁灭、世界末日的真实性根据却是人本身——人类真实地拥有毁灭自身的能力！而更为深层的问题是，早前人们对于世界末日还可以等待"上帝"的拯救，人们还能心怀希望；而今日"上帝已死"！人类对未来无法抱有信心，失去理想和信仰的现代人类对未来充满悲观、迷茫和困惑。

然而，唐君毅认为，问题的关键并不在于人类世界毁灭与否的真实性。万事万物有生就有灭，人类世界与生命存在毁灭也的确具有真实的可能性，但是，一切"生命之存在之自体……神境圣境"②是完满自足、真实常住、无所谓灭的。唐君毅所谓"生命存在之自体""神境圣境"，即人类自身客观普遍之价值精神的永恒性本身。生命存在正是在追求和实现人类客观普遍之价值精神中实现着永恒的。唐君毅指出，对于客观普遍价值精神的真实性、永恒性，只要本着"大仁大智"之心，就会有"大信"。有此"大信"，则当人们果真面对世界之真毁灭时，人类就会呈

① 唐君毅.生命存在与心灵境界[M].北京:中国社会科学出版社,2006:661.
② 唐君毅.生命存在与心灵境界[M].北京:中国社会科学出版社,2006:662.

现出"大勇",承担此毁灭,无所畏惧。因此,人生关键的问题在于人之为人是否有对"生命存在之自体""神境圣境"真实永恒性的体悟,是否有对人类自身客观普遍的价值精神永恒性的信守和勇敢担当的精神。人类之客观普遍价值精神本身真实常驻而无所谓灭,一旦人们拥有大仁大智大信之心,就会在人类世界毁灭来临时,无所畏惧,勇于担当。同时,由感通之仁,人们既希求个体生命的相续,也必然希求整个人类生命存在的相续。当人们对"生命存在之自体""神境圣境"的真实恒常有所信,人们就会依靠智慧而寻求人类生命存在相续之路径,并依靠勇敢,真正地在行动中去实现这一相续的愿望。这时,人们以人类世界的相续发展作为自己自觉的使命,于是,勇于担当、向上勃发的生命力将人的主体性精神彰显于天地宇宙间,如此,永恒的价值追求即得到了实现。所谓"未知生,焉知死?"(《论语·先进》),相较于西方人对世界末日的焦虑,中国人则更加看重在现实世界中实现人之永恒的生命价值。

人造氢弹、核弹的存在对人类世界的存在客观上产生了威胁,但是,这些存在本身实际上又是人类科学进步的结果。唐君毅指出,人造氢弹、核弹客观上给人以危机感,但是,把人类世界毁灭归咎于氢弹、核弹这些战争武器是肤浅的,人们应对科学知识进步本身进行反省。近代以来,科学知识进步推动了人类世界的进步,但是,"接二连三之大战争,即证明你所成就的,都是你所预备毁灭的"[1],科学知识的进步同时也造就了毁灭世界的可能。那么,科学技术的进步为何会走向人类社会发展的反面?"人之能有毁灭其自己之科学知识,其根源初乃在人将其于观照凌虚境,所知之数学几何学之知识,向外转用于感觉经验世界之物能之理解。此即一由观照凌虚境,至吾人所谓感觉互摄境,更至功能序运境之一外传,而亦下转之一历程。"[2]唐君毅指出,近代以来科学技术的发展并未向上向内发展,并未把服务于人类本身的发展作为最高旨向,而是向下向外发展,沦为人的感觉欲望、经济政治利益满足的手段。也就是说,现代科学技术的发展失去了应有的理性价值精神内核。

与此同时,唐君毅看到,在整个现代社会发展进程中,经济始终占

① 唐君毅.人文精神之重建(一)[M].桂林:广西师范大学出版社,2005:13.
② 唐君毅.生命存在与心灵境界[M].北京:中国社会科学出版社,2006:662.

据着主宰性地位。在对经济利益的追逐中，社会的功利化倾向日益加剧，人日益走向物化。人不但没有主宰自己的创造物，相反，却在自己所造物的面前，丧失了主体性地位：一方面，个人生活走向物化，这反映在人性的堕落、自我的迷失和个体价值精神的丧失上；另一方面，现代人类政治、经济、社会各种关系的安排和组织"视人为物"，人被符号化、抽象化，使人丧失其主体性，由此导致个体的疏离、分散，社会充满不平等与矛盾[①]。如此，"人类的毁灭，不是不可能的：因为人类正到处弥漫着与汝偕亡的心理"[②]。今日世界人口众多，失业率上升，人本身贬值、堕落，生活于其中的人们体会不到关爱与关怀，缺乏价值感，由此，对存在本身产生厌烦和质疑，最终必然走向相毁之道！人类何以安顿自身？"只用今日社会科学知识、凭军事政治法律、社会舆论、主义宣传、警察特务之力量，都不能全真解决问题，真安顿整个人类社会的……真正的问题深处，只有向内用心，才接触得到。向内用心，才知当前人类社会之军事、政治、法律、经济等问题之后面，有一真正的文化问题、精神问题。"[③]唐君毅指出，今日人类世界之毁灭的真实可能性的根源在于人自身的物化和人的主体性精神的丧失，其解决之道显然不能仅仅依靠外在的制度构建、秩序规范来解决，而必须要深入人的内心，从文化的重建、价值精神的重塑中寻求根本的解决之道，关注和关爱人本身，重塑人格精神，构建道德人格的世界。

（四）返本与开新

各个时代有各个时代的文化问题，每个时代的人都应担当起解决相应时代文化问题的责任。今日，无论中华民族生存境遇还是人类世界的生存发展，都提出了文化重建、精神重建的问题。文化重建是一个世界性问题，各个民族皆应根据自己的民族特性，来完成这一重建的任务。"人当是人；中国人当是中国人；现代世界中的中国人，亦当是现代世界

---

① 唐君毅.中华人文与当今世界(二)[M].桂林:广西师范大学出版社,2005:385.

② 唐君毅.人文精神之重建(一)[M].桂林:广西师范大学出版社,2005:13.

③ 唐君毅.人文精神之重建(一)[M].桂林:广西师范大学出版社,2005:14.

中的中国人。"①人皆有自己的民族性,中国人当有自己的民族性,传承和弘扬作为民族精神生命的民族文化,是每一个中华儿女的责任。同时,中国人又是现代世界中的中国人,中华民族精神的传承与弘扬必须在与人类世界文化的交融中完成。否则,"中国人不成中国人,亦使中国人不能真成一个人,更不配成为天下一家之世界中之一分子,而将使中华民族沦于万劫不复之地"②。

近代以来,中国的特殊境遇已经使得中国成了"世界上一切文化势力所产生的各种冲突矛盾,以及其不良效果所汇归的焦点"③。中国文化不仅有文化本身的缺点,还在与西方文化交融中携带了西方文化的缺点:在吸纳西方民主、自由、权利观念的同时,伦理观念受到了冷落,中国也正面临人之物化的困境。唐君毅指出,只有发扬"人"的文化之思想,使人自立,唤醒和激励人的主体性精神,使人自己的胸襟和德量变大,才能在根本上把人类从物化中解放出来。中国文化根本上就是一个关于"人"的文化。然而,近代以来,国人在西方文化面前,普遍存有自卑情结和媚外心理,失去了民族自信心和归属感。生命力的衰弱本身也是当代中国文化一个重要问题,中国人需要自立自强。

"人类的文化之发展,常只有返本,才能开新。"④唐君毅认为,鉴于西方近代人文主义、理想主义精神之衰落,西方文化未来的发展并不能只是直线式的,而应同时归向中世纪和希腊精神,重建信仰、重树理想;而中国文化的发展则需在吸纳西方文化的民主与科学精神的同时,再生宋明儒者之使人自立的精神。"我们要救当今之弊,须再生清以前宋明儒者之精神,发扬西方之近代理想主义,与中西方人文主义之精神。此是求中西学术文化精神之返本。然此返本,则同时是求开新。融会中西方理想主义人文主义之精神,与其文化思想,即开新的工作的始点。"⑤唐君毅主张,中国今日之返本开新的重建,必须在民族文化深厚的土壤中开出现代性的新文化,才能获得源源不断的动力,才能在克服

① 唐君毅.人文精神之重建(一)[M].桂林:广西师范大学出版社,2005:4.
② 唐君毅.中华人文与当今世界(一)[M].桂林:广西师范大学出版社,2005:6.
③ 唐君毅.中华人文与当今世界(一)[M].桂林:广西师范大学出版社,2005:387.
④ 唐君毅.人文精神之重建(一)[M].桂林:广西师范大学出版社,2005:4.
⑤ 唐君毅.人文精神之重建(一)[M].桂林:广西师范大学出版社,2005:7.

导言

今日西方文化之物化问题的同时，树立中华民族的真生命和中华民族文化的真生命！

（五）哲学的目标：从单一的理性到丰满的道德人格

对民族生存境遇以及时代问题的反思，促使唐君毅重新审视哲学的时代任务和意义。

唐君毅认为哲学的目标和归宿是成教。"故凡哲人之言说，初虽是说其所学，而其归宿，则皆是以言说成教……学以成教为归，言说以离言为归，盖为东方大哲所同契。"①具体来说，哲学成人成教的目标就是"成就吾人生命之真实存在，使唯一之吾，由通于一永恒、悠久、普遍而无不在，而无限；生命亦成为无限生命，而立人极"②。也就是说，哲学最后的归旨在于挺立人的主体性精神，成就生命的真实存在，实现个体性与普遍性、有限性与无限性相统一的自由人格塑造。关于哲学的这一归旨，唐君毅也有这样的表达："求如实观之，如实知之，以起真实行，以使吾人之生命存在，成真实之存在，以立人极之哲学。"③这意味着，唐君毅反对把哲学的最后归旨仅仅局限于理论认知本身，而主张转识成智，化知成行。用冯契的话来讲，就是"化理论为方法，化理论为德性"④。唐君毅反对黑格尔把哲学看作是绝对精神的最高表现，而认为哲学应是心灵自我超越的历程表现，其最高宗旨不是知识本身，而是将知识转化为智慧，使人的精神生命开辟上升，实现成人成教之目的，塑造自由之道德人格。唐君毅指出，"讲哲学，必以为世兴教为目标，然后吾人讲哲学之事，乃出于吾人之道德理性，而可成就吾人之道德生活"⑤，"唯人格之完成，为一切精神之活动，最后表现意义价值，而得宁静安顿之所"⑥。

倘若哲学想知道它有何种意义，倘若它不仅想从认知角度，也想从

---

① 唐君毅.生命存在与心灵境界[M].北京:中国社会科学出版社,2006:16.

② 唐君毅.生命存在与心灵境界[M].北京:中国社会科学出版社,2006:11.

③ 唐君毅.生命存在与心灵境界[M].北京:中国社会科学出版社,2006:1.

④ 冯契.认识世界和认识自己[M].上海:华东师范大学出版社,1996:20.

⑤ 唐君毅.生命存在与心灵境界[M].北京:中国社会科学出版社,2006:699.

⑥ 唐君毅.哲学论集[M].台北:台湾学生书局,1990:704.

实践角度研究自身，那它有必要把自身构建成伦理学。20世纪以来，哲学学科发展有一种新的转向，即转向实践哲学、伦理学研究。唐君毅汲取中国哲学思想中关于道德知行合一的实践性特征，重申哲学研究目标，将哲学研究目标由单一的"知识"转向丰满的"人格"，关注道德行为和实践，体现出哲学家独有的睿智。有感于科学技术、商业经济主宰的世界中，"人文世界将日益趋于分裂与离散，人的人格精神亦将日趋于外在化、世俗化"①，唐君毅试图重新挺立人的主体性精神，恢复人性的"高雅伟岸""温柔美丽"②。"中国'五四'以来之思想界与学者，毕竟是俯仰由人……其影响于中国数十年之思想之效固有，然终不足使人精神有安身立命处。故……而常提到近代德国之理想主义者。此一方面是弟确觉此派思想之根基，确是深厚而高远，一方面亦补偏救弊之意……其进一步在由纯哲学之思辨精神，发展出儒者之实践精神而超哲学家以入圣贤之域。"③以中国传统之哲学思想为中心，"重接"西方近代理想主义、理性主义，构建新的理想主义哲学，这既是为中国传统文化发展困境寻找出路，也是在为世界新文化的构建寻找出路。"我们不但要有解决中国哲学困境的能力，而且也要有解决也正在困境的世界哲学、特别是西方哲学困境的能力"④，唐君毅秉持着中国人的良心，立民族之根，力图在现代社会语境中，为传统民族文化寻找到重新勃发的方式和路径。同时，他积极面对现代性问题，立根传统文化，吸纳西方精华，在一种世界主义的视野中，试图对人类当前面临的精神危机调制一剂良药。

三、本书研究框架

本书以"道德人格"为研究唐君毅伦理思想的"阿基米德点"，在中西交汇尤其是对近代德国理性主义哲学反思的比较视野中，努力呈现唐

① 唐君毅.文化意识与道德理性(一)[M].桂林:广西师范大学出版社,2005:4.
② 叶启绩.20世纪西方人生哲学[M].北京:人民出版社,2006:305.
③ 唐君毅.中华人文与当今世界补编(二)[M].桂林:广西师范大学出版社,2005:658.
④ 周辅成.周辅成文集(卷Ⅱ)[M].北京:北京大学出版社,2011:301.

君毅伦理道德思想，考察唐君毅在对儒家伦理道德思想的继承、发展和现代性转进中的努力。我们将打破唐君毅著作论文写作的时间顺序，而按照其著作论文中思想内在的逻辑关联，来对其以道德人格为中心的伦理道德思想进行考察和研究，逻辑地再现唐君毅的整个伦理思想体系。

唐君毅以道德人格为中心的伦理思想体系由道德形而上学的本体论、道德实践的工夫论和道德人格实现的现实性三个部分构成。具体来说，首先，从仁心本体预设出发，阐释仁心感通，并由此论证道德和道德人格的本体论意义；其次，根据感通向度的不同，分从己己感通、人我感通和天人感通三个内在递进的层面，阐释其道德实践工夫理论内容，引导人们在道德生活体验中实现生活境界的提升，强调在日常生活和社会伦理关系中展现人的道德主体性精神，成就道德人格；最后，从道德人格实现的现实性角度对理想的伦理共同体进行谋划，提出了一种有关社会正义实现的新思路。总体而言，唐君毅以道德人格为中心，呈现了他有关个体道德与社会伦理两个领域的伦理思想主张。

本书第一章旨在从道德形而上学层面阐发道德人格的本体论意义，揭示有关道德人格的一般内涵和本质特征，在三个层面呈现唐君毅的观点：第一，对人之性情作为道德理性根基的论证；第二，分析以性情为本的仁心以感通方式把握世界的内涵和意义，澄明感通的过程就是道德人格提升的过程；第三，从道德就是人的本质属性，道德成就生命存在的真实性角度，论证道德人格的本体论意义，指出本体论意义上的道德人格是实现知行合一的真正的自由存在者。

本书第二、三、四章属于道德实践工夫论部分。道德是仁心的显露，道德人格的实现即由内而外、由自我到他人、由个体到社会，实现主观特殊与客观普遍相统一，最终达到知行合一、天人合一境界的自我超越的历程。这一自我超越历程的内在动力即生生不息、好善恶恶的人之性情。这一自我超越历程的实现则通过己己感通、人我感通、天人感通三个逐层递进的阶段来实现。心灵感通的历程是仁心本体显发的过程，同时也是唐君毅道德理论构建内在逻辑推演的理路呈现。

第二章为"己己感通"阶段，主要为道德人格的实现寻求主体性的根据，建立道德自我。人格是人的精神现实一贯的表现，"道德自我"作为形而上的精神实在，构成道德人格形塑的主体性根据。本章的任务有三：第一，澄明唐君毅有关"道德自我"概念的内涵、特征。第二，确证道德自我的存在，树立主体的道德信念。心之本体是道德自我的根源，对至善完满之心之本体的确证是建立道德自我的核心。唐君毅通过"自反"的体悟方式，证明心之本体的至善完满，此即"我感故我在"；同时，唐君毅还通过肯定现实世界，实现道德自我确证。第三，由于"心之本体"是知行合一的精神实在，道德自我之建立还需通过各种精神活动来实现，主体为此需面对身心矛盾和紧张，克服"陷溺之心"，实现"自我超拔"，时时保持心灵"清明"，实现道德自主。

第三章为"人我感通"阶段，主要是强调在个人与他人的同情共感互助关系中，实现主体之道德人格境界的扩大提升。本章从三个维度展开：第一，良心（道德自我）具有自我裁决功能，但良心可能隐退，于是，"他人"出现；第二，论证"他人"的客观实在性，揭示同情共感互助的人我关系本质，并由此揭示个人主义的症结；第三，澄明同情共感的道德内蕴，分别从同情共感是德行德性形成的基础、同情共感的本质即推己及人、道德人格世界的呈现以及道德的情境性来进行阐释。唐君毅同情共感互助的人我关系的构建，所要强调的是，在日常交往的生活世界中实践道德。生活是具体的、生动的和特殊的，按照道德行事，并不是机械遵守道德规则，而需要因时、因地制宜，与人同情共感，在各种道德情境中磨砺自身的德行德性。

第四章是"天人感通"阶段，强调在社会共同体的伦理生活实践中成就道德人格。由于同情共感互助中的人我关系，仍只停留于个人主观立场，因而此时的道德人格仍是主观的、特殊的，缺乏客观性和普遍性。为此，道德主体需进入现实的社会伦理关系情境中，为自身道德人格的构建寻求普遍的价值和意义根据。本章从三个层面进行阐述：首先，从天人感通、天人合一实现的可能性上论证人性与天道的合一，说明对客观普遍价值精神的追求和向往源自人们的本性；其次，从天人感通、天人合一的实现路径上揭示"尽性立命"的根据和内涵；最后，从尽性立命的实现之道谈当下生活的理性化，强调人们即时与当下情境进行感通，为人们在家庭、社会、国家等社会伦理实体中的责任担当寻求根据，以实现主观特殊与客观普遍的统一，最终达至所谓天人合一之自由道德人格境界。

第五章从道德人格实现和道德人格世界构建的现实性角度，呈现唐君毅关于人文世界的谋划中所包含的社会伦理思想，主要包括三个层面：一是澄明唐君毅是从道德活动与其他文化活动的相依性，或者说，从道德活动本身的"脆弱性"进入有关社会伦理的思考的；二是揭示人文世界和谐的本质特征，和谐所内含的仁道和正义原则构成人文世界最高的普遍价值精神；三是呈现唐君毅基于对西方民主政治的反思，成为人文世界谋划构建的新型民主政治中所包含的有关社会正义实现的新思路。

结语主要对唐君毅道德人格思想的当代价值进行评价，主要在实现民族传统道德文化新生转进、构建新道德文化的视域中进行评析。

本书的创新点主要表现在以下三个方面：第一，以道德人格为核心，理解和把握唐君毅的伦理思想体系；第二，呈现唐君毅伦理思想中的中西交汇特征，以及唐君毅在中西交汇中对新道德文化构建的探索性贡献；第三，在当代美德伦理学发展路向和我国民族传统道德文化新生转进的视域中考察唐君毅伦理思想的现代价值。

第一章 性情、感通与道德人格

唐君毅将自己的哲学目标定位为"求如实观之，如实知之，以起真实行，以使吾人之生命存在，成真实之存在，以立人极之哲学"①，他把自由之道德人格的实现看作是哲学的最高任务，伦理学在唐君毅那里因而拥有第一哲学的地位。"应该成为怎样的人""如何养成道德人格""个人道德与社会道德之关系"构成唐君毅伦理思想体系具有内在关联的三个基本问题，具有鲜明的美德伦理学特征。

20世纪的现代新儒学者大多坚持返本开新的理路，将自己的理论体系建构在传统儒家的心性学说基础上，唐君毅也不例外。他继承和弘扬了传统儒家的心性学说，阐发"性情"理论，并依此为基，探寻道德和道德人格的人性基础。唐君毅指出，以善善恶恶之人之性情为根本，道德即性情之心由内而外、由隐而显的显发昭露。性情体现情理合一，要求道德知行合一。性情之心，即良心，它对世界的把握方式是感通。有感于主客二分认知模式在人类自我认知中的弊端，唐君毅承继儒家心性之学，确立性情之作为人性基础的根本地位，阐发心境感通的关系，确立哲学认知的价值目标，即"由如实知、真实行，以成就吾人生命之真实存在，而立人极"②。真实的生命存在即道德的存在，生命在道德心灵

---

① 唐君毅.生命存在与心灵境界[M].北京:中国社会科学出版社,2006:1.

② 唐君毅.生命存在与心灵境界[M].北京:中国社会科学出版社,2006:10.

中获得自我认同。道德人格的实现是获得生命存在的真实意义、克服生命存在虚妄性的根本所在。唐君毅所谓道德人格是本体意义上的自由存在者，在知行合一中彰显着人的主体性精神。

第一节　性情：道德理性的人性根基

鉴于道德对于人类自身的意义，思想家们都不约而同地对道德何以可能的问题进行自觉思考与探寻：道德何以可能？人为什么要过道德生活？人为什么应当成为有道德的人？这无疑是人们对自身生存方式和生活意义的自觉反思，而这些问题本身又不得不诉诸一个更为根本的问题，即人的本质是什么？在人的本质问题上，唐君毅认为，人作为现实的存在者，是知、情、意的统一体，主张把"情理之如如不二"的"性情"看作道德的人性根基，并由此对道德生活何以可能、道德权威的现代重塑做出时代性的回应。

在唐君毅看来，"情"与"性"相连，以"性"来规定"情"，由"情"来表现"性"，这是中国儒家伦理思想在道德情感问题上的一个独到的智慧。

首先来看人之"性"。唐君毅注意到，在对人之"性"的认知上，中西先哲表现出不同的思维方式。西方哲人对人性所做的研究，一般只将人性视作一"客观所对"，即只把人性当作对象性的存在进行研究，将人性理解为人与动物相区分的种属特性。与之不同的是，中国先哲并不把人或人性当作客观外在的对象来考察，而主要是通过"面对"天地万物，对人生理想进行内心的"体验"和"反省"，来思考人性，思考天地万物之性。由此，中国先哲并不从生物种属的角度来区分人与动物的不同，而是从价值的角度强调人作为"万物之灵"的地位，强调人所负有的"参天地之化育"的职责与使命。孟子从内在体悟出发，认为人天生有"四端"之心，以此论证人性"善"的本质。宋明理学继而为人性善的本质寻求形而上的根据——理。理，即"天理""天道"。"天理""天道"即生命的生生之理、生生之道，具有客观和普遍的意义，是公理之所在。天地孕育万物，万物生生不息，因此，天地之理、天地之道即一个"仁"字。人性当符合天道，上契天理。因此，"性"即"理"，二者常常合称作"性理"。作为"万物之灵"，人当通过"心"的体悟感通，实现生命向上的提升与扩大，完善自身之"性"，以达于天理，实现客观普遍的"理"与主观主体的"性"的合一，此即所谓天人合一。因此，"理"的召唤，使得人之"性"在本质上希求"生活之充实扩大，亦即其生命存在之充实扩大，而其所具之生命意义与存在意义，即更丰，而人可安于其中而得乐"①。在中国哲人看来，人性向善是心灵自觉的体现，这不同于古希腊亚里士多德在生物意义上谈人性向善。

就人之"情"而言，在中国思想史上，一般地，当情与性相连，则有善意，而当情与欲相连，则含有恶意。唐君毅注意到，古代先哲不少思想家因为恶情而贱情，但大多则对最先由孟子系统阐发的"性情"持有尊敬。孟子"即情即心言性"②，以为人有恻隐、羞恶、辞让、是非之情，且分别根于仁义礼智之德性。孟子通过人与人的"直接的心之感应"来指证"四端之情"的存在。比如，齐宣王见衅钟的牛，"不忍其觳觫"，而"以羊易之"（《孟子·梁惠王》）；又如因"乍见孺子将入井"，而有"怵惕恻隐之心"（《孟子·公孙丑》）；再如上古时代，有人"不葬其亲"，但终因不忍看到尸体被狐狸吞食、苍蝇吸吮而"掩之"，之后，又有葬埋之礼（《孟子·滕文公》）。孟子以性说情，尊性尊情而重性情，把"四端"之"性情"看作道德的人性根据和道德评价的标准。承继孟子道德学说，宋明诸儒致力于对道德根据进行形而上的追问，在重视性理研究的同时，对性情有进一步阐发。朱熹认为"心"之内在未发为"性"，"心"之见于外之已发为"情"，并区分"四端之情"与"七情之情"，称"四端之情"为"称性而生之道德的情"，为天理纯全之心，而"七情之情"以人欲之私为根据。对此，唐君毅指出，所谓"七情之情"实际上是指人的感情，也就是人的情绪表现，它们与人的"四端"之"性情"是不同的。朱熹主张"心统性情"，"心""性""情"仍然是一体的，但又各有自己的独立性。"性"体现天理，需要通过"情"

---

① 唐君毅.生命存在与心灵境界[M].北京:中国社会科学出版社,2006:385.
② 唐君毅.中国哲学原论·原性篇[M].北京:中国社会科学出版社,2005:329.

来表现，而"情"需由"性"来规定。因此，"心"是体，"性"为相，"情"则为用。但是，出于对人的欲望的陷溺可能产生对天理、道心的偏离，宋明诸儒对欲望由以产生的"情"始终持有谨慎态度。所谓"存天理，灭人欲"就是这种谨慎态度的表现。思想发展到宋明诸儒之后，客观上提出了如何疏导人的生命情感，使之抒发畅流的内在要求。于是，明末王船山深刻反思宋儒性理学说，纠正其只重内心反省体验的偏向，而大力倡导尊气、尊情。唐君毅指出，船山更重性之客观表现，故而尊生而重情才[①]。"我者德之主，性情之所恃也"（《诗广传·大雅》），依照王船山之意，人之善性必然要通过客观的"气"表现出来，以成"情才"，因而，情才应该受到足够的重视，而不应该因为其可能流于人欲而忽视整个情。恶的源头不在心，不在理，不在气质，不在情才本身，而在"情才之流之交"[②]，即恶是在人与人之间的交往"关系"中产生的。唐君毅认为，王船山对性情的阐发学说发展到了中国古代哲学史上最圆融的境地，充分肯定了人之性情的地位。

人之"性"生生不息、创生不止，它内在具有超越性，但又必须经由人的情感推动其在生活世界中体现，才能得到真正实现；而人之"情"因为性的内在规定，使得人心具有向善的本质和动力。由此，在"性情"这一范畴中，性为体、情为用，性是情的根据和源泉，情则是性得以展现的手段和途径。其中，性情之"性"，即"顺理而行之理性"；性情之"情"为"依理性而与境相感通"，而必有"理性"的好恶之情。如此，在唐君毅看来，所谓"性情"，简单而言，即"好善恶恶之情"[③]，具体包括愤悱之情、恻隐或恻怛之情、肫肫其仁之情等。好善之情与恶恶之情彼此相关，是性情一体的两面。正是因为有好善之情，对有价值意义的事物有"爱慕之情"，因而对恶的事物充满厌恶；而对恶的事物的厌恶，体现的正是人对善的事物的喜好和向往追求。"好善恶恶之情"是"情"，然而此"情"是以"知"为前提的，同时内含着"行"的趋向。"好善恶恶"之"性情"意味着主体首先要有对"何谓善""何谓

---

① 唐君毅.中国哲学原论·原性篇[M].北京:中国社会科学出版社,2005:318.
② 唐君毅.中国哲学原论·原性篇[M].北京:中国社会科学出版社,2005:319.
③ 唐君毅.生命存在与心灵境界[M].北京:中国社会科学出版社,2006:692.

恶"的理性认知，形成对善、恶的情感认同、接受，然后有努力践行道德善的内在动机。也就是说，人之"性情之心"体现着"情理之如如不二"的情理统一特性，同时也包含着由知善到行善、实现知行合一的内在要求。

情感是人的一种心能，唐君毅根据情感之善性与否而将情感划分为善情、恶情以及无善不善之情。诸如恻隐、羞恶之情为善情，而淫乱夺取、好权力及嫉妒嗔恨之情为恶情，饮食男女之情，则为无善不善之情。唐君毅指出，情感就其本身而言，是非恶的。饮食男女之食色之情本身，孤立地看无所谓善或不善。当人们从人类自身的生存与发展繁衍来看食色之情，食色之情显然是符合善的；当人们从一己之食色之情，扩展希望他人也能衣食无忧，组建幸福的家庭，如此，食色之情显然也能是善的；但是，如果人们放纵欲望，陷于食色，则必然导致淫乱，如此，食色之情又必然转化为恶。由此，唐君毅指出，恶情之所以产生，一方面是因为主体被一味满足欲望的观念所引导，陷溺欲望中而无法自拔；另一方面则是因为主体陷入自我中心的私境，在对自我利益的追逐中，漠视了他人的存在状态，侵犯他人的利益。因此，恶情的产生实际上源于两个因素：一是引导欲望满足的观念的错误；二是对他人利益的漠视。前者属于理性活动范畴，后者则与情感活动有关。"此种情之不善，实非只源于情之为接触具体特殊事物者。而是源于吾人之情之限制，及吾人'能形成概念与能自觉自我'之理性活动本身，又限制于'所接之物之类与情之类'之中，而成一对自我之执着；转以限制情之充拓与开辟"①。也就是说，恶情之所以产生是人的理性活动的误导和情感充拓受到限制两方面的因素共同构成的，是欲望、观念和情感相互胶结的结果，而情感与理性活动本身一样是非恶的。由此可以反证，善情中体现着的是理性活动与情感活动的辩证统一精神。英国近代经验主义者休谟在《人性论》中曾阐发恶意情感和妒忌的形成，提出所谓"比较原则"。休谟认为，是理性的观念产生了恶意和妒忌，正是理性观念本身受情绪和意见的影响，使得人们没有按照事物内在价值作出判断，而只是

---

① 唐君毅.中国文化之精神价值[M].桂林:广西师范大学出版社,2005:113.

借比较来判断对象，由此产生恶意情感。休谟指出，情感的产生是"印象和观念的联结，以及它们交互的协助"①，情感本身非恶，恶的情感的产生是人的理性及情绪相互纠结的产物。不难发现，唐君毅和休谟都不仅肯定了情感本身的非恶性，同时还都指出了理性（理智）活动本身并不必然产生符合具有普遍价值的理性精神，并不必然合乎德性。而这一关于理性活动的观点，显然可以看作是黑格尔所谓"理性的狡计"的另一种解读。唐君毅指出，那种片面强调理性（理智），认为情感遮蔽甚至违背理性精神，而把理性（理智）作为人性根本的观点是不全面的。"恶情乃心与自然生命欲望纠结之产物，在心性本身皆无根"②，唐君毅肯定了情感本身的非恶性，同时也因此否定了人性本恶之说。

在中外伦理思想史上，卑情贱情的学说大多基于以下理由：一是认为情感与具体的事物情境相连，因而缺乏普遍性；二是认为情感常常与欲望纠结，而发生陷溺，因而缺乏自主性，不能体现人的能动性和自由性。唐君毅指出，以上理由均建立在知、情、意三分的心能说上，缺乏合理性。西方伦理思想史上，正是古希腊柏拉图最早将人的灵魂进行了理性（理智）、情感和意志的三重划分，并强调人的情感和欲望必须服从于理性，由此开创了西方理性主义的传统。西方理性主义者把理性（理智）当作人与动物相区分的一种心能，并认为只有人的理性才能实现对客观性、普遍性、自主性的理性价值和精神的追求。对此，唐君毅予以反驳。他指出，将人的心能截然分立的做法是片面的，知、情、意相互区分，但并不对立分离，中国的"性情之心"就体现着心能知、情、意的统一。心之未发为"性"，见于外之已发为"情"。心之"性情"体现着情感与理性的统一。由于心性需要通过情呈现于生活世界的方方面面，性情体现在具体的生活情境中，和具体的事物相连，所以，性情具有实践性、具体性和特殊性的特征。但是，这种具体性和特殊性并不能否定性情的自觉自主性和客观普遍性的价值意义。

首先，性情不是被动的，而是自我主宰的。性情固然需"感物而

---

① ［英］休谟.人性论(下册)［M］.关文运,译.北京:商务印书馆,1980:319.
② 唐君毅.中国文化之精神价值［M］.桂林:广西师范大学出版社,2005:124.

动"①，"物"（中国文化中，所谓"事物"是指事、物、人）的存在是前提，但是"物"的存在本身并不必然产生情感。人的性情需在人与事物的感通中形成。通过交往、沟通、对话、接触建立感通的关系，是性情显现的前提。性情与具体的境遇相连，但境遇本身并不必然引起人们相应的情感和态度。只有主体开放胸怀、迎纳他人他物，主动对事物进行了解、关注，推己及人，才能有相应的情感，以此为基，才会采取相应的态度，进行行为选择。因此，性情作为一种情感，并不是被动的，相反，它是自动自发、自我主宰的。休谟也曾指出，情感的对象存在本身并不足以产生情感本身，情感的对象不是情感产生的原因②。同一情感对象可能产生截然不同的情感，对象本身并不是情感产生的原因，应该区分情感的对象和情感的原因两个概念。情感产生的原因与一个实体及其性质有关，而具有一定性质的实体之所以能够引起人们的情感，一方面是因为自我与实体之间"关系"的存在，另一方面是"同情"的共有情感的存在。关系的建立和同情的发生，表明情感是主动的，而并非是被动的。由"感物而动"武断地得出情感的被动性特征，就是混淆了情感的对象和情感的原因。实际上，情感发生和显现的过程是双方感通关系建立的过程，这一过程体现了人的主动性、自觉性和主宰性。正如唐君毅所言："他人之情感之引起我之同情共感，只是外缘；我之同情共感，亦出自我之道德主体，而其中亦有我之自我之超升之义，存乎其中，以为康德所言人之能敬我外之他人之'敬'之本者在也。"③

其次，性情不是特殊的，而是具有客观性和普遍意义的情感。性情固然要在具体的情境中，在与他人他物的感通中呈现，但这种具体的情境性，并不意味着性情必然陷溺于具体的存在中，而无法实现精神的超拔与生命的自我超越，缺乏普遍客观的意义与价值。愤悱、恻隐或恻怛、肫肫其仁之善善恶恶之情，实际上是"超越于我个体之主观，而涵盖他人与外物于其内之一客观性的或宇宙性的心情"④。性情内在超越的

---

① 唐君毅.中国文化之精神价值[M].桂林:广西师范大学出版社,2005:106.
② [英]休谟.人性论(下册)[M].关文运,译.北京:商务印书馆,1980:311,366.
③ 唐君毅.生命存在与心灵境界[M].北京:中国社会科学出版社,2006:393.
④ 唐君毅.中国文化之精神价值[M].桂林:广西师范大学出版社,2005:107.

追求与渴望，使得人们能够超越自身个体自然生命的存在，而获得客观普遍的道德价值，成就生命存在的真实性。应境而生的具体性、特殊性，并不影响性情自身客观性和普遍性价值的呈现。

因此，性情是体现着理性精神的道德情感。"理性"范畴在西方哲学中有两个层面的意义。首先是作为一种能力的理性。柏拉图对人性进行三重分解，区分理性、情感和意志，其中的理性就是这一意义上的。作为人心的一种机能、能力，理性与情感、意志相区分。理性能力包括人类在演绎、归纳、计算等方面的认知能力，因此，常常又被称为理智。理性（理智）具有思辨性、概念性、形式性和逻辑性的特性。由此引申，当人们说某物是有理性的或合理的，往往是指它与普遍的规则、规律和公认的目标相一致，有理性即意味着恰当、有道理、可理解①。由此，理性范畴在西方又引申为一种价值精神。作为价值精神的理性，反映的是客观性、普遍性和真理性的精神。不难理解，在西方哲学史上，由柏拉图开始，理智能力就作为情感、欲望的对立面，直接被赋予了与理性精神同等的意义，而同时将情感、意志置于非理性甚至反理性的地位。西方哲学史上理性主义与情感主义无休止的争论根源于此。中国哲学的"理性"不具有西方哲学中思辨能力的意蕴，但却具有"性理"的含义，同样意指表征客观性、普遍性、真理性的价值精神。而这样一种"性理"之理性中，包含着情感。中国哲学也将人的心能区分为知、情、意，但始终把人看作一个完整的、现实的人，知、情、意相互区分但并不分立。西方理性主义者在理性与情感二分的基础上，只承认理性（理智）活动的理性价值，把情感置于非理性甚至反理性的境地，具有其理论上的必然性。西方情感主义者依然坚持理性与情感的二分，在强调情感道德性的客观性时，否认了理性对情感的引导，而将理性置于情感的统领下，陷入相对主义境地。中国先哲由于自始未将情感与理性二分，而将人看作情理的统一体，看作现实而非抽象的实践个体，从而强调理寓于情，如理生情，由情显性，情理如如不二。对此如如不二的情理，唐君毅有如下一段描述："人之表现其善性，固可赖吾人运用其理性，以

---

① ［英］尼古拉斯·布宁,余纪元.西方哲学英汉对照辞典［Z］.北京:人民出版社,2001:354.

自具体的特殊事物中解脱，由类推而开拓其心量，范围同类之事物，以如理生情。亦可赖对其他具体特殊事物之直觉，与具体事物之交感；而自吾人所执定之观念解脱，而亦开拓其心量，以感通异类而各有特殊性之事物，而由情显。"[①]

　　西方哲学史上，康德根据理性在理论和实践中的不同运用，在柏拉图知、情、意三分的基础上，将理性划分为理论理性和实践理性。在康德看来，理性不仅具有思辨的能力，而且具有实践的能力。思辨理性致力于必然规律的认知，实践理性则关涉人们应该做什么的问题，致力于自由的实现。实践理性相对于理论理性、思辨理性而言，具有优先性。康德所谓实践理性批判就是有关于理性在道德领域中的呈现问题。康德在形而上的层面探讨道德问题，其对道德问题的探讨集中于普遍性道德规则的建立，并为捍卫道德的纯粹性和高尚性而拒斥情感性和经验性的因素在道德中的作用。在情感与理性严格对立二分的基础上，康德所主张的道德理性虽承认理性的实践能力，却无法实现道德由"当然"向"实然"的转化，即无法解决道德理想现实化的动力问题。因而，康德所主张的道德理性在根本上是形式的、主观的、缺乏内容的。由于拒斥情感，康德所谓的道德纯粹与高尚呈现出"冷酷"[②]的特性，在普遍道德法则的支配下，康德道德哲学客观上同时隐含着去人格化的倾向。20世纪以来道德哲学的发展，建构在对康德道德哲学反思的基础上，以原则、规则为中心的伦理学面临挑战，伦理学研究重心正在发生转向。

　　唐君毅自称自己的哲学为"性情形而上学"，以性情为其哲学体系构建的人性基础，恰恰表现了其对以康德为代表的近代理性主义哲学走向衰落的一种反思。唐君毅试图通过吸纳中国哲学要素重新弘扬理性，重建理想主义哲学。对于康德的道德哲学，唐君毅指出："康德唯拘拘于言人依理性之自定一普遍规律，自遵行，为道德，而不知人若不能先在其现实生活中，面对他人之存在，而先有彼此之同情共感，于共同生活之事中，实感此我外之他人之存在，则人未必能依其自觉理性，自定规

---

　　① 唐君毅.中国文化之精神价值[M].桂林:广西师范大学出版社,2005:114.
　　② [美]唐纳德·帕尔玛.为什么做个好人很难？——伦理学导论[M].黄少婷,译.上海:上海社会科学院出版社,2010:128.

律，以平等待人，其自定者固亦可旋自舍之，自定者亦可自不奉行之也。"①在唐君毅看来，康德道德哲学陷入形式主义的困境，根本的原因在于为了净化理性而对情感的拒斥，将情感和经验排除于道德理性之外，使得道德汲汲于规则的普遍性，而忽视了道德生活和道德主体本身。唐君毅指出，"所谓道德实践，虽表面是实现一自己在一时所自觉规定之律则或命令，若实践之工夫，位居此律则命令下，实则此实践之工夫，即全幅性情之通过自己规定之律则命令而展露显发……道德实践之实事，遂不如康德所言，纯为抽象的立法行法之事，而为具体的成己成物之事"②。既然道德是性情的自觉展露显发，那么，道德哲学的研究中心就应从普遍规则的探讨，转入道德生活实践本身，顺从内心之性情召唤，在情与理、"当然"与"实然"、知与行的统一中，寻求道德人格本身的塑立。

"任何反理性之哲学，仍必多少依理性的思维，以成其哲学……人若非原为一有理想之存在，亦无理想之失落。"③在唐君毅看来，近代理想主义、理性主义的衰落并不是理性、理想本身的失落，而是意味着理性内在发展的一种新的要求。唐君毅指出，理性应为分析与综合的统一。单纯的分析的理性，属于逻辑理性、知识理性，是对现有经验事物的事实和意义的呈现。人作为分析理性的主体是被动的。除了逻辑理性、知识理性，人还有道德理性。道德理性属于理性的综合机能的运用，综合的理性具有不断超升既有经验事物和自然事物的倾向，它不断向上超升，打破有限而追求无限。人作为综合理性的主体是主动的。综合的理性能够本着对事物价值的认知，形成对事物的理想，并不断追求理想的实现，使得理想成为现实，并改变不合理想的现实。正是因为理性也是综合的，因而才有"自我"，有"理想"④。然而，现代哲学偏重理性的分析机能，而忽视了康德、黑格尔以来已经发现的理性的综合机能。唐君毅看到，与哲学偏重理性分析机能相关，现代社会发展更加重视工具

---

① 唐君毅.生命存在与心灵境界[M].北京:中国社会科学出版社,2006:393-394.
② 唐君毅.中国文化之精神价值[M].桂林:广西师范大学出版社,2005:123.
③ 唐君毅.生命存在与心灵境界[M].北京:中国社会科学出版社,2006:679.
④ 周辅成.周辅成文集(卷Ⅱ)[M].北京:北京大学出版社,2011:281.

理性，在促进经济、科学技术进步的同时，理性亦沦落为工具。当工具理性盛行，价值理性丧失，理想主义必然走向衰落，社会发展去人格化的倾向也日益加剧。因此，唐君毅提出"合乾坤之道而为一之理性之全体大用也"①的主张，即认为只有通过理性之分析与综合机能的全幅运用与展现，才能形成真实的人生观和世界观。"在唐氏看来，能够形成人生理想、并通过道德的理想与实践来加以实现的理性，就是理性的全体大用。"②但是，唐君毅进一步指出，理性虽然建立了理想，却不内在地形成应然向实然转化的动力。合乎当然的理想世界，在面对现实事物的实然世界时，如果只是观照性的、虚悬的，面对现实实然世界无能为力，则必然备受质疑。因此，如何使得观照的、虚悬的"当然"世界，成为真正的"实然"，这是重塑对理性、理想信心的关键。

实现当然向实然的转化，克服近代理性主义者形式主义的倾向，必须克服理性与情感二分对立的观念，在道德理性的建构中吸纳情感的要素，实现情理的合一。中国哲学主张性情为人心根本，作为一种情理如一的善善恶恶之情，性情对有价值意义的事物充满"爱慕之情"，"此性情，为一即知即行，将其内心所知所感之在上之理想，求实现于下于外之性情"③。性情内在地具有对超越、无限的精神生命的向往，并力求精神生命在现实世界的彰显。因此，必须重视性情在道德理性运用中的作用。首先，促成理性建立理想的根源，在于人的生命存在与心灵之内在的性情。所谓当然之"理"，是理性认知的结果，但这种理性认知也要为性情所认同。其次，性情内在地寻求理想之当然不断地实现于现实之实然中。一切理想都将转化为实然的存在，同时，在新的实然上将再升起新的理想。生活世界在理想之当然与现实之实然中不断转化，不断向前。再次，正是人与人共通的性情，帮助人们确立普遍性的理想信念。"由此而后能见得此理想之亦能普遍的实然存在于我之主观世界之外，客观的生命存在与心灵之世界中，以有普遍的人道、普遍的人性之客观存

---

① 唐君毅.生命存在与心灵境界[M].北京:中国社会科学出版社,2006:680.
② 单波.心通九境——唐君毅哲学的精神空间[M].北京:人民出版社,2001:84.
③ 唐君毅.生命存在与心灵境界[M].北京:中国社会科学出版社,2006:681.

在的信念"①，正是在此普遍性的理想信念的基础上，人们能够借助理性推知道德理性主宰的道德人格的普遍性，以及由此产生的理想的相互涵摄贯通，并确证客观的实然存在的人格世界、理性世界和理想世界。最后，性情能够建立起理想未实现而必然能实现的信心。"当然"毕竟不是"实然"，因此，总是存在着"当然"与"实然"的对峙。但是，理想既然合乎理性，出自理性，那么就没有不能实现的。这一信心的建立，显然超越于知识理性的推理，主要来源于好善恶恶之性情之本有。理性的思维在这里能够发挥的作用是帮助开启性情中本有的信心。因此，性情能够使得人的合乎理性的生命生活得到扩充，实现成己与成物的统一，使当实者成实。性情因此也实现了道德形而上学与道德实践的统一。唐君毅有针对性地克服康德以来道德哲学形式主义的困境，试图以此解决西方本体世界与现象世界的二重化问题。

在唐君毅这里，性情是道德理性的本质，道德理性因而更加突出"知而践行之"②的特性，从而区分于知识理性。唐君毅把这种体现情理如一、知行合一的道德理性称为"具体的理性"。"今合此概念之内涵与其所指之具体特殊之境物，以成一思想、一概念时，则思想为一兼普遍、特殊、抽象、具体之具体的思想，具体的概念或理念，而此一能结合普遍与特殊、具体与抽象以成一思想理念之心之功能，即为一具体的理性。在此具体的理性之思想之形成其理念之事中，顺其中之普遍义而思，为此思想所经之一顺度；横陈其中之特殊义而思，为思想所经之一横度；纵观此普遍之实现于特殊，特殊者之合表现一普遍者，为思想所经之纵度。"③具体理性是逻辑理性、知识理性、实践理性的统称，它是普遍的，同时也是特殊的，它强调将普遍的价值付诸具体事物的实施，也强调通过具体的情境表现普遍的价值意义。具体的理性推动应然向实然的转化，力求改变不合理的现实世界。由此，由具体理性所阐发的道德理性，实现了普遍与特殊、抽象与具体的统一，同时也必然是仁与智的统一，知与行的合一，成己与成物的统一。显然，唐君毅的"具体理

---

① 唐君毅.生命存在与心灵境界[M].北京:中国社会科学出版社,2006:683.

② 梁瑞明.心灵九境与性情之教[M].香港:志莲净苑,2012:53.

③ 唐君毅.生命存在与心灵境界[M].北京:中国社会科学出版社,2006:577.

性"与康德的"（纯粹）实践理性"相对。后者在理性与情感对立的基础上，拒斥道德情感，前者则在理性与情感相融的基础上，强调性情的基础作用。"吾人之情随处与物相接而相感通，无所窒碍执着，即表现吾人性情之全量，而亦表示吾人之理性之全量者"①，性情构成道德理性的人性基础，以性情阐发道德理性，使得道德具有了实质的内容，回归道德生活，也使得道德真正实现了人的主体性地位。

到此，唐君毅对道德理性的性情本质进行了阐发。所谓性情即善善恶恶之情，它是彰显着理性精神的道德情感，体现着情理如一的特性，构成道德理想现实化、实现"当然"向"应然"转化的内在动力。在性情的视域下，情理如一、仁智合一、知行统一，道德即成为性情之心（仁心）的显发呈现，而不是机械地对普遍规则的遵守，人们更加注重当然理想世界的现实化，更加注重在现实实然的世界中实现当然之理想。当然之理想在个人就是道德人格的塑立，在社会就是道德人格世界的实现。"充量之理想，为一切人皆成圣，一切有情生命无不普度，使世界得救。"②

唐君毅有关性情之为人性根基的观点继承和弘扬了宋明儒学有关"心""性""情"一体的心性学说理论，他阐发道德理性的性情本质，在形而上学的层面上确立了道德普遍性的人性根基，并同时强调了道德的实践性本质，突出了道德知行合一的特性。这意味着，唐君毅的道德哲学构建绝不满足于对道德的理论思考、逻辑推衍，其理论思考最终指向道德实践。唐君毅对道德理性之性情本质的阐发，在承继宋明儒家心性学说传统的基础上，对近代西方理性主义、理想主义尤其是康德的道德理性进行了反思，突显了中国传统儒学强调道德实践性本质的理论特性，同时顺应了20世纪世界实践哲学的转向。道德实践性本质特征的强调，启发现代社会的人们重视道德情感的唤醒和培育，重视人格教养的现实性、丰满性和整全性。当然，我们也要看到，虽然宋明儒学中的性情是先验论的，并因而获得了普遍的价值意义，但心性先验论有效性本身仍是有待商榷的，而诉诸仁心显露的道德在实践中仍然存有一个个体

---

① 唐君毅.中国文化之精神价值[M].桂林:广西师范大学出版社,2005:114.
② 唐君毅.生命存在与心灵境界[M].北京:中国社会科学出版社,2006:692.

第一章 性情、感通与道德人格

道德情感体验的主观性与道德的价值普遍客观性的内在紧张问题。

第二节　感通:主客融一的认知模式

　　唐君毅承继中国儒家心性之学,以性情为人心根本,从而区别于西方理性主义者以理性为人心根本的观点。以理性为人性根本,在认知上更注重逻辑推理,偏重对客观知识的探求,形成主客二分的认知模式;以好善恶恶之性情为人性根本,在认知上则注重情感上的体认,强调以感通方式把握世界,主张通过实现主客融一,以最终获求心的充实与开拓。

一、心灵、性情与感通

　　心本体是唐君毅哲学的理论预设。唐君毅指出,心之本体地位正是在性情的全幅呈现中实现的。本体之心性具有无对性、虚灵性、涵盖性和主宰性等特征。

　　所谓心的无对性,是与西方心性皆重心之有对性而言的。"大率西哲之言心性者,皆重心之有对性一面。观念与心对,心之冲动、欲望、机能与外物对,心之理性与情欲经验对,心之意志理想精神则与环境对,与实现理想之场所对,与反乎精神之自然对。知识之范畴,初亦由能知与所知之对象相对,而后能显出。而中国人之言心性,则重心之无对性。"①心之无对性,既意味着不在理性与情感分立的基础上谈心,也意味着不在主观与客观对立的基础上谈心。由无对性之心体构建起的主体与客体的关系因此并不是间隔的、对峙的关系,而是对等的、融合为一的关系。昭明心性之无对性是中国先哲人心观的根本精神。

　　心的无对性促成了心的虚灵性。所谓心的虚灵性意味着心的包容

---

　　① 唐君毅.中国文化之精神价值[M].桂林:广西师范大学出版社,2005:93~94.

性、超越性。"虚言其无形，心即以其无形之虚，而寂然不动，以上通于内具之无形之理；更以其灵，以感而遂通，更不滞于所感之物，而得显其内具之生生不息之理之全，而不陷于一偏。"① 虚灵之心能够包涵万物，且能不滞留于物，不陷溺于物，实现与物的直接沟通。孔子教导"毋意，毋必，毋固，毋我"（《论语·子罕》），就是为了使心灵能够保持虚怀摄受的状态，保持宽容和无私。

心之无对性、虚灵性使得心性具有超越性、无限性和涵盖性，并因而具有主宰性。心性内在地有将其主宰性地位显现于外的要求，因为只有这样，心之虚灵性才是充实的，心之主宰性才具有实效性。性情作为人心之根本意味着，正是性情的显发将心之客观普遍的性理表现于客观具体的生活，使得生活日益扩大充实，从而在根本上满足心性充实的内在要求，真正实现心之主宰性、本体性地位。"性由情而见，亦由情而养……心之主宰作用之能有实效性，则唯赖心有性为其内容，而显此性于物相感之情中。"② 性情为人心之根本，本体之心即性情之心、有仁之心、良心。具有无对性、虚灵性的本体之心、良心把握世界的方式即融通主与客、内与外、心与物的感通。

心之性情的显发过程就是心物感通的过程，心之本体地位在心与物的感通中实现，感通之心就是成己成物的仁心。按照蒙培元的划分，人的思维模式有"体验型意向思维"和"认知型逻辑思维"两种不同的类型，前者是情感体验层次上的，后者则建立在理性分析层次上。情感体验型意向思维因为渗透着情感评价的因素，而使得理论思维不再是"冷色"或"灰色"，而成为"温色"③ 的，它构成中国哲学思维的一个重要特征。唐君毅所谓"感通"是一种吸纳了西方理性认知要素、充分体现中国哲学主体思维情感体验特性的新型认知模式。"以通情成感，以感应成通"④，感通这一认知模式建立在人人共有的性情心理基础之上，正是人人共有的善性使得感通成为可能。也正是感通，使得人的认知过程同

① 唐君毅.中国哲学原论·原性篇[M].北京:中国社会科学出版社,2005:248.
② 唐君毅.中国文化之精神价值[M].桂林:广西师范大学出版社,2005:109.
③ 蒙培元.中国哲学主体思维[M].北京:人民出版社,1993:55.
④ 唐君毅.中国哲学原论·原道篇(上册)[M].北京:中国社会科学出版社,2006:4.

时成为人的精神充拓、价值意义实现的过程。

二、感通的内涵

"易无思也，无为也，寂然不动，感而遂通天下之故，非天下之至神，其孰能与于此？"《周易·系辞上》的这段话表明，"感通"最初是一种把握世界的方式和境界。之后，朱熹说："心之所以为用，感而遂通者也"（《答张钦夫》《朱子文集》，卷三十二），明确地将感通看作心灵活动的方式，以求达到知行合一的"中和"境界。唐君毅准确把握到中国传统文化中"感通"的思维特质，深刻挖掘和阐发了其内涵中包含的现代价值。

首先，感通中的心物关系是一种新型的主客关系。在心物感通关系中，感通之"心"之所对，称为"境"。"境"即"物"，但又不同于"物"。"境"的含义比"物"广，"物"在"境"中，而"境"不必在"物"中；"物"实而"境"兼虚与实。因此，"境"不仅仅是指直接面对的具体实在的物，而且指当前实体之物所内蕴的价值意义以及非实体的精神本身。它不仅仅是"有"，也可以是"无"本身。同时，"境"并不是浑然一体的，它可以存在类别、次序、层位上的区别，形成一定的界域，称为"境界"。由感通建立的心境关系并不是简单的主客、心物对应的关系，因为心灵本身即呈现为一种境界，而"境"也并不完全是客观世界本身，它是心灵反观之后的客观世界，是客观对象世界与心的交汇相通而成的交汇点。"我们张目所见之世界，乃由我们通常所谓外物之作用，与身体相接触之交点上，开辟出之世界。"①唐君毅对"境"的解读，不禁让人想到康德认识论中与"物自体"范畴相区分的"物"范畴。在康德那里，"物"体现着主体思维与客观事物的统一，而并不是"物自体"本身。唐君毅的"境"与康德所谓的"物"具有某种共通性，都体现着主客体的交摄，但唐君毅并不赞成康德把"物"看作是心的创

---

① 唐君毅.道德自我之建立[M].桂林:广西师范大学出版社,2005:91.

造物的观点。"境"是心物的交汇点，是心灵对客观世界反观之后形成的，它不等于客观世界本身，而是具有价值层面的意义，如王阳明在价值意义上谈"心外无物"之"物"，体现心物一体。"言境为心所感通，不言为心所变现"①，唐君毅强调，不能简单地把"境"（物）看作是"心"的"变现"或者说创造物，这是因为当心感通于境之时，境即"呈现"于"心"，这种"呈现"一方面意味着"境"具有客观性，它的呈现是由隐而显的，而不是从无到有；同时，也意味着心境是俱起俱现的，心境相互为用。"往来不穷谓之通"（《易经·系辞上》），感通之"通"即已显示虚灵之心总是与客观之境物不断处于感应互动之中，心灵感通既指向特定之境，又会不断地超越特定之境。如此，感通中之心物关系并不是简单地主客对应关系，而是主客交融统一的关系。

在西方主导的认识论思维中，虽然唯心论者与唯物论者观点对立，但二者皆认为主客体之间始终是一种对立关系。现代哲学发展揭示，主客二分对峙的思维模式是现代社会诸危机产生的认识论根源。正是在主客二分的思维模式下，人被对象化，工具理性发生对价值理性的僭越，而由主客二分对峙所形成的人类中心主义更是导致环境危机发生的原因之一。与西方传统强调主客二分对峙思维模式不同的是，中国哲学没有所谓唯心论或是唯物论的严格区分，而是强调心与物的交融。唐君毅认为，心物二分对立与心物合一交融是中西哲学"最显著的差别"，在这个意义上，心物交融可谓是中国哲人对本体性质问题"唯一"的贡献②。

在主客融一关系阐述的基础上，唐君毅进一步分析指出，由心物感通活动所揭示的心与物（境）主客体关系中，主体具有在先性，由主体心灵所对、所知的境则具有外至、后至的意义。但这并不意味着境是心的"变现"或心的创造物，相反，心与境是一种心开境现、心开与境现俱起俱现的关系，由此构成的主客体是"主迎宾而宾看主、主看宾"的融合相通关系③。唐君毅在感通基础上阐发心物融合关系时，在坚持承认人的主体性的同时，试图化解主客的二分对峙关系。现代哲学中，存在

---

① 唐君毅.生命存在与心灵境界[M].北京:中国社会科学出版社,2006:3.
② 唐君毅.中西哲学思想之比较论文集[M].台北:台湾学生书局,1988:282.
③ 唐君毅.生命存在与心灵境界[M].北京:中国社会科学出版社,2006:2.

第一章　性情、感通与道德人格

主义者为消融主客二分对峙的思维模式，反对"主体"观念，认为正是存在的"主体"观念导致主客对立和人的对象化。与之不同的是，唐君毅虽然反对主客二分对峙，反对人的对象化，但他并不否定主客之分。相反，他强调在心与物（境）的关系中，心的主体地位是不容置疑的。感通由心灵活动发起，"我"在感通关系中仍居主体地位，心灵由"我"而感通于外。唐君毅阐发心物感通关系，在克服主客二分对峙的思维模式的同时，坚持肯定了人的主体性地位。这是对中国传统文化一直强调的人作为万物之灵的主体性地位的价值精神的继承和发扬。

其次，感通消融主客二分对峙，实现主客相融相通，具体地通过知、情、意的合一、知行的合一来实现，感通的过程即知行的合一。"境为心所感通，不只言其为心所知者，乃以心之知境，自是心之感通于境，此感通中亦必有知；但知之义不能尽感通之义，知境而即依境生情、起志，亦是感通于境之事故。"①感通中有知，也有情与意，感通是知、情、意的合一，也必然表现为知与行的合一。与知、情、意统一相对应，感通包含着感觉（知）、感受和感应三种相互交错融通的认知方式。感通中的感觉是知的过程，是对感通所对之境的认知，包含着对客观世界表象之认知的感觉，也包含着对客观世界抽象认知的理性知觉。感受是情，是"与适当情感融而为一的承受"②，是"不甚清楚而且说不出来的意味"③，通过感受，感通获得对物之意味精神、趋势或倾向的体验。感受以情感为基础，情感需要合乎理性，才能顺理而行。感应是意或志行，是对感知、感受在行为中的回应。感觉直接关乎知，感受、感应则关乎行。只有知而没有行，这样的认知只具有形式意义；只有把知转化为行，认知活动才获得了实质性的意义。作为感通活动中的三种方式，感觉、感受与感应相互联系、相互砥砺、相互融通，而三者又以性情为根基，由此使得感通呈现为知行的统一。"心对境若先无情上之感受，亦无知之感通；人心若初不求应境，亦对境无情上之感受。又感

---

① 唐君毅.生命存在与心灵境界[M].北京:中国社会科学出版社,2006:3.

② [美]斯蒂文·费什米尔.杜威与道德想象力:伦理学中的实用主义[M].徐鹏,马如俊,译.北京:北京大学出版社,2010:171.

③ 梁漱溟.东西文化及其哲学[M].上海:上海人民出版社,2015:79.

受、感应，亦是一感通于境之事。人若只有知之感通，不更继之以感受与感应，则其对境之知之感通，亦未能完成，则知亦可说后于行……无此情意则知不生，无情意之行以继知，知之感通不能完成；则人可更知此知之生，乃后于此情意之知；亦知此情意之行，乃主乎此知之生与成者……知之为真实知者，必归于如此之一与情意共行之知，方得为真实知。"①感通的认知模式意味着，一方面强调在共通的性情基础上的"如实知"，即通过设身处地地感知、感受，实事求是地了解客观具体的情境，获得有关客观事物的知识；另一方面强调由"如实知"而起"真实行"，即认为"如实知"内在包含"真实行"的要求，且只有"真实行"才能真正实现"如实知"，一切心灵感通最后指向的都是知与行的合一。由知到行，知行合一，也才真正实现主客相融、内外相通，达到"感而遂通"之境。不难发现，唐君毅在感通中所呈现的知行合一论与王阳明的知行合一论有较多契合之处，都包含着以"行"论"知"的意义。只不过，唐君毅所谓"行"，还包含有"社会实践"的内涵，这是王阳明不曾有的②。不仅如此，唐君毅还进一步提出知行的方法，即"如实"地知，"真实"地行，通过感通强调知行合一，从而更加强调认知的生活体认维度和行为实践在生活中的呈现，避免了王阳明把"知"等同于"行"而滞留于"知"的可能。张祥浩教授指出，知行是二，毕竟不是一，认为不能一味地说离行之知只是未知或妄知③。虽然如此，我们仍然认为以行论知，恰恰凸显了道德理性知与行的不可分离性，是唐君毅强调的道德理性实践本质的特色所在。总而言之，感通的知行合一，体现的正是性情之心（良心）的属性，从知到行，从行到知，由此实现主体自身的创造性转化、人格的不断提升。

心之虚灵而能通外，灵活而善感外。感通作为心灵沟通把握世界的方式，意味着主体与客体间能够建立一种相互平等交融的关系，主客之间互为体用，主体积极参与、投入客体世界中，并在客体世界中经历、体验，注重对客体世界具体情境的分析、了解、感受，实现彼此的感应

① 唐君毅.生命存在与心灵境界[M].北京:中国社会科学出版社,2006:9-10.
② 朱贻庭.中国传统伦理思想史[M].上海:华东师范大学出版社,2009:326.
③ 张祥浩.我的思想照片[M].南京:江苏人民出版社,2011:301.

互动。基于性情之根本,感通使得主体内在的善性得以自然呈露,并贯通于现实生活世界,最终成就生命存在的真实与完满。

应该注意到的是,唐君毅对感通认知模式的阐发是有其特定社会背景的。近现代中国有识之士在反思、批判中国传统道德文化的过程中,吸纳了西方自由、平等、民主的精神和理念,崇尚和强调个体相对于社会乃至整个外部世界的独立自主性,但也由此陷入主客二分的道德思维模式中,将个体与社会乃至整个外部世界置于二分对立的关系下,从而难免陷入工具理性的困境。唐君毅继承和阐发儒家主客融一的感通思维认知模式,其用意旨在以儒家的文化理念和方法诊治西方现代文明发展之弊。

三、感通与境界

感通的过程是心灵自觉自主、超越反省的过程,虚灵感通的心灵具有开放性、超越性、向上性,永不滞留于特定之境,心灵所对之境总是能够贯通。于是"有何境,必有何心与之俱起,而有何心起,亦必有何境与之俱起"①,心境俱起俱现,心灵、境界与感通三者构成体、相、用的关系,心灵与境界相互涵摄。唐君毅指出,感通的方式是多样的,心灵活动方向分别有纵、横、顺之三观。纵观意在呈现境之高下层位;横观意在呈现境之平等分立的种类;顺观意在呈现境之生成次序。"凡观心灵活动之体之位,要在纵观;观其相之类,要在横观;观其呈用之序,要在顺观……综观此心灵活动自有其纵、横、顺之三观,分循三道,以观其自身与其所对境物之体、相、用之三德,即此心灵之所以遍观通观其'如何感通于其境之事'之大道也。"②在纵观、横观、顺观三个方向的基础上,唐君毅根据三个方向心灵感通中所分别呈现的体、相、用,又将各个方向的感通活动呈现出的境界再分出三个层次,由此开出心灵的"三向九境"。

____

① 唐君毅.生命存在与心灵境界[M].北京:中国社会科学出版社,2006:3.
② 唐君毅.生命存在与心灵境界[M].北京:中国社会科学出版社,2006:5.

心灵感通首先的活动方向是由内而外的，由此与心灵相应的境界为客观境。客观境是觉他之境。客观境的第一境为万物散殊境，由万物散殊境，观个体界。唐君毅于此境中，阐释个体的客观实在性和自我的实体性，承认个体存在的差异性、客观性和真实性。但唐君毅指出，那种滞留于万物散殊境，一味强调个体性的观点又是个人主义的，割裂个人与他人的相通性是不合理的。个体的存在不是孤立的、单子式的。承认个体的真实存在，必然进一步探究个体所属之类，由此开出第二境为依类化成境。类是个体的本质属性，是个体的价值意义所在。唐君毅强调，个体的意义不在于表现其个体现实自身，而在于展现生命、种族之未来，展现潜在的生命之"性"，实现生命的延续。由此追求知类通达之生活，是寻求普遍化、扩大化之意义实现的生活。第三境为功能序运境。物总是处于与他物的关系中，构成因果、目的手段关系。物与物互为因和果、互为目的和手段。割裂目的和手段、因与果的统一关系，就会陷入功利主义。唐君毅指出，在客观境人本身仍只是作为认识的对象，人还未自觉人自身的主体性，此时，人与物浑然未分。

心灵感通在由内而外的客观认知中，返回自身，对客观世界与自我进行内向的反省时，便就由他觉得客观之境进入自觉的主观之境。主观境之第一境为感觉互摄境。由感觉互设境中，观心身关系与时空界。此境中，主体将客体纳入自觉的感觉意识中，确认个体作为感觉主体地位，同时推认一切存在皆是感觉之主体。由此，各主体间相互涵摄又各自独立。作为感觉之主体，人的生命呈现为"自然生命"，表现在行为上即相互的模仿，并形成社会之风习风俗，促成群己相互适应。感觉互摄之进一步发展，是心灵对一切事物之理或意义的反观，即对"真与美"之意义世界的观照，唐君毅称之为观照凌虚境。观照凌虚境对于所观照之对象满足于心灵之对真理与审美的追求，缺乏对现实生活世界的关怀。这就要求进入道德实践境，致力于现实生活世界的理性化问题，以求事实界与意义界的统一。由道德实践境，观德行界，人自觉其目的理想，并求目的理想的普遍化，求对现实世界自觉的道德责任担当。由此，德行、德性是对现实生活的超越，道德成就生活，实现道德人格。唐君毅指出，主观之境为以主摄客之境。在此境，客观之境被纳入主体自觉之中，主体开始自觉寻求存在之意义，并求生命存在之真实性的实现。

心灵感通求如实知、真实行，最后要达到的是主客合一，甚至是超主客之分的境界。超主客之境是由自觉而至超自觉的境界，又称为超主客之绝对主体境。超主客之绝对主体境是智慧之境，是知识向智慧转化，并运用于生活，成就人的生命存在的真实价值的境界。其第一境为归向一神境，第二境为我法二空境，第三境也就是感通之最高境界，为天德流行境或尽性立命境。此三境分别对应于神教境、佛教境和儒教境。唐君毅在中西涵摄的基础上，将哲学之最高境界归宗于儒教，其中的民族主义色彩是鲜明的，但这一结论并不是独断之见，而是唐君毅以其中西涵容的胸怀和视界，所做出的理性推论。最高之天德流行境（尽性立命境），于其中观性命界，要在以儒家"尽性立命"之道，鼓励人们通过自觉的道德实践，将绝对普遍的价值精神客观化、现实化，以此实现主客融一、天人合一之最高道德境界，并最终成就生命存在的真实与完满。尽性立命境是至极之道德实践境或立人极之境。

不难发现，"三向九境"的依次呈现表现为一个转识成智、摄智归仁的生命历程。唐君毅在心境感通、生命存在不断上升递进的历程中，呈现知识转入智慧的趋向，一方面肯定知识的重要性，肯定知识对于人格升进的意义；另一方面强调知识向智慧转化的必然性，强调知识追求本身应具有的价值意义。这不仅强调了德性之知对于生命存在具有更为根本的意义，而且肯定了见闻之知与德性之知相承相继、相互融合、相互辅成的关系。众所周知，中国文化上有德性之知与见闻之知之分，并重德性之知而轻见闻之知。与之不同的是，西方社会重见闻之知，而轻德性之知。由此产生的结果是，近代西方科学知识的发展远远走在了中国的前面，并由此成为近代以后中国落后面貌产生的重要原因。如何打通中国文化中"德性之知"与"见闻之知"的分离间隔状态，是以传承中国儒学为己任的现代新儒家的一个重要任务。牟宗三以打通本体界与现象界、道德界与自然界、德性之知与见闻之知的分离间隔的状态为己任，提出"良知的自我坎陷说"，意图从德性主体中转出知性主体，然后有见闻之知、科学知识，属于"转仁成智"的理路。唐君毅与牟宗三在

"德性之知"与"见闻之知"关系问题上的解决路向是有区别的，唐君毅自始就未进行德性主体与知性主体的二分，而是将心灵主体看作为一个知、情、意统一的整体，在生命人格递进历程中，肯定见闻之知、科学知识的重要性，并同时强调了德性之知的根本价值性地位。唐君毅与牟宗三在"德性之知"与"见闻之知"关系问题上解决路向的不同，归根结底在于二者理论旨趣的不同。

对于唐君毅而言，"三向九境"真正要呈现的是人的心灵境界的生长提升过程，以此揭示普遍、悠久、无限之生命存在的真谛，挺立人的主体精神。"只有从恻恻然之仁出发……去传播真美善到人间，扶助一切人实践真美善，以至证悟心之本体之绝对永恒，自知其永生中之永生"①，唐君毅的这段话是对通过仁心本体之感通而实现立人极之价值目标的一段精彩表述。感通不仅仅是求生存适应，更是求道德理性的展现。"由如实知，到真实行，以实现生命真实存在，而立人极"②，感通作为一种新型的认知模式，它使得心灵主体呈现出积极、乐观的精神状态，而其认知目标就是帮助主体在知行合一中实现由道德理性主导的道德人格。真实的生命存在，即一种道德的存在，正是道德赋予生命存在以真实性。"道德生命不仅仅是'感'，它也是'成'……在这里有一个从仅仅去经验体认，到按照它们去行事、去自我确认的转折。"③感通的过程是一个基于共通的善性，而不断地去经历、体验、实践，在改造世界的同时成就自我的过程。"人的道德修养必须不是从习俗的改善，而是从思维方式的转变和从一种性格的确立开始"④，我们将会看到，正是在感通的思维认知模式中，唐君毅承继和发展了中国传统儒家道德哲学，以道德人格塑造理论为中心，构建了富于现代价值意义的道德实践哲学。

---

① 唐君毅.人生之体验[M].桂林:广西师范大学出版社,2005:136.

② 唐君毅.生命存在与心灵境界[M].北京:中国社会科学出版社,2006:1.

③ [美]墨子刻,颜世安.摆脱困境——新儒学与中国政治文化的演进[M].高华,黄东兰,译.南京:江苏人民出版社,1996:36.

④ 李秋零.康德著作全集 第6卷 纯然理性界限内的宗教、道德形而上学[M].北京:中国人民大学出版社,2007:48-49.

第三节　道德人格:知行合一的自由存在者

以人之性情为人性根基，道德即表现为人之内在性情的显发呈露。由此，人格的本质规定性即在于道德。有感于现代社会生活世界中人的物化倾向和生命存在的虚妄性，唐君毅指出，正是道德成就生命存在的真实性，真实的生命存在即道德人格的呈现。虚灵之心（良心）以感通的方式把握世界，其与客观世界感通的过程，是心灵境界不断上升递进的过程，也是心灵主体通过"如实知""真实行"，塑造知行合一的道德人格、成就生命存在之真实性的过程。道德成就真实的生命存在，挺立人的主体性精神，由此呈现的道德人格即具有本体论的意义，它是实现知行合一、"为仁由己"的真正的自由存在者。

一、生命存在的真实与虚妄

唐君毅指出，相较于西方哲学existence（中文译为"存在"），中国哲学"存在"一词具有更为丰富的内涵。"存"指主观之保存于心，表示主观的存在；"在"则指客观的存在。"存"可只存于隐，"在"则隐而亦显。唐君毅认为，生命存在本身包含着真理，而生命存在之真理具有隐与显两种情形，需要通过内心的体验才能体会。"存在"一词所包含的隐与显的含义，意味着生命存在既可表现为由主观性存在向客观性存在的转化，也可表现为由客观性存在向主观性存在的转化，前者是一个由内而外的展现过程，后者则是由外而内不断得到心灵认同的过程。在直观的意义上，生命存在表现为一种身体的存在、关系中的存在；但在反省的层面上，生命存在则获得一种主观的意义，正是这样一种主体的反省，使得生命存在本身具有价值的追求。唐君毅在价值的层面上谈论生命存在的真实与虚妄。宋代王阳明称"心外无物"，即在价值层面上言说的，认为未得到心灵认可的事物不具有真实性。"由吾人之论之目标，在成就吾人生命之真实存在，使唯一之吾，由通于一永恒、悠久、普遍而无不在，而无限；生命亦成为无限生命，而立人极。"①唐君毅在普遍价值意义上谈论生命存在的真实性。他指出，真实的存在是合乎人的本质的存在，是具有永恒性、普遍性和无限性价值意义的存在；而所谓虚妄的存在则是背离人的本质的存在，是非本质性的、偶然性的、有限性的存在。"人并非一经存在，即已为一真实的存在"②，人作为自然的存在，并非一经存在，就是真实的。人的本然存在具有偶然性，人只有认识到自身本性即德性并向其转化，才可能成为真实性的存在，"人生之目的，不外由自己了解自己，而实现真实的自己"③。值得注意的是，在价值层面谈论所谓生命存在的真实性与虚妄性，与在事实（直观）层面谈论事物的真实存在与否问题是不同的。唐君毅指出，事实层面所谓生命存在的真实性是由"知觉"获得或由"知觉"赋予的，是由外而"显"的，而价值层面上生命存在的真实与虚妄，本质上是一种情感，它是人们自觉反省体验的结果，是自己对自己之"自觉"而产生的④。实际上，仅仅依靠知觉上的推理或想象得出的东西，只能满足人们理论理性的需要，而并不必然具有存有的真实性，它不会发出一种道德的真实力量，去引领人们的行为追求。唐君毅在价值的层面谈论生命存在的真实与虚妄，这与主体心灵的情感体验密切相关。生命存在具有真实与虚妄两种状态，意味着人始终有一个"成人"的问题。人生是一个克服虚妄、成就真实的历程。

生命存在的真实与虚妄在中国古代社会表达为"人禽之辨"。《礼记》中有："鹦鹉能言，不离飞鸟；猩猩能言，不离禽兽；今人而无礼，虽能言不亦禽兽之心乎？"这就是强调人与动物的根本区分不是语言能力而是道德心灵本身。而孟子则通过"人禽之辨"揭示人的善性，启发人的主体精神。宋明儒承继孟子之说，提出立德以立人极。继承中国传统儒家的"人禽之辨"之说，唐君毅所谓普遍而具无限性价值意义的真实

① 唐君毅.生命存在与心灵境界[M].北京:中国社会科学出版社,2006:11.
② 唐君毅.人生之体验 续编[M].桂林:广西师范大学出版社,2005:108.
③ 唐君毅.人生之体验[M].桂林:广西师范大学出版社,2005:23.
④ 唐君毅.生命存在与心灵境界[M].北京:中国社会科学出版社,2006:416.

第一章 性情、感通与道德人格

生命存在，也是一个有德的生命存在。"人在事实上，亦只有在其生命成有德之生命时，此有德之生命之现有，乃为真实有。"①为道德心灵所肯定认可者方为真实存在。所谓道德心灵即以善善恶恶之性情为根本的仁心仁性，即良知。正是基于这样的仁心仁性，人内在地有一种对自我价值和意义的追求。价值和意义的迷失，会导致内心的虚妄与恐惧。也正是在这个意义上，黑格尔指出，良心是主体"内部的绝对自我确信"②。唐君毅指出，道德性成就生命存在的真实性；背离道德，人的存在是无意义的，是虚假的、虚妄的。因此，唐君毅强调，真实的生命存在是一个道德的存在，道德人格是真正的自由存在者。孔子所谓"从心所欲不逾矩""为仁由己"的境界就是这种自由存在者生活状态的写照。唐君毅主张道德人格是真正的自由存在者，与康德所谓道德真正体现和实现着人类的尊严和自由的观点是一致的，而与古希腊亚里士多德强调公共生活之荣誉至上的公民人格，以及黑格尔强调人格权，强调在共同之国家生活中实现人格之自由又是不同的。西方伦理思想史传统上，更多强调自由人格是政治人格。

在西方伦理思想史上，道德长期关注的是"正义"和对他人的"尊重"。对此，泰勒指出，现代道德哲学除此之外还应关注我们自己的"尊严"，考察生活的"意义"和"完满"，而这就是有关道德的"生命的价值"维度③。唐君毅正是在生命存在的价值维度上阐发道德问题的。唐君毅指出，现代社会生活方式日益物化，人的生命存在因沉溺于物质和自然欲望而失去自由超越的精神，正逐步丧失其普遍的价值，走向虚无。他用"物化的平面急驰"来形容现代社会人们的生活方式。所谓物化，就是指在现代社会生活中，"每人皆忙于其特殊的事业，其精神皆趋于为其特殊事业所包裹，而特殊化，遂逐渐与真实的整个世界之隔绝来说"；所谓平面，则是"就各人所作之事业活动之成果，皆可直接间接为全社会人所享受；然而关于价值的等差高下之意识，则逐渐趋于泯除说"④。

① 唐君毅.生命存在与心灵境界[M].北京:中国社会科学出版社,2006:385,353.
② [德]黑格尔.法哲学原理[M].范扬,张企泰,译.北京:商务印书馆,1961:139.
③ [加拿大]查尔斯·泰勒.自我的根源:现代认同的形成[M].韩震,王成兵,乔春霞,等译.南京:译林出版社,2008:4.
④ 唐君毅.中华人文与当今世界(二)[M].桂林:广西师范大学出版社,2005:469.

正如前述导言中所谈到的，一方面由于普遍之价值精神的丧失，个人的生活正在走向物化，另一方面社会工具理性和功利主义盛行，人被迫陷入物化的窠臼。现代社会个体的生活方式日益孤立化、隔离化，人们的现实活动被金钱、效率和成功意识所支配，拜金主义、物质主义充斥人们的生活，人在被工具化、符号化的过程中，丧失其主体性的意识和精神，客观普遍的价值性追求在物化的生活中被遗忘。现代社会的人们在向物化的平面急驰中，生命存在本身变得虚无与虚妄，生活在现代生活中的人们丧失了生活的意义感和方向感，处于"人心无所寄"的状态。西方存在主义者萨特曾鉴于现代社会个体存在被"概念化""抽象化""符号化"，而被迫成为一个好像存在而实际又不存在的东西，指出现代生活方式所蕴藏的人存在方式的虚无性与虚妄性特征。"虚无是由于人的自由而出现在世界上的"①，虚无性是指人的主体性、自由性的丧失；自由是存在的本质，虚无是人对自身存在状态的自觉反省的一种结果。面对存在的"虚无性"，萨特在解决现代人类存在危机的方式上是消极主义和个人主义的。唐君毅则主张在个体人格重塑与社会文化重建的道德实践中，挺立人的主体性精神，成就生命存在的真实性，拯救人类危机。"此亦即为吾人欲使具体人生，不致以人之一切抽象的概念知识等之形成，而自沦为抽象的存在时，吾人首应认识之事，以建造吾人之主体意识者。"②唐君毅所谓生命存在的真实性，体现出生命存在作为道德实践主体的特性。

二、道德生活与道德人格

唐君毅强调以感通的方式把握世界，注重对客观事物世界的感知、体验。道德是心体的自然呈露，德性在具体的道德生活中成就。因此，

---

① ［法］萨特.存在与虚无(修订译本)[M].陈宣良，等译.北京:生活·读书·新知三联书店，2007:53.

② 唐君毅.中华人文与当今世界(一)[M].桂林:广西师范大学出版社,2005:87.

唐君毅强调道德的实践性本质。"道德为实践之事，而非理智之事。"①道德理论反思应该服务于道德实践，道德实践具有高于理论反思的意义。因而，唐君毅总是在生活中讲道德，鼓励人们建构真实的道德生活②，塑造理想的道德人格，成就生命存在的真实性。

康德将理性划分为理论理性和实践理性，指出了理论理性、认知理性的限度，同时赋予道德实践理性至上的意义，在道德实践理性的基础上，推崇道德的自由和人的尊严。然而，康德为强调"为义务而义务"的道德，把普遍道德原则的探寻和论证作为其道德哲学研究的中心，而将道德之实践问题的解决最后诉诸"灵魂不死"和"上帝存在"的假设，道德因而缺乏实践的现实动力，从而具有形式主义、空洞的嫌疑，备受后人诟病。实际上，康德之后的西方哲学和伦理学的发展，逐渐发生研究重心的转向，从单一的理性限度逐渐走向丰满的生活世界。正如当代哲人泰勒所指出的，道德哲学如果只是关注秩序、规则，关注行为，则"过于狭窄"，忽视"生活"本身的善和本真，则只能是一种"干瘪瘪"和"斩头去尾"的道德观③。唐君毅准确把握到世界哲学重心的转向，他继承中国传统伦理思想之道德实践智慧，以对生命存在的现实关怀之情，关注道德生活和道德人格的实现。

唐君毅指出，道德是人之仁心本体的呈露，道德生活是由道德理性主宰和规定的生活，即实现知行合一的"理性化的生活"④。理性化的生活自生自进、自觉自主、真实无妄。生活理性化的起点是"当下"。通过心境感通，由"如实知"而起"真实行"，使得当下具体的生活合乎道德理性，实现"当然"向"实然"的转化，使当下具体的生活获得普遍性的意义，是要克服生命存在之可能的分裂与虚妄状态，成就生命存在真实性的必然要求。唐君毅强调，其他任何生活目标都有一个"合理性"的证明，最后都要诉诸道德，因此，道德生活本身就是值得过的生活，

---

① 唐君毅.文化意识与道德理性(二)[M].桂林:广西师范大学出版社,2005:438.

② 高兆明教授认为"道德生活"范畴相较于"道德"范畴本身来说,可以"凸现道德生活的理性——实践品性".(参见高兆明.道德生活论[M].南京:河海大学出版社,1993:10.)

③ [加拿大]查尔斯·泰勒.自我的根源:现代认同的形成[M].韩震,王成兵,乔春霞,等译.南京:译林出版社,2008:4.

④ 唐君毅.生命存在与心灵境界[M].北京:中国社会科学出版社,2006:382.

道德的理由不在道德生活之外，道德生活本身即拥有"至高而可自足"①的地位。在生命存在的真实性意义上，道德作为生活的目标是至上的，道德人格的完成是人之活动的最后归宿。

"我当创造一真正唯一、绝对，而与我永不离的艺术品。"②这里所谓的"艺术品"就是指人格。对于人格，唐君毅首先强调的是，人格具有"唯一性""绝对性"，并指出具有唯一性、绝对性的人格需要人们在"自己支配自己、改造自己"的道德实践中来成就。唐君毅强调人格的"唯一性""绝对性"，有如黑格尔把人格看作是"单一的意志"③，强调的是人格的个性和独一无二性。人本质上并不是一个自然生命的存在，而是一个精神的存在者、意志的存在者，有着对永恒、普遍和自由的向往和追求。具有唯一性和绝对性的人格是实现普遍与特殊相统一的真正自由的理想人格。真正自由的理想人格在人们实现普遍、客观的善的理想的创造性行为中完成。人格的本质在于其自由性，而实现人格之自由的路径是道德。"只有善能完成我的人格，完成我之唯一的唯一、绝对的绝对……'我'未获得善，'我'还不是'我'。'我'还不是'我'，我纵然求善而跌死，又何足畏？跌死另外的东西，于我何足惜？"④道德成就人格，实现自由。因此，人格本质上是道德人格。在自由的领域内，"说到人格，'道德'的形容词在此便是多余"⑤。

在唐君毅看来，最高的自由即"为仁由己"⑥，其要义即仁心显露，积极肯定赞叹、生发成就一切人生文化价值。作为自由的存在者，唐君毅强调所谓道德人格首先是自觉自主、自作主宰的。为此，唐君毅区分了自然人格与精神人格。"各种人格中，有由人性之自然的表现开发，及社会文化之自然的陶养铸造，而成之自然人格；亦有真正能自作主宰之精神人格。……自作主宰之精神人格，即其心灵或精神能自觉的自己凝

---

① 唐君毅.生命存在与心灵境界[M].北京:中国社会科学出版社,2006:394.
② 唐君毅.人生之体验[M].桂林:广西师范大学出版社,2005:125.
③ [德]黑格尔.法哲学原理[M].范扬,张企泰,译.北京:商务印书馆,1961:45.
④ 唐君毅.人生之体验[M].桂林:广西师范大学出版社,2005:126-127.
⑤ [美]汉娜·阿伦特.责任与判断[M].蔡佩君,译.台北:左岸文化,2008:36.
⑥ 唐君毅.人文精神之重建[M].桂林:广西师范大学出版社,2005:276.

聚于其自己，以自己开发其自己之人格。"①自然人格为自然而然之人格，是人性的自然显露或是社会文化的自然陶冶而成的人格。自然人格是不自觉、不自主的。不自觉、不自主的人格不是真实的人格。精神人格为自觉、自主之人格，其自我主宰的特性，显示了人格的自由本质。"只有人在其有一真正的志愿，以主宰其实际存在时，人才真成为一顶天立地，通贯内外人己的真实人格，亦才成为一能开创文化，成就客观的社会事业的人格。此之谓真正明体达用的人。"②人能够本于对道德心灵的自觉，自主地将内在的德性付诸客观的社会实践中，从而成就明体达用、知行合一、人己统一的道德人格。本于自觉的道德人格具有自作主宰的特性。也就是说，人能够本于心灵的自觉，超越其自身的自然状态，在世俗的生活中保持独立的品格，自我支配，自我做主，贯通内外人己关系，实现身与心、人与己关系的和谐，并能在现实客观的社会事业的开创中实现自身人格的濡养和提升，实现特殊与普遍的统一，真正达到自由的境界。

作为自由的存在者，道德人格的自由本质在于其实现特殊与普遍、个体性与社会性的统一。唐君毅肯定人格的独一无二性和个体性，并对人格作为独一无二的个体性存在的内涵和意义做出了解读。唐君毅认为，所谓人的个体性是指个体存在的单一性、个性，意谓个体皆是独一无二的存在者，也是指个体存在的常在性、恒常性，即个体皆是独一无二的常在个体，一旦形成，则具有一定的稳定性，具有时间维度上的同一性③。唐君毅注意到，人的个体性应当被承认和重视，这是人格实现的前提。对于黑格尔强调绝对精神的至上地位，而只将人格视作绝对精神的客观表现的观点，唐君毅认为，虽然这样一种人格观念有助于个体人格实现普遍化、客观化，以获得普遍的意义，同时有助于绝对人格获得主观化、特殊化的具体形式，揭示人格的社会性，但是，这终究是"以一绝对之个体，消融一般之个体"④，实际上只承认了绝对精神或上帝人

---

① 唐君毅.人生之体验 续编[M].桂林:广西师范大学出版社,2005:29-30.
② 唐君毅.人生之体验 续编[M].桂林:广西师范大学出版社,2005:91.
③ 唐君毅.生命存在与心灵境界[M].北京:中国社会科学出版社,2006:35,62.
④ 唐君毅.生命存在与心灵境界[M].北京:中国社会科学出版社,2006:42.

格的实体性，而否认了个体的个性。唐君毅指出，人格的社会性是以一个个独立的个体的存在为前提的，且正是人格的个体性和独一无二性构成了人格尊严和价值的根据所在。"你之独一无二，使你之存在有至高无上之价值……你要珍贵你唯一无二之人格，如是的宇宙，依赖你而存在。"①当然，人的个体性和人格的独一无二性，并不意味着人格是孤立的存在。个体性、独一无二性是以"多"的存在为前提的，各个个体之间相对相望、相互联系、彼此相通，才有所谓个体性和独一无二性。个体与他人的这种相互依赖性，决定了人格自尊应当与尊敬他人相伴相成。"人格的建立始于自尊……因为真正的自尊者，必同时能了解他人亦为一自尊者，因而必能尊人，而对人有谦恭礼敬的……我们相信，别人人格是独立的人格，他永远有实现更大之善之可能，我们必须对别人此种向善之可能礼敬。"②唐君毅对于人格个体性和独立性的强调，显然吸纳了西方现代性理念中有关人格权的主张，他试图由此克服传统儒家人格学说压抑人的个体性的偏失。唐君毅肯定人格的个体性，把个体性作为人格得以建立的前提，这体现在其著作《生命存在与心灵境界》开篇所谈的"万物散殊境"中。作为生命存在的第一层境界，"万物散殊境"确认了事物各自独立存在的特性，实际上也就是肯定和强调了人格的个体性作为人格建立的基础性地位。

强调人格的个体性并不意味着轻视人格的社会性。个体的存在是真实的，但如果认为只有孤立存在的个体，则又是错误的。个体总是处于一定的社会生活中。人格是个体性与社会性的统一，且人格个体性存在的最终价值在于其社会性。个体人总是生活在一定的"类"中，"此'类'之于个人生活，即如一天罗地网，使其上下攀缘，才出于此线所代表之类，即入于彼线所代表之类，而无所逃于此天罗地网之外。"③唐君毅强调，"类"赋予个体生命存在以本质属性，个体的意义并不在于其现实自身，而在于展现生命、种族的未来。实际上，个体的生命存在是有限的，个体只有在"类"的生命延续中才可能获得永生，个体的生命价

① 唐君毅.人生之体验[M].桂林:广西师范大学出版社,2005:34.
② 唐君毅.人生之体验[M].桂林:广西师范大学出版社,2005:44,45.
③ 唐君毅.生命存在与心灵境界[M].北京:中国社会科学出版社,2006:85.

第一章　性情、感通与道德人格

值也只有在社会中才能获得普遍的意义。因此，唐君毅强调，人格的自由表现为个体的特殊性与社会的普遍性的统一。当然，只有在个人与他人互为真实存在的社会伦理生活中，人格的个体性、特殊性和人格的社会性、普遍性才能真正实现统一。

以自由为本质规定性的道德人格是真、善、美的统一。"我不仅需要冷静的理智，我还需要温暖的情感。我不仅需要永恒的真理之存在，我还需要永恒的真理之具体的表现。真理是抽象的、无血肉的，只有具体的表现的真理，才是有血有肉的。有血有肉的真理才是美。真理要我超出直接感触之世界，美则使我们重回到直接感触之世界，而于其中直接感触其所表现之真理。美是现在的永恒，特殊中的普遍。"①在人类文化的进程中，人们对价值的追求，首先表现为对事物知识之真理的探求。当人们获得了有关真理的知识，把真理的知识应用于对自然和社会的改造中的时候，人们能够从中体验到一种愉悦感和自由感，这就是美。美感是一种自由的愉悦感②。自由和美的最高境界是人格美和人格自由的实现。当人们开始内心的反省，并自觉地把所知之真理与所体验之美感实践于现实生活世界，对现实世界有自觉的担当精神时，便达到善。由此，从人类文化进程来看，人格具有真、善、美的规定性，人格之善与人格之真、人格之美相统一。"可欲之谓善，有诸己之谓信，充实之谓美，充实而有光辉之谓大，大而化之之谓圣，圣而不可知之之谓神。"（《孟子·尽心下》）孟子的理想人格是这样一种真、善、美相统一的道德人格。唐君毅指出，善本身内含着真与美的要素，而具有本体的地位。所谓真，揭示的是特殊中的普遍；所谓美，则是对特殊中普遍的情感体验。然而，纯粹的真与美，仍是心灵的一种直观理解，它们"外不在物，内不在己，内外皆不见其有所托"③。真与美作为一种抽象的存在，独立于现实之物，也独立于主体之外。由此，内蕴真与美的心灵如果不能本其直观所得的理想与意义，去对现实世界有所改变，对现实世界有所担当，实现知行合一，恰是会成为最不仁的"魔性的心灵"④。以

① 唐君毅.人生之体验[M].桂林:广西师范大学出版社,2005:120—121.
② [德]康德.判断力批判[M].邓晓芒,译.北京:人民出版社,2002:46.
③ 唐君毅.生命存在与心灵境界[M].北京:中国社会科学出版社,2006:255.
④ 唐君毅.生命存在与心灵境界[M].北京:中国社会科学出版社,2006:347.

仁性为本质的性情之心，必求理想之实现于现实生活，满足他人和社会之理想的需求，从而表现为知行的合一，实现最高意义之人格善。由此，人格呈现为内外部的一贯与和谐，成为真、善、美的统一体，现实地表现为知与行的统一。

"我们所谓真正之道德人格，自究竟义说，我们将以为是一显发其超越心觉自体而自觉的直接依实践理性或依天心帝德，以从事精神文化活动社会事业之人格。此即通内圣外王之道为一之圣贤人格……此人格之本质，则为诚之本身。"①区别于康德形式的道德理性，唐君毅之道德理性是建立在知、情、意合一之性情基础之上的具体理性，强调道德理想的现实化，强调由认知转化为智慧，由理论转化为德行。道德认知最终要在社会文化事业中表现出来，实现知行合一，道德人格才真正显现，生命存在才最终获得它真实的意义。当唐君毅把道德人格看作是自由自觉、自作主宰的人格时，他是在强调道德主体之自觉反省的品格。自觉地寻求现实生活的理想化和理想的现实化，把人格完善和真实自由的实现作为行为的最高目标，这是一种自律精神。康德通过"自我立法，自我遵守"论证道德的自律精神，指出人正是在道德的自律精神中体现了人的尊严和自由的。唐君毅吸收了康德关于自由人格的这一内蕴，他同时强调道德是道德心灵由内而外的显露，人对此有所反省，就会在具体现实的生活中做到迁善改过。迁善改过的生活就是道德生活。于此，我们也能注意到，唐君毅并未满足于康德所强调的自律自由层面来谈道德自由，他同时强调这种自律自由在现实生活中的完满实现，强调知行合一中的真诚、自得和自由，此即"为仁由己"的自由体现。唐君毅既从自律自由的主观角度，也在完满生活的客观层面对道德人格自由进行规定，强调人们在实际的道德生活中，创建自己合乎理想的道德人格，从而使得道德人格成为一个知行合一的统一体。"在最高之人格理念中，文化与道德合一，反省与表现合一，而一切皆为天机天性之流露。"②正是人之性情的显露，促成了知行的合一。唐君毅所谓道德人格是知、情、意相统一的整全丰满的自由存在者，从而区别于康德的理性存在者。知

---

① 唐君毅.哲学论集[M].台北:台湾学生书局,1990:686.

② 唐君毅.文化意识与道德理性(二)[M].桂林:广西师范大学出版社,2005:444.

行合一、整全丰满的道德人格，以其真实的存在样态，在客观的社会人文世界中，勇敢担当，积极实践，成就客观的社会人文世界的客观性、整全性，充分彰显人的主体性精神，实现人之主体性地位。

道德人格在唐君毅这里并不只是一般意义的道德品格或是德性的同义词，它标识着生命存在之真实意义和自由人格的实现，具有本体论的意义。唐君毅对道德人格的思考，有一个从"我"的角度向"生命存在"角度的转化（分别表现在其前期著作《道德自我之建立》和后期著作《生命存在与心灵境界》中，唐君毅对此也多次提及）。不仅仅是"我"要成为道德的，而是"人"都应成为道德的。唐君毅一再强调，道德理性要化当然为实然，不只是求其自己所知之当然化为实然，而且是求他人知其所当然而化为实然，而这正是道德理性的普遍性价值所在。道德人格是人之为人的普遍性本质。唐君毅由人格的道德本质来论证生命存在的真实性根据，同时回答了"德福一致"的可能性问题。康德诉诸上帝，以满足人们对德福一致的期望，唐君毅则承继中国儒家传统之"外得于人，内得于己"的道德精神，将"德"与"得"相连，把由道德而获得的生命存在的真实性看作最大的福，"此完全之生命存在，不只为人所当有，亦为人之生命存在之最大之福与最大之利之所在者"①，由此解决"德福一致"的问题。

综上，我们能够看到的是，唐君毅对哲学的目标和归宿进行重新审视是建立在他对这个时代病症进行诊疗的基础上的。现代工业文明的发展，使得"工具理性"盛行，人日益走向工具化、符号化，人们常常陷于虚无和虚妄的感受中，造成精神的焦虑不安和人格的迷失。为此，唐君毅从传统儒家心性学说中，为现代人的病症开出诊疗的药方。唐君毅指出，性情为人心之根本，人自然地具有向善的本性，道德即构成人格的本质属性。因而，只有回归道德生活，在生活中重塑道德人格，实现知行合一，才能真正克服现代社会人们的虚妄感受，实现生命存在的真实性，最终获得自由。当然，唐君毅并没有简单地回归传统儒家心性学说，而是在坚持儒家心性学说以道德提升人的主体性精神的基本立场上，吸纳了西方理想主义哲学关于自由与权利的基本理念，尤其是突出

---

① 唐君毅.生命存在与心灵境界[M].北京:中国社会科学出版社,2006:386.

了人格的个体性和独立性，强调道德人格在个体性与社会性、特殊性与普遍性、知与行相统一基础上的自由特性。从中，我们能够看到唐君毅通过返本开新而取得的积极成果，但也仍心存疑虑。因为，当唐君毅从人之性情阐发道德的普遍性时，虽然他改造和发展了性情的伦理意蕴，但我们不得不面对的问题是，人之性情虽然获得了先验的普遍规定性，但作为人之自然情感毕竟首先是基于血缘亲情的，如何突破其自身的有限性和狭隘性，真正实现普遍性，这其中存在着困难，而这仅仅依靠仁心显露的道德自觉显然是不够的。因此，唐君毅伦理思想体系的构建不可避免地存在着先天的缺憾。

在唐君毅看来，人之有好善恶恶之性情，决定了人生是一个道德潜能不断得到充分展示、显现的过程。道德是人之仁心本体的显露，道德人格的实现是人性由内而外不断显发的历程。仁心本体的显露既需要主体自身对道德自我进行自觉体认，也需要在人际交往、日常人伦生活以及社会伦理生活中实践才能得以完成，这正如亚里士多德所指出的"德性在我们身上的养成既不是出于自然，也不是反乎于自然的"①。唐君毅曾以感通解说孔子之"仁道"，认为促成"仁道"实现的"感通"，即"兼具一己之生命心灵之'前后之度向'中之感通，人我生命心灵之'内外之度向'中之感通，及人与天命鬼神之'上下之度向'中之感通"②。唐君毅认为，孔子之"仁道"实现是通过己己感通、人我感通、天人感通来完成的。基于这样一种体悟，唐君毅在其道德人格学说的构建中，把道德人格的实现看作一个仁心显露，即在己己、人我、天人之间进行感通的历程，由此来呈现主体道德认知、体悟能力与道德行动、实践能力的统一，从而在知行合一、成己成物的历程中，依次彰显人之主体性，成就完满之道德人格。在感通关系中建构个体道德人格，最终将促成一个道德人格世界的建立，在那里人人各为一道德心灵主体，互为目的性的存在，相互尊重，相互扶助。

① ［古希腊］亚里士多德.尼各马可伦理学［M］.廖申白,译.北京:商务印书馆,2003:36.
② 唐君毅.中国哲学原论·原道篇(上册)［M］.北京:中国社会科学出版社,2006:7.

第二章　己己感通：道德自我之建立

　　道德人格在仁心本体显露外化、知行合一的感通历程中完成。心境感通首先遭遇的是主体内在的心身矛盾。如何超越本然的自然生命存在，建立有关真实生命存在的价值信念，有待于主体道德意识的觉醒和主体内在的道德自我确信的建立。

　　《道德自我之建立》是唐君毅早期完成的著作，由此确立的"道德自我"构成其整个哲学体系的基础范畴。唤起人们内心的自觉，确立一个追求道德的主体，彰显人之主体性地位，重塑道德权威和道德自信，是实现道德理性对生活的主宰和成就道德人格的首要工作。道德自我是道德人格形上的主体性根据，成就道德人格，实现真实的生命存在，首先要在人格内部确立道德自我的至上地位。唐君毅以"己己感通"的方式，通过心灵内在的自觉反省和体验，确证道德自我的存在，阐发其本体论的地位和意义，论证人格自由的道德根基。

　　"道德自我"在对"现实自我"的不断超越中显现自身，自觉自主、自我超越构成道德自我的本质特征。心之本体是道德自我的根源，对至善完满之心之本体的确证是建立道德自我的核心。唐君毅在人生体验中，进行自我反观，通过"我感故我在"之情感体验的思路，完成心之本体的自证，并在对现实世界的肯认中实现道德自我的确证。心之本体是知行合一的精神实在，道德自我之建立还需通过各种精神活动来实现。为此，主体还需克服来自内在身心的矛盾和紧张，克服"陷溺之心"，实现"自我超拔"，时时保持心灵"清明"，不为私欲障碍，实现道德自主。

第一节　自我与道德自我

"自我"意识的觉醒是道德自觉的前提，唐君毅反思西方之"自我"理论，区分"经验的我"与"超越的我"，论证自我之实体性，重申价值理性的绝对性。同时，他也在"现实自我"与"道德自我"的对比中，揭示道德自我"自己支配自己"的主观自决性和在"超越性"中建立的客观普遍性。"道德自我"具有自由的本质。

一、"自我"的觉醒："经验的我"与"超越的我"

"我"首先是一个"个体"。唐君毅指出，日常生活中凡是被称为"个体"的事物皆具有真实常在性，皆为"性—相—体"的统一体。物之体是根本，展现于外即性相。本于物之体的性相在事物不断昭露的历程中呈现，而人们即通过不断昭露的事物性相，达到对物之体的认知。"自出处观，则见物唯是其呈现之相；自入处观，则见物有所藏之性，属于其自体。"[①]性显则为相，相隐则为性，性相合一，而统一性相的正是物之自体。人对事物的认知，正是根据个体物呈现于外的现象而追根溯源的，并由此探知事物的属性以及事物的自体。"此常在之个体物之为常在，乃只对曲折旋转于所谓个体物诸性相间之知之指向活动，而为常在。"[②]唐君毅强调，真实常在的个体物能够被人的认知所把握，并形成知识，而人作为认知的主体，也总是试图去把握蕴含在个体物性相之后

---

① 唐君毅.生命存在与心灵境界[M].北京:中国社会科学出版社,2006:65.
② 唐君毅.生命存在与心灵境界[M].北京:中国社会科学出版社,2006:66.

的物之自体或事物的本质。康德区分"物"与"物自体",认为"物自体"是不可认知的,人们所认知得到的对象是"物自体"的表象,康德称之为"物"。所谓"物",在康德那里不过是人的观念的创造。对于康德的物自体不可知的观点,唐君毅并不赞同。唐君毅指出,物的本质和物的表象是统一的,物的本质作为"体"通过性相在时间和关系(空间)中更迭呈现。因此,通过对物的表象的认知,可以达到对物的本质的了解。实际上,在唐君毅看来,人的认知活动是一个感通过程。在这个认知过程中,首先是人心先自"开朗",摄受事物呈现的表象,再通过对表象的认知达到对事物本性认知的过程。如此,认知活动中的对象并不是处于被动的客体地位,相反,主客对应统一,相互涵摄。如此,通过个体物作为"性—相—体"的统一体特性的确认,唐君毅在认识论上肯定了"我"作为个体的"真实常在性"和可认知性。

人,与世界万物一样,具有"真实常在"的个体性,同时处于与其他万物的普遍联系中。但与其他事与物不同的是,"我"不仅与其他万事万物一样是作为认知对象而存在的,能够在经验世界中被感知其现实性,"我"同时还是认知活动的发出者,是认知的主体。"我"不仅能够分别万物,且能同时统一万物之属性而形成知识。因此,人作为个体物在意义上必然高于其他事物。为了更好地揭示"我"的意义,唐君毅区分了两个"我":一个"我"是与其他万物一样作为认知对象的"我",这时,"我"与其他万物一样是天地间的个体存在,称为"经验的我";还有一个"我",则是发出认知活动的主体的"我",这时,"我"作为认知之源,高居于万物之上,称为"超越的我"①。"经验的我"与"超越的我"构成"自我"的上下两层,它们统一于一个"我"。经验的"我",是可感知的、现实中的"我",对"经验的我"的认知,由"超越的我"反观来完成。"超越的我"不仅仅可以通过感知的方式形成对经验之人或事物的认知和知识,还能形成对超越经验的事物的认知,形成先验知识,从而达于无人无物的世界。这意味着"超越的我"相对于"经验的我"或他人他物而言,具有自己的超越性。先验知识不待实际经验

---

① 唐君毅.生命存在与心灵境界[M].北京:中国社会科学出版社,2006:71.

而建立，能对一切可能经验而不在实际经验中存在的事物进行认知。先验知识的形成反映出人作为认知之主体的主观能动性和主体性。但是，唐君毅同时也指出，先验知识虽然超越于经验世界，却与经验世界之事物及对其认知密切相关。没有经验的世界，也就没有形而上的先验知识，先验世界以经验世界为根基，它居于经验世界之高一层位，对经验世界具有引领的意义，并最终在经验世界中得到贯彻落实。因此，若没有经验世界中的人与物，则"超越的我"也不能显示其作为超越者的地位；"超越的我"要先指向"经验的我"，建立"经验的我"，然后才能见到自己。如此，唐君毅所谓"经验的我"，即作为认知对象的"我"，"超越的我"则是指"我思"之主体的"我"，是"我"中之"我"，即"自我"。

唐君毅指出，日常生活中，我们称之为个体的人是指"经验的我"。"经验的我"的个体性、真实常在性与经验世界中其他万物的真实常在性是一致的。然而，"我"的另一个层面即"超越的我"作为认知之主体，在价值上高于"经验的我"，其先验统一的统觉认知功能能够证明它自身的存在，却不能论证其自身的真实常在性或者实体性。笛卡尔主张"我思故我在"，其中之"我"是"超越的我"。唐君毅指出，笛卡尔从"我思"推论"超越的我"的存在，不是没有道理的，毕竟"思"的发生是以"我"的存在为前提的。但是，这并不能论证"我"的实体性。因为"思"是一种认知功能和活动，由此只能论证"思"之主体"我"作为功能性的存在，由此论证的"我"是"用"，而不是"体"。唐君毅指出，认知之功能能够证明人具有的主体性地位，却还不能论证"自我"作为必然性存在的实体性特质，"自我"的实体性还需要在认知功能之外去寻找。唐君毅在这里强调的是，"经验的我"的"真实常在性"是认知意义上的，而"超越的我"的"真实常在性"或"实体性"则不仅是认知意义上的，同时还是价值论意义、本体论意义上的。

唐君毅注意到，康德肯定了"自我"的"超验的统觉"功能，但并未因此在纯知的活动中肯定"自我"的实体性。实际上，康德最终基于人的理性自觉，在人的自定道德律且"自我"遵行的道德实践意义上论证和建立了恒常的实体之"我"。由此，康德通过自由的道德意志规定经验的"我",使得"自我"的生长历程呈现为超越"经验的我"而求达至"超越的我"的过程。由康德开辟的这一条以道德实践论证"自我"之实体性、主体性的道路,被后来的西方哲学家所继承和发展。唐君毅认为,费希特和黑格尔克服了康德超越统觉纯粹"自我"反省的形式主义特性,能够兼顾对经验事物的反省,肯定经验事物,从而使得"超越的我"获得超越的实践活动内容。其中,费希特把"自我"看作是行动的"我",强调"自我"在思维和实践意义上的能动性;黑格尔则把"自我"看作是具有内在冲动和动力的发展变化着的客观实体。由此,"超越的我"不仅是思维的主体,还是活动的主体、创造的主体。唐君毅指出,"超越的我"正是在实践的意义上获得了其实体性的论证,正是在实践的意义上"超越的我有用,亦有性,而有为形上存在或实体之义"①。黑格尔指出,所谓"实体",即"绝对自身同一性",它是"必然"的而非偶然的存在,是"现实性"的而非形式性的存在②。唐君毅对"自我"实体性的论证,是肯定了"自我"的同一性、连续性、现实性、必然性,这使得人的生命历程能够表现为一个目标性的奋斗历程。在以工具理性占据主导地位的现代社会,他人被看作是手段,而不是目的,"自我"中心主义倾向使得"自我"陷入主观性、任意性和偶然性中。对"自我"的实体性的重新确证,是唐君毅对"自我"之价值理性的重申。

唐君毅所谓"自我"的上下两层即"经验的我"与"超越的我"的区分,使人们看到了"真我"或"本体之我"。唐君毅指出,所谓"经验的我""超越的我""他人他物的建立",实际是人心灵之知的三个方向的指向结果:当心灵向内反观自己,则指向"经验的我";而当心灵向上反省,则建立"超越的我";心灵首先发生外观,此时所指向的就是他人他物。人通过反观自省,区分了"经验的我"与"他人他物"的并列相对关系,从而产生人我分别的自觉意识;人我分别的自觉意识的产生,意味着人的"超越的我"的苏醒,由此经验的世界才同时展现为一个价值的世界。自觉的"超越的我"正是人区别于一般生物并获得其尊贵价值的根据所在。人的尊贵价值就集中体现为人的"自我"超越性。"超越的

---

① 唐君毅.生命存在与心灵境界[M].北京:中国社会科学出版社,2006:75.
② [德]黑格尔.小逻辑[M].贺麟,译.北京:商务印书馆,1980:312-313.

我"作为实体性的存在、必然性的存在，决定了"自我"的生长呈现为一个不断超越现实自我、走向理想自我的生生不息的历程。由此，唐君毅通过反思西方之逻辑推理的思路，最终以中国儒学反观自省之自我体验、觉悟的方式，论证了"自我"之实体性问题。"自我"实体性的论证就是"自我"意识觉醒历程的反映。

二、"道德自我"的自觉："道德自我"与"现实自我"

"我"不仅是认识论意义上的存在，也是价值论意义上的存在。唐君毅在认识论的意义上区分"经验的我"与"超越的我"，在价值论的意义上，则区分了"现实自我"与"道德自我"两个范畴。所谓"现实自我"是指"陷溺于现实时空中之现实对象之自我，为某一定时间空间之事物所限制、所范围之自我，亦即形而下之自我"①，"现实自我"是"经验的我"。而所谓"道德自我"则是对"现实自我"的超越，它构成形上的"超越的我"的本质规定，其本身具有本体论的意义。"此自我既能善善恶不善，则为一绝对善，而具备善于其自身之自我。此即为一道德自我……能判断吾人之活动之善不善而善善恶不善之自我，即吾人道德理性自我，亦吾人之良知。"②"道德自我"范畴在唐君毅的著作中，和"精神自我""真实自我""超越自我""道德理性""良知"等范畴是同义的，它揭示着"自我"的道德本质，即"自我"由道德意识支配主宰的特性，同时强调道德生活是一种自由自觉的主体性活动。值得注意的是，既然道德生活在唐君毅那里是人之仁心仁性的显露，那么，在这里，道德生活也可以表述为"依'道德自我'的表现而来的生活"③，"道德自我"正是在道德生活中显现自身的。真正的道德生活是指"自觉的自己支配自己的生活"，是"道德自我""超越现实自我"的生活。自觉自主、自我超越构成"道德自我"的本质特征，"道德自我"即自由自

① 唐君毅.道德自我之建立[M].桂林:广西师范大学出版社,2005:7.
② 唐君毅.文化意识与道德理性(二)[M].桂林:广西师范大学出版社,2005:453.
③ 李杜.唐君毅先生的哲学[M].台北:台湾学生书局,1983:17.

觉的存在者。

（一）"道德自我"的自觉自主性

"道德自我"首先是自觉自主的，真正的道德生活是"自觉的自己支配自己"的生活。也就是说，道德生活表现为"道德自我"对"现实自我"的自觉支配，在道德生活中呈现的"道德自我"是自觉的、自主的。人对自己活动的自觉自主性意味着人凭借"自我"的意识对"自我"以及"自我"正在从事的活动的性质和意义能够进行反观，并能够自主做出选择。唐君毅强调，自觉与否是人的生活与动物本能活动的根本区别所在。当人们尚未对自己的生活和行动有所自觉时，就仍然是一种自然状态的生活。"我们要表示道德生活是人的生活，而非只一生物生活，我们必须加上人的生活之所以为人的生活之共同性质，即人的自觉性。"①而当人们"当下一念之自觉"，进行"自我"的反观自省，认识到道德生活是自己支配自己的生活，道德生活才是自觉的，才成为真正的道德生活。没有自觉的道德生活，人就仍"隶属于自然世界"，而不能真正升进"道德世界"。唐君毅强调道德生活的自觉性，即强调在道德生活中建立"道德自我"，彰显人的主体性地位。道德生活不同于经济生活或是政治生活。经济生活表现为人对物的支配欲望，政治生活表现为个人对他人的支配欲望，而道德生活则是自己支配自己，这是比支配世界更伟大的工作，因为"你能支配世界、战胜世界，只是表示你的意志力，能破除外界一切阻碍。而支配自己、战胜自己，则表示你能主宰'用以破除外界一切阻碍之意志力'之本身"②。也就是说，道德生活中人的自主特性最能体现人的主体特性，具有最高的价值意义。这意味着，"道德自我"总是指引人们将力量往内用，积极地进行"自我"反省，自觉地在生活实践中进行"自我"修养，实现"自我"主宰，将自身人格的完满作为人生最重要的课题来完成。

"道德自我"的自觉自主特性以意志自由为根基。在唐君毅看来，"人之要求意志之自由，并非要求超出于一切因果律之外，而只是要求此

---

① 唐君毅.道德自我之建立[M].桂林:广西师范大学出版社,2005:5.
② 唐君毅.道德自我之建立[M].桂林:广西师范大学出版社,2005:15.

意志之自身之能成为原因，以发生结果，而不只是由意志以外之原因，加以机械必然的决定者而已"①。人的自由意志构成人的行为的决定性因素，人的一切行为根本上是人的意志自由抉择的结果，一切外在条件都只有在得到主体的认可（不管是有意的或是无意的）后，才能对人的行为发生作用。因此，意志自由意味着人首先是要对自己负绝对的责任，而绝不会把自己行为的后果归咎于遗传和环境因素。对自己过去行为负责是"道德自我"自觉自主特性的体现。同时，既然意志是自由的，那么，过去的一切性格习惯都不可能决定个体自身的未来，意志可以时时创新，改变过去的"自我"。因此，意志自由同时也意味着人有创造"自我"、创新"自我"的自由。由此，"道德自我"的自觉自主特性具体表现为基于意志自由基础上的"自我"负责、"自我"创造和"自我"创新。

唐君毅区分了"做你所该做"和"做你所要做的"两种行为命令，以此强调只有在道德生活中才能真正实现"自我"的自觉自主性。"一切要做而做者，其所要者，皆在当下你能自觉的心自己所能自觉支配者以外；其所以要，皆由于在后面有当下自觉的心以外的势力逼迫之故；其所以认为要，都是莫有自觉的理由的。然而，当我们认为该做而做时，则我们明觉我们可做可不做，而且是我现在才开始感该做。我们不是受逼迫而做，我们是自现在起，下命令自动的去做。"②唐君毅指出，"做你所要做的"的命令背后还存有不能为自觉心所把握的外力逼迫，做与不做的理由常常是不自觉的、盲目的、非自主的。当人们将快乐、功利和自然欲望的满足作为人生最高追求目标时，即会陷入这种不自觉和盲目中。其中，唐君毅特别对快乐主义进行了批评。他说，当人们以快乐为人生最高的目标追求时，最后得到的只能是"虚妄"。因为快乐以及快乐的情境都是事先无法自觉的，快乐以及快乐情境的产生是不自觉的、非自主的，带有盲目性和主观性，不具有客观普遍的价值。"你不能想一种快乐而求之，因为你想一种快乐时，如果你已感着快乐，你便已有那快乐，不需再求。如果你不感到快乐，你如何有一快乐在你心中，为你

① 唐君毅.哲学概论(下册)[M].北京:中国社会科学出版社,2005:786.
② 唐君毅.道德自我之建立[M].桂林:广西师范大学出版社,2005:28.

所自觉追求的对象?"①与之相对应的是,"做你所该做"则意味着所做的事情是为自觉的心所了解、所认可的,是应该做的。"做你所该做"包含有可以不做的自由,因此,道德行为并不包含外在的逼迫,而完全是出于自觉自愿的行为,是自己对自己下的命令。唐君毅强调,只有在道德生活中才能实现人的自觉自主,"自我"在道德生活中才能成为自由自觉的存在者,为此,人们应当摒弃快乐主义、功利主义和自然主义的人生追求。"人生之目的,唯在做你所认为该做者,这是指导你生活之最高原理。"②当然,这并不意味着唐君毅主张禁欲主义,相反,唐君毅肯定快乐幸福自身,认为快乐幸福可以构成道德生活实现的精神力量。唐君毅所要否定的是将快乐幸福作为最高人生追求的观念,因为那样的人生观会让人陷入不自觉、不自主之中,使人丢失自由。

那么,什么是应该做的?唐君毅指出,这个问题也并不依赖外在的规定,人们只要通过当下反省,即可知道该做的是什么,以及真该做的理由。"问题只在你是否真相信它们该做"③,只要是人们自己内心真认为该做的,便都是该做的。应该做的,是被内心真正认可的,不是受外力逼迫的;被内心真正认可的,是具有普遍价值的,应该的意识本身即包含着普遍的价值。唐君毅对于道德的普遍价值根据,并没有如康德那样建立在对普遍规则的遵循上,而是承继中国儒学心性传统,诉诸人的内心本真。道德是人之仁心本性的显露,因此,只要反观内心,即可获知道德的"应该"。唐君毅强调,确认什么是该做的,只要人们反省便可获知,且也只有人们依靠"自我"的反省做该做的,才具有真正的道德价值。因为"一切我认为该做的,只是对我有意义,对于你永不会有意义。该做只是自己对自己下命令,只有自己,能对自己下命令,自己亦只能真实感到自己对于自己的命令,别人所谓该做,是对于自己并无真实意义的"④。由此,我们看到"做你所该做"的道德行为体现的正是主体"自我"命令并"自我"遵行的自律品格。自律品格是"道德自我"

---

① 唐君毅.道德自我之建立[M].桂林:广西师范大学出版社,2005:21-22.

② 唐君毅.道德自我之建立[M].桂林:广西师范大学出版社,2005:30.

③ 唐君毅.道德自我之建立[M].桂林:广西师范大学出版社,2005:30.

④ 唐君毅.道德自我之建立[M].桂林:广西师范大学出版社,2005:31.

之自觉自主性的集中表现。道德生活的特质在于，它不是依靠外在的保障，而是人内心对自由和应该意识的体验和反省、追求和向往。自觉自主性证明了"道德自我"的主观自决性。然而，"道德自我"不仅仅是主观自决的，它同时也是客观普遍的。"道德自我"的超越性内蕴着"道德自我"的客观普遍性。

（二）"道德自我"的超越性

基于自由意志的自觉自主特性，是"道德自我"建立的基础，但它显然还是主观的。道德之"应然"应当包含普遍的价值。为此，唐君毅进一步强调"道德自我"的"超越性"特征，从而使得道德克服其自身的纯粹主观特性，获得客观普遍的价值精神。唐君毅指出，"道德自我"与"现实自我"相对，"道德自我"是对"现实自我"限制性的超越。"一切道德行为、道德心理之唯一共同的性质，即为自己超越现实的自己的限制"[①]，所谓超越现实自己的限制，是指"才从自己超越，即达于人与自然"[②]。"道德自我"具有超越性，这种超越性是指"自我"超出个体意志的主观性，而实现与普遍意志的客观性的统一。于是，"道德自我"的建立即表现为一个扬弃个体主观性、有限性，而达于客观普遍价值、实现特殊性与普遍性相统一的过程，即一个超越有限之"现实自我"，而达于无限之理想自我的过程。

超越"现实自我"而达于理想自我，是在克服身与心、个人与他人、小我与大我的内在矛盾和紧张中实现的。"现实自我"是个体的、主观的、有限的，它难免遭遇肉体感官欲望的诱惑，或是受限于时空范围，而执着于私己利益，漠视他人、社会。但人们常常可以自我反省到内在存有对"现实自我"的超越，这就是"道德自我"。"道德自我"是对"现实自我"之限制的超越，也就是"现实自我"的解放。唐君毅指出，虽然道德在客观上也常常给人们带来有益的后果，但是道德的价值并不在于后果，而恰恰表现在主体对"现实自我"之有限性的超越本身。

---

① 唐君毅.道德自我之建立[M].桂林:广西师范大学出版社,2005:32.
② 唐君毅.道德自我之建立[M].桂林:广西师范大学出版社,2005:40.

第一，"道德自我"的超越性表现为"征服一种自然之惰性"①，是对身体之自然欲望、任意冲动、享乐本能的自我超越。"自我"在对"自我"之惰性的征服与超越中显现其主体性和自由本质。比如，勤俭的根本道德价值在于它体现了人们对自然欲望的节制；勇敢的根本道德价值在于行为主体克服和超越了对可能发生的困难的恐惧；趋乐避苦为人之自然本性，如能"忍苦忘乐"则也是"自我"超越的一种表现。当人们力图征服自然的惰性，对自然的欲望有所超越时，人们就会表现出向上奋勉的道德心理。而这种向上奋勉的情绪，又可以增加人们的自我认同感，从而产生自尊的心理。

第二，"道德自我"的超越性也表现为对他人的包容、与他人合一，破除自我的狭隘性、封闭性。比如，"牺牲自己以利他人"（舍己利人）的道德价值并不在于"利他人"的后果，而在于行为主体走出"自我"，对"自我"之狭隘性、封闭性的克服与超越。"坦白"之所以是道德的，在于它表现了行为主体超越自己与他人之隔阂距离的限制。当人们可以超出自我的狭隘性、封闭性，超越自己与他人的隔阂，那么，人们就会因自尊而尊人，因自信而信人，表现出宽容大度、爱人以德等道德心理。

第三，"道德自我"的超越性还表现为超越有限之"小我"，在无限之客观世界宇宙中承担责任，体验无限之意义与"大我"之价值。例如，求真是一种道德行为，因为它表现了行为主体对自己原有认识之有限范围的超越，力图获取客观事物的本质；求美是一种道德行为，因为它表达着人们内心追求美并试图将其客观化的努力；"乐天安命"是一种道德心理，它意味着对自然而来的命运以及赋予的责任的欣然接受，并以此体验生命的意义和价值，而忘却小己的存在。唐君毅特别指出，"爱人以德"是最高的仁德，因为它基于人我人格之平等，寻求人我人格共同向上，不仅满足于个体之我对道德自由的体验，同时也希求他人扩大道德生活，从而共同享有道德之自由。唐君毅还特别提到了自杀者的自杀行为。唐君毅指出，自杀者的动机在于通过毁弃自己的生命，以使得自己的灵魂得救，这种只求个人自我得救的观念，仍是一种现实自我的

---

① 唐君毅.道德自我之建立[M].桂林:广西师范大学出版社,2005:34.

要求。因此，自杀者的行为并不值得称道。但是，对于那些为着自己的信仰而舍弃生命的宗教家，唐君毅认为，虽然其毁弃自己生命的行为不可取，但其中的勇气是值得肯定的。由此，道德自我的"超越性"实际上是通过超越现实自我之限制，而克服身与心、自我与他人、个体与社会之内在的紧张，实现身心、人我、天人和谐发展的历程，道德自我的成就因而是一个逐渐由自我走向他人、走向社会的历程。与之对应，所谓道德生活就是不断地实现自我超越的历程，即克服自我的限制封闭，实现从一生活境界向另一生活境界不断上升的历程。

超越，意味着道德是不断生长、改善和进步的，"只有生长自身才是道德的'目的'"①。唐君毅所谓自我超越的道德自我，是对中国古代关于生命"生生不息之理"在自我生长中的表现的阐扬。唐君毅突出道德的价值在超越性本身，避免了道德行为选择中的功利主义、后果主义。唐君毅指出，"舍弃"现实自我之限制与理想自我之目标的"置定"是同一个过程。"超越活动本身，是一扭转之活动，才扭转此面，即达到彼面。"②在道德自我的建立过程中，致力于当下现实自我之超越，即会自然而然地实现理想自我之目标。因此，人们在道德自我之建立行动中并不需要刻意地追求理想自我的实现这一结果。这是因为对现实自我之限制的舍弃、否定本身就是道德自我的呈现，就是理想自我的实现。实际上，行为的结果常常受外在因素的影响，带有偶然性，因而常常不能预先设置，道德价值和道德自我的建立并不依赖于后果的设定，而是实际地表现在超越活动本身中。超越本身是对自由追求的表现。相反，当我们执着于一理想目标和后果的设置，就会使原来具有的善良动机失去应有的意义，而陷入自我中心主义的误区，这对于道德自我之扩大、超升以及自由的实现并不具有积极的意义。因此，唐君毅认为，道德的动机（或"道德的心理"）只有建立在对超越自己之限制的自觉上，才是真实有意义的，而对后果的考虑是不必有，也不需要的。唐君毅指出，理想之自我与现实之自我之间具有"无对待感"，所谓实然世界（现实自我）与应然世界（理想自我）两重世界的区分对峙应当被消除，理想与现实

① ［美］杜威.哲学的改造［M］.许崇清，译.北京:商务印书馆,1958:95.
② 唐君毅.道德自我之建立［M］.桂林:广西师范大学出版社,2005:40.

第二章　己己感通：道德自我之建立

具有相通性。如此，道德自我之建立，就是"自然的随时间之拓展，以化其现实的自我，为更理想的自我"①的过程，理想自我的实现就是在当下具体的生活情境中不断实现对现实自我的超越。如此，在道德自我建立的过程中，人们感受到的并不是否定，而是一种自觉寻求的、自然而然的上升超越的自由感。既然道德价值不依赖于行为结果、效果，那么，道德自我即"无所为而为"，只是随时拓展自身，而并不固执于特定的目标实现。道德自我的建立是由现实自我向理想自我转化扩展的过程。我们注意到，唐君毅在道德价值评价问题上，为了摆脱功利主义和后果主义的影响，试图超越动机论和效果论的争议本身。他曾把行为之动机和后果之间看作是"光"与"影"的关系：有光才有影，光影相映，动机和效果具有内在的一致性和相连性，仅以动机或效果为依据的价值评判都会具有某种片面性。但是，忽视对行为对人对己之利害的结果考虑，又难免遭受"自我中心主义""唯我主义"的质疑。为此，唐君毅以道德自我所谓超越性，强调从自我走向他人、社会，在消除身—心、自我—他人、个人—社会的二分对立中来克服唯我主义倾向，实现自我的普遍性。在唐君毅看来，无限之"道德自我"对有限之"现实自我"的超越，本于人之内在的好善恶恶、不断求自我升进的仁心本体。"超越本于人对存在（自身的存在与宇宙的存在）之绝对偶然性与荒诞性的恐惧，对生存意义的反思。"②唐君毅深受存在主义者马丁·布伯的影响，在"超越性"的问题上，二者之间的共通性表现在对道德情感的普遍性追求的肯定上。

　　西方近代理想主义者一致认为，道德把"把人规定为主体"。唐君毅在此基础上提出"道德自我"的范畴，突出了人的道德主体性。"主体之超越意义，乃在此前后之有局限之特定活动之交之际见；此主体之位，即在此前后之活动之交之际。"③唐君毅指出，道德的自我超越性是道德之主体性的集中表现，但这种自我的超越性显然是建立在反省、反观基础上的一种内在的超越，是对主体自身主观限制的超越，从而区分于那

---

① 唐君毅.道德自我之建立[M].桂林:广西师范大学出版社,2005:42.
② [法]马丁·布伯.我与你[M].陈维纲,译.北京:生活·读书·新知三联书店,2002:9.
③ 唐君毅.生命存在与心灵境界[M].北京:中国社会科学出版社,2006:592.

种从外在权威以及外在资源限制中寻求解放的外在超越。邓晓芒教授把这种内在的超越，称为自我的"自否定"，认为"自否定"本身是对人的个性、创造力和自由意志的承认，并指出只有建立在自由意志之上的道德才是真正的道德，才是当代中国人自发地愿意接受的[①]。我们注意到，唐君毅对道德和道德自我的阐发，不仅仅继承传统儒家有关道德自律自主性的精神，还吸收了近代西方理性主义哲学强调的建立在自由意志基础上的道德自愿性，而这恰恰体现着现代道德的特征。我们还注意到，唐君毅所建构的道德自我的超越性，消除的不仅仅是萨特所致力于的自我—他人的对立，而且也使得身—心、个人—社会关系处于和谐合一的状态。"我深信道德的问题，永远是人格内部的问题；道德生活，永远是内在的生活；道德的命令，永远是自己对自己下命令，自己求支配自己，变化自己，改造自己。"[②]唐君毅对道德自我的理解与康德也还有所不同，它不仅仅是自我命令、自我遵守，且有主动改造和提升自我人格的要求；它克服了规则面前的消极被动性，而具有更加积极主动的意味；此外，唐君毅所谓道德自我强调内心的体验和觉悟，是情感与理性的统一体。道德自我与现实自我相对，是自我之本质所在。唐君毅通过道德自我之建立，意在帮助人们搭建起内在心灵的秩序，发挥人的主体性精神，实现自我之价值。

第二节　道德自我的确证

　　自觉自主、自我超越的道德自我的建立是道德人格建构的主体性根据。然而，道德自我之建立何以可能？实际上，只有实现主体的自我认同，自证"我"为德之主，道德自我的建立才是可能的。这是有关道德自我建立的核心问题。为此，唐君毅以心之本体为理论预设，把心之本体看作道德自我的根源。他通过情感体验的方式，对现实世界进行反思，从而在自我的反观中，对心之本体作为道德自我根源的客观实在性

---

① 邓晓芒,欣文."成人"的哲学——邓晓芒教授访谈[J].学术月刊,2005(5):125.

② 唐君毅.道德自我之建立[M].桂林:广西师范大学出版社,2005:2.

第二章　己己感通：道德自我之建立

· 077 ·

进行自证。心之本体体现在其至善性、完满性和对自我及现实世界的主宰性中。现实世界并不完满，但是在心之本体的主宰作用下，不完满的现实世界有着向完满世界转化的必然性，道德自我在这种转化中实现自我确认。

一、道德自我的根源：心之本体的自证

（一）我感故我在

认识自己与认识世界总是相互关联。唐君毅指出，在道德心灵的主宰之下，人总是希望有一个"真实世界"，以作为他生命活动得以拓展的凭依。因此，对现实世界"真实性"的自觉思考是道德自我的内在召唤。道德自我即在这种对现实世界真实性的反思和体验中显示自身，并由此获得其内在根源上的自我确证。

未对现实世界的真实性进行反思的生活是盲目的生活，而所谓世界的"真实性"问题并不是一个有关世界的"有"与"无"的客观事实判断，而是一个有关世界的"永恒"和"虚幻"的价值判断。唐君毅指出，当人们反思现实世界，人们会发现现实世界绝不是真实的。这其中最显著的理由是，现实世界呈现于时间中，而时间中一切事物皆是流转的、无常的。在现实世界中，现在的会化为过去的，生的必须灭，有的必成无，而人的最后命运是死。现实世界中无物常驻，一切事物最后都化为空无。因此，现实世界是无常、如梦、如幻，是非真实的。然而，人们在内心渴求一个实有实存的真实世界，现实世界的虚幻必然让人感到难以言之的"苦痛"，一切有意义的人生活动都会不复再来，虚幻的现实世界根本上是"无情"和"残酷"。人们感到这是一个"残酷而可悲的宇宙"①。

现实世界是虚幻的，同时是残忍不仁的，但这并不意味着人的生存

---

① 唐君毅.道德自我之建立[M].桂林：广西师范大学出版社，2005：77.

是无价值和无意义的。相反，它提醒人们生存的价值根据并不存在于现实世界中，而只能存在于现实世界之上。现实世界的虚幻与残忍不仁并不是人们出世的理由，相反，它要求人们超越现实世界，保持精神的上升状态。"那一段思想，不曾使我想出世。对那一段思想，我只是常故意引发之，而体味之，以便把我的心，提升到现实世界之上，是我对于现实世界多生一些悲凉之感，与要求人生向上之感"①，唐君毅激发人们对现实世界"残忍"的"不满"和"痛苦"意识，是为了唤起人们的忧患意识，而不是恐怖和绝望。徐复观指出，忧患是由责任激发且要以己力突破困难而尚未突破时的心理状态，"只有自己担当起问题的责任时，才有忧患意识。这种忧患意识，实际是蕴蓄着一种坚强的意志和奋发的精神"②。未经反思的人生是盲目的人生，对于现实世界的虚幻、残忍不仁的体验，是主体对自身存在根基进行自觉反思的结果，而这正是实现自由生活的基础。当人们反观自身，便会感到对于现实世界的虚幻、残忍不仁及不完满有一种"不满"③。这"不满"的根源就是由我们内在地"要求"有一个真实的世界、善的世界、完满的世界而产生的。当这一"要求"在现实世界中得不到满足，人们就会产生痛苦。唐君毅指出，这种内在的"要求"以及"要求"得不到满足的"不满"和"痛苦"的感受都证明，在我们的思想之上存在着一个具有超越性的且恒常真实的根源，它既超越于现实之我之上，又内在于我自身。这一根源是我们本体之心。本体之心是恒常、真实、善与完满的，正是本体之心使得我们不满于现实世界之生灭、虚幻、残忍不仁、不完满，并要求其恒常、真实、善与完满。

由此，唐君毅通过对现实世界真实性的质疑，反观自证了心之本体的存在。现实世界的流转、无常决定了它的虚幻性和非真实性，而人内在地对恒常真实和完满的要求又使得人们对现实世界的虚幻性感到痛苦、不满。虚幻、痛苦、不满等情感体验的真实性，恰恰说明心之本体的存在。心之本体构成超越性的、真实的道德自我的根源。唐君毅指

① 唐君毅.道德自我之建立[M].桂林：广西师范大学出版社,2005：78.
② 徐复观.中国人性论史（先秦篇）[M].上海：华东师范大学出版社,2005：15.
③ 唐君毅.道德自我之建立[M].桂林：广西师范大学出版社,2005：78.

出，其对道德自我的论证理路类似于笛卡尔对"我思故我在"的论证。只不过笛卡尔关注理智思维功能，最终要肯定的是一个理智的心灵，而他所关注的不仅仅是人的理性思维，更关注人的情感体验，最终要肯定的是体现情感与理性统一的道德心灵。正是在这个意义上，唐君毅自称是通过"我感"而肯定了"我在"①，即通过心境之感通，在主体对客观对象世界的理性感知和情感体验中，反观确证了道德自我。当然，这同样是秉持一种批判性的、质疑的哲学立场，是唐君毅的理路有进于笛卡尔的地方。这不仅表现在唐君毅将人的心灵看作更为丰满的存在，关注人的情感体验，更为重要的是，正是因为突出情感的体验，从而强调了"我"与"我"之外对象世界的内在关联性，从而有意地克服了笛卡尔理路中蕴含的主客二元对立的问题。对于唐君毅的"我感故我在"理路，周辅成曾给出这样的评价："虚幻悲凉之感，反引出理想的我，理想的世界，既真实而又充实。有这样的我和世界，便觉当前现实，无一可舍，无一不可爱。虽然其中也有恶，但它是为善而存在，待善而超越，恶终必消失。这思路，是中外古今哲人走的大路，也是唐先生苦尽甘来的深刻体验和理解。"②唐君毅"我感故我在"之"道德自我"，为一个现实、真实的自我。

（二）心之本体的确证

作为道德自我的根源，心之本体是恒常、真实、善和完满的。对此，唐君毅主要是通过由"用"返"体"的反观方式来证明的。"心体不可见，但心之用可以说，主要是他的思想。"③首先，人可以思想无限的时空，思想超临于无限时空之上，而不停滞于任何有限的时空；其次，思想能够统一联贯过去与未来，当它想着过去时，过去的就成为现在之想，这就使过去已灭的事物虽灭而能不灭。也就是说，人们可以在思想上逆转时间中事物之生灭的过程，从而使灭者不灭。思想本身超临于时空之上，且能够统一联贯过去与未来，这说明作为思想之所自发的心之

---

① 唐君毅.道德自我之建立[M].桂林:广西师范大学出版社,2005:9.

② 周辅成.周辅成文集(卷Ⅱ)[M].北京:北京大学出版社,2011:304.

③ 唐君毅.道德自我之建立[M].桂林:广西师范大学出版社,2005:80.

本体是不灭的，即心之本体是恒常、真实的。同时，心之本体也是至善的、完满的。这是因为，我们对残忍不仁的现实世界充满了不满，如此善善恶恶之念所自发的心之本体必然是至善的；心之本体超临跨越于无穷的时空之上，无穷的时空之事物都被它涵盖，因此，心之本体又必然是完满无缺的。

值得注意的是，唐君毅把思想看作是心之本体的"纯粹的能觉"，而其所谓"纯粹能觉"其实是指"人类反映外物的能力"①。唐君毅从一开始就肯定了心之本体的思维认知能力，从而并未因强调心灵的道德性而忽略心灵的知识性。唐君毅指出，思想之对象固然有生灭，但思想本身作为一种认识的能力只有隐与显，而无生与灭，思想自身是恒常的、真实的。同时，思想能够连贯过去与未来，说明思想并不限定它自己于现实的对象中，从而具有超越时空中之现实对象的超越性。但唐君毅也指出，作为心之本体的能力的显现，思想本身有着清明与不清明、广大与狭窄之别。也就是说，思想的认识能力不免存在着限度，会因经验界的障蔽而达不到认识上最广大的清明。对思想认识能力上存在着的限度的自觉，意味着心之本体作为思想之所自发的根源自身是清明广大而自觉自照的。唐君毅肯定了心之本体不仅是道德本体，也是认知本体。

"我"通过反思自证了恒常真实、至善完满的心之本体的存在，但这并不意味着心之本体只是个"自心世界"，只是存在于我或任何人主观的心，相反，心之本体是现实的人与"我"共同的心之本体，心之本体是普遍存在的，是客观的人人心中之力量。"我相信我的心之本体，即他人之心之本体……心之本体遍在于人。"②这首先是因为，"我的心之本体，它既是至善，它表现为我之道德心理，命令现实的我，超越他自己，而视人如己，即表示它原是现实的人与我之共同的心之本体"③，既然心之本体是至善，它就具有普遍的价值意义，因此，它就不仅对"我"之个体具有内在的规导性，而且对个体都具有内在规导的普遍有效性。在这里，唐君毅从应然的层面，论证心之本体的普遍性，以"应然"说明

---

① 张祥浩.我的思想照片[M].南京:江苏人民出版社,2011:188.

② 唐君毅.道德自我之建立[M].桂林:广西师范大学出版社,2005:87,114.

③ 唐君毅.道德自我之建立[M].桂林:广西师范大学出版社,2005:87.

"实然"，从而否定了休谟所谓价值与事实二分、不能直接相通的观点。对于心之本体的普遍存在性，唐君毅还从生命精神的平等性上进行说明。他指出，人与"我"作为自然中的万物之一种，其生命精神是平等的，"我"从现实的自我中，了解到一超越的心之本体的表现，那么，由此推知现实的他人身上，亦有一超越的心之本体的表现。在这里，唐君毅由人我皆是平等的生命精神存在而推出人我共有心之本体，由客观之人性平等推出主观之道德的普遍性采用的是一种"类推"方式①。心之本体为人我共有，它超越于现实世界之上，现实世界为它所涵盖，因此，心之本体也是现实世界的本体，是世界的主宰。唐君毅由我心之本体推知他人亦有心之本体，试图超越自我立场、"为己"立场，以使得道德自我的建立具有普遍性，以此克服"唯我论"。唐君毅在后期著作中将这种心之本体的普遍性论证归结为理性的普遍化、客观化本性，他说，"在此理性的思想中，吾自必须将我自觉其我之为一'能感觉之我'之一概念，加以普遍化，而用于他人，以更客观化为他人之一宾词"②，这种理性普遍化、客观化的本性使得人与"我"的理性思想能够同时相互地感知彼此的共在性。"我与他人在现实世界中，以认识活动互相交摄，而在超越的心之本体处相合"③，也正是因为人我共有心之本体，形成共通感，人与人之间的交往沟通、和谐共处才成为可能。这样，唐君毅从不忍之心出发，通过自觉的超越反省的方法，又确证了心之本体的普遍存在性。心之本体不仅是自我之本体，也是现实世界之本体，是世界的主宰。

本体之心是恒常、真实、至善和完满的，它通过与主体自身的结合而表现为能动的超越自我、道德自我，不断超越现实自我，以达到理想自我。道德自我源自心之本体的恒常、真实、至善和完满。唐君毅所谓恒常真实、至善完满的心之本体的普遍性存在论证，是对道德自我或道德理性普遍性的证明。因此心之本体的确证，增加了人们的道德自信和道德信念。"盖良知，只是一个天理自然明觉发见处，只是一个真诚恻

---

① 唐君毅称这种"类推"是出自一种"普遍的理性"，并在其观点论证中经常使用和提及。
② 唐君毅.生命存在与心灵境界[M].北京：中国社会科学出版社，2006：203.
③ 唐君毅.道德自我之建立[M].桂林：广西师范大学出版社，2005：87.

恒，便是他本体"（《传习录中》），唐君毅继承宋明理学中的"心学"传统，将心之本体地位作为理论预设，其所谓心之本体即人们通常所谓的"良心"。

二、现实世界的肯定

当主体通过反省而自知心之本体的恒常真实、至善完满以及广大清明，就会增加主体的自尊感和崇高感。心之本体的恒常真实、至善完满及广大清明，与现实世界的虚幻、残忍和有限性特性构成对比，然而，这并不意味着对现实世界的存在进行否定。相反，心之本体在对现实世界的反思超越中显现，道德自我在现实世界中实践道德。心之本体既超越于现实世界，又内在于现实世界。因此，现实世界固然是有限的，但心之本体的无限性正是建立在对现实世界的有限性的超越基础上的。心之本体主宰着现实世界，有限的现实世界的存在成就了无限的心之本体的实现。因此，现实世界是具有肯定性价值的存在，而道德自我正是在现实世界中成就自身的。

首先，心之本体的无限恒常性是要通过有限的身体和对象世界而呈现出来的。唐君毅认为，认识是一个身体与外物交汇感通、不断打破自我与外物两方之限制、封闭、隔膜，而使得自心世界自然显现的过程[1]。认识的最后目的并不在于对物的认识本身，而是要显现无穷的自心世界。这样，作为对象的外物实际上是我心之本体表现于现实世界时所依托的载体。恒常无限的心之本体必须通过生灭有限的对象物来表现自身，心之本体的无限正是在破除对象物的有限中表现出来的。因此，心之本体一方面超越一切有限，另一方面它又内在于一切有限之中。有限的对象物构成无限之心之本体存在和实现的前提。这样，有限的、有生有灭的现实世界在无限恒常的心之本体中获得了其存在的价值根据。正是在这个意义上，"生灭"即"不生灭"[2]，现实世界因心之本体的导引

---

① 唐君毅.道德自我之建立[M].桂林:广西师范大学出版社,2005:92.

② 唐君毅.道德自我之建立[M].桂林:广西师范大学出版社,2005:88.

而内含无限的价值。由此，无限之心之本体与有限之对象世界、现象世界的合一，使得心之本体呈现为一个生生不息的创造性主体。

其次，心之本体的至善完满性要在现实世界之苦痛错误罪恶的消除中表现自身。现实世界的罪恶、痛苦和错误的产生源于身体之有限性与心之本体的无限性内在的紧张。我们精神上的痛苦，是因为身体是一个囿于一定时空中的有限的物质存在，只有有限的能力，无法在现实世界中实现我们无限的精神理想；我们知识上的错误，是因为我们的身体所感知的知识是有限的，而我们总是以有限的所知去概括我们所不知的东西；而我们道德上的罪恶，则是因为我们对自己的身体有一种自私的关注。身体本身的有限性，决定了苦痛、错误和罪恶都是现实世界无法避免的事情。然而，身体作为有限性的存在，其本身并不是苦、错、恶。身体的有限性固然构成苦、恶、错的条件，但并不是苦、恶、错的全部根据。苦、恶、错的真正根源，在于有限之身体被当作无限来用。也就是说，身体本来是现实世界有限的存在，然而我们却有意或无意地希望我们的身体在任何时空中活动，都继续保持其结构，在任何时间空间的事物中表现其能力作用。因此，把有限当无限用才是一切苦痛罪恶错误产生的根源。而所谓有限当无限用，是指"心之本体似乎离开他的本位的无限，陷落在有限的身体中，要挟带身体，以表现他的无限"[①]。因此，心之本体的无限性追求与身体之有限性的存在构成苦痛错误罪恶产生的根源。虽然苦痛、错误和罪恶不可避免，但是，心之本体却有着求真求善求乐的本性，在对现实世界的主宰中，调适着身体与环境的关系，不断地消除苦痛、错误和罪恶。"人皆知苦苦、非非、恶恶，而求乐、真、善，这正证明心之本体，永远是能够独立自主，而表现其自性之无限的。"[②]

既然现实世界之苦痛错误罪恶总是可以消除的，因此，面对现实世界之苦恶错，人们也无须悲观。现实世界之苦恶错与乐善真是平等相对的存在，正因为有苦恶错的存在，才有乐善真，苦恶错是乐善真的前导，苦恶错中包含着乐善真。苦恶错是非真实的，它们终将被乐善真所

---

① 唐君毅.道德自我之建立[M].桂林:广西师范大学出版社,2005:106.

② 唐君毅.道德自我之建立[M].桂林:广西师范大学出版社,2005:107.

消除。因此，现实世界固然存在着苦恶错，但是人皆有实现乐善真的心愿，由此，我们对世界有理由保持乐观。那么，如何克服悲观的情绪，保持这种乐观呢？唐君毅指出，一方面需要保持对心之本体之乐善真自性的信仰，另一方面需要我们行动起来，即通过改造世界的行为，改变对世界的看法。当人们的行为持续不断地去除世界的苦恶错，而实现乐善真时，人们便感到世界是一个含有乐善真的世界，从而克服悲观的情绪，而保持乐观。现实世界并不完满，然而我们可以将其不完满化为完满，而人们正是在改变现实世界的不完满的实践努力中，感悟到心之本体的独立自主和自作主宰。如此，由"怀疑现实世界之不仁之心境，转化为一种肯定现实世界之心境。此所肯定现实世界，即道德自我所肯定之现实世界，亦即'为实现形上的心之本体而存在'之现实世界，为道德自我实践道德而存在之现实世界"①。现实世界的有限性，包括其可能给人们带来的痛苦错误和罪恶，都在实现心之本体的无限性的意义上获得了肯定性的价值。现实世界是心之本体实现其无限性的载体，道德自我在现实世界中实践道德，展现人的主体性精神，实现精神的上升。

现实世界并不完满，但并不能因此否认现实世界存在的价值。心之本体是超越现实世界之上的形而上的存在，它是恒常真实至善的，但它只有实现对具体的现实生活的主宰，只有在现实世界由不完满而逐渐走向乐善真的进程中，才能真正表现自身，由自在之存在转化为真正自为的存在。在这个意义上，现实世界"必须是不完满"，因为"不完满，然后可渐化为完满，及肯定真善乐之实现，便须肯定其实现途程中之缺憾"②。现实不完满的世界实际上是达于未来完满世界实现的必经阶段。现实世界固然是有限的、有缺憾的，但正是这种有限和缺憾成就了无限和完满。因此，对于"我"（作为主体的人）而言，"只是我如何以我之努力，改善世界，而不是世界如何满足我，而在我之努力中，我自己可印证心之本体之完满，我自然可不求现实宇宙之完满"③。对现实世界的肯定，即在承认其不完满性的同时，肯定其向完满的理想世界转化的必然性，即肯定心之本体对现实世

① 唐君毅.道德自我之建立[M].桂林:广西师范大学出版社,2005:11.
② 唐君毅.道德自我之建立[M].桂林:广西师范大学出版社,2005:115.
③ 唐君毅.道德自我之建立[M].桂林:广西师范大学出版社,2005:115.

界的主宰性地位。对现实世界的肯定，是为了对现实世界进行超越，只有对现实世界进行肯定，才有可能有所创造。道德自我在肯定、超越和改造现实世界的实际行动中彰显其精神，实现自我之确认。

第三节　道德自我的建立：精神实在的实现

在唐君毅那里，心之本体绝不是一个纯粹主观的抽象，而是"充内形外的真实"，是知行的统一体，因此，又被称为"精神实在"①。"精神实在所要求的，即是表现于现实世界，其能表现于现实世界，即所以成其为精神实在。精神实在之本身是无限，无限必需表现于有限。因为由有限之超越破除，而后才显出无限。"②也就是说，心之本体并不只是个自在的形式性的存在，它总是要显发其自身于现实世界，实现普遍与特殊的统一，通过人的活动来成就其对自我及现实世界的主宰性。道德自我在人的活动中实现其作为主体性的存在，需要面对身与心的内在紧张矛盾。只有克服"陷溺之心"，实现"自我超拔"，才能使得心之本体得到客观实现，道德自我得以真正建立。

一、人的一切活动，都可说是精神活动

唐君毅认为，人是身心统一体，其中，精神处于主宰地位。从外面看，人是时空中的物质存在。人与万物相伴相生，相对而存在；同时，也和其他万物一样，其身体有生有灭，是一个有限性的存在。然而，从内面来看，即当人们自觉反思自身时，人们将会发现，人是一个主体性的存在。作为主体性的存在，人主宰着自己的行为和活动，并在不断革新的行为和活动中不断创造自己。自我超越性是作为主体性之存在的人的本质，"他永在现在与未来之交，作送往迎来的革新自己的工作，他不

---

① 唐君毅.道德自我之建立[M].桂林:广西师范大学出版社,2005:19.
② 唐君毅.道德自我之建立[M].桂林:广西师范大学出版社,2005:138.

隶属于我们所指定之任何时间"①。因此，从内面看，人是超时空之精神存在。作为物质存在，人不得不受制于外在环境和事物的影响，是有限的、不自由的；然而，人同时是一个超时空的精神存在。人的精神不是有限的，它总是要求无限。要求无限，即表明人总是向往着自由，要求突破身体与外物的限制。作为精神的存在，人是自由的、无限的。"人在根本上是精神、是自由、是无限，而非物质、非不自由"②，人根本上是一个精神的存在。这是因为人作为物质的存在，仍处于认识对象的位置，只有作为精神的存在，人才真正成为主体。因此，唐君毅在人生意义的层面上，强调了人的精神实质，强调人应当追求精神的无限。

人根本上是精神的存在，身体首先是作为精神的载体而存在的，精神要通过身体的行动来表现自身；而人与人之间的交往，实质上是精神间的交往，此时，身体是人与人之间精神沟通的媒介。他人通过"我"的身体动作与其他外部的关系的认识，最终达到对"我"的精神的认知。因此，不仅人的身体，而且包括身体所关联涉及的一切外物，即整个物质世界，都成为人我精神沟通的媒介。于是，人的世界就是一群"精神实在"互相通过其身体动作，而照见彼此之精神的"精神之交光相网"③，而居于此"精神之交光相网"之上的正是人人普遍共有的形而上的心之本体。心之本体（精神实在）以人的身体以及整个物质世界为媒介，通过改造现实世界的一系列日常活动来展现自身、实现自身。

唐君毅同时指出，身体作为精神的载体而存在，本身是一个"消极意义的存在"④"负性之存在"⑤。这表现在两方面，一方面，身体总是处于被耗费的过程中，人们并不在积极的意义上去保存它，保存身体是为了精神活动的开展；另一方面，身体是有限性的存在，精神自由与无限的追求是要在冲破身体之限制中实现的。因此，所谓精神实在所表现的客观化过程其本质上又是对身体有限性的超越，并最终达到自由和无限。"精神所要求的是什么，就是超越在时空中的现实的身体与物质对他

① 唐君毅.道德自我之建立[M].桂林:广西师范大学出版社,2005:117.
② 唐君毅.道德自我之建立[M].桂林:广西师范大学出版社,2005:117.
③ 唐君毅.道德自我之建立[M].桂林:广西师范大学出版社,2005:118.
④ 唐君毅.道德自我之建立[M].桂林:广西师范大学出版社,2005:101.
⑤ 唐君毅.道德自我之建立[M].桂林:广西师范大学出版社,2005:10.

自己之限制束缚，成为自由无限的精神，体现形上的精神实在"①，精神实在最终在对现实自我不断改造、创新的活动中表现自身、实现自身。

身体是活动的载体，精神是活动的主宰。因此，"人的一切活动，都可说是精神活动"②。唐君毅指出，人类所有的活动都是精神活动，都表达了对现实自我超越的要求。诸如饮食男女求名求权的活动，通常被认为是价值最低的活动，而正是在这样价值最低的日常活动中，也包含着人们对精神扩展的要求：求饮食、求健康、求长寿，以及男女之欲，毕竟表达着人们对其自身之未来生命精神以及子孙之生命精神延续扩展的内在要求；求名者则希望自己之精神能够为他人所认知；而如求权者则毕竟是要以去争取他人对其自身生命精神的承认为前提的。由此，人的活动都具有超越物质现实的精神意义。而根据活动对现实身体物质之限制超越的程度的高低，唐君毅把人们的日常活动分成十二种活动，并分列三组③。第一组活动包括饮食、男女、求名求权等活动。对于此组活动，唐君毅认为，虽然人们并不以之为善，但也不是一定就不善。为此，我们可称之为"非不善"的活动，其特征是无论活动主体个人，还是活动涉及的他人，都还未被看作是一个完全的精神存在，而仍只停留在视人为"物"、视人为"手段"的阶段。第二组活动包括求真、求美等活动。唐君毅指出，虽然此种活动并未自觉地以善为追求目标，但无论是求真，还是求美，其本身包含着善。由此，唐君毅所谓第二组活动就是指那些"非自觉的善"的活动此时，个体自我作为精神存在的本质、人作为目的性的存在逐渐透露出来。至于第三组活动，在唐君毅看来是具有最高道德价值的活动，比如义务和责任、自尊与尊人、宽容与器度、爱人之德与爱人以德，等等。这组活动的共性是建立在自觉求善的动机上，无论是活动主体还是他人，均被视为主体性的精神存在。此组活动透露着行为主体对人格的自觉，人与人之间形成互尊互信、互敬互爱、人我合一的和谐关系。对于这一组具有最高道德价值的精神活动，唐君毅指出其来源是人们"纯粹的爱"。他说："最纯粹的精神活动，是

① 唐君毅.道德自我之建立[M].桂林:广西师范大学出版社,2005:119.
② 唐君毅.道德自我之建立[M].桂林:广西师范大学出版社,2005:119.
③ 唐君毅.道德自我之建立[M].桂林:广西师范大学出版社,2005:12.

纯粹的爱。"①

　　唐君毅对"纯粹的爱"的阐释是在与普通之"同情"的对比分析中进行的。唐君毅指出，当人们相互地"求同情""表同情"时，人与人之间即实现了一种精神的沟通，实现了彼此作为精神的结合，但是，这种普通"同情"活动中，人的精神的结合还是暂时的，且不是纯精神的结合。因为"求同情，不免求人来同情'我'之苦乐经验；表同情，必须他人之苦乐足以激动'我'而后有，即是必待其引起我之苦乐经验而后有。而通常所谓苦乐经验，则是由所谓物质身体之感受上来，所以求同情与表同情，尚不是纯粹的精神活动"②。唐君毅指出，"求同情""表同情"仍然是暂时的、被动的，还不是纯粹的精神活动。纯粹的精神活动是自觉自主的。与"求同情""表同情"的暂时性、被动性不同的是，"纯粹的爱"首先是以"常存"的恻隐之心为心理基础的。这意味着富于这种爱的人，在与人交往中，总是自然地表现出对人之爱，而无须等待由他人之苦乐来激发。虽然，这种爱也会表现为一种同情，但是，这种同情"不是因他人之苦乐而激发，乃是凭他人之苦乐而显现"③，出于"纯粹的爱"的同情具有主动性。同时，"纯粹的爱"内在地要求人们采取行动，在现实地帮助他人的具体行动中实现其真实性。而普通之"同情"引起的可能只是"转瞬而忘去"的"心之振动"而已④，而并不必然地指向行动。"爱在这里并不是被理解为情感（审美的）……而是必须被设想为善意（作为实践的）的准则，它以善行为结果"⑤，康德在这里也强调了"爱"的"行动"本质。此外，"纯粹的爱"消除了人己之分，人己之间实现了精神的相互感通。此时，爱已不是单纯的情感，而是一种力量，由之形成对彼此的真诚了解，人我之间"相望无间"⑥，实现了人我合一。由于实现了人我合一，因此，"纯粹的爱"可以表现为无私利

---

　　① 唐君毅.道德自我之建立[M].桂林:广西师范大学出版社,2005:125.
　　② 唐君毅.道德自我之建立[M].桂林:广西师范大学出版社,2005:122–123.
　　③ 唐君毅.道德自我之建立[M].桂林:广西师范大学出版社,2005:126.
　　④ 唐君毅.道德自我之建立[M].桂林:广西师范大学出版社,2005:126.
　　⑤ 李秋零.康德著作全集 第6卷 纯然理性界限内的宗教、道德形而上学[M].北京:中国人民大学出版社,2007:460.
　　⑥ 唐君毅.道德自我之建立[M].桂林:广西师范大学出版社,2005:126.

他，而不求回报。

既然人的活动都可说是精神活动，而各种活动之间的差别实际上是精神实在表现方式和实现程度的差异，那么，人的一切活动在本质上都是互相贯通、互相促进、互相改变的。低级的活动可以含有高级活动的意义，低级活动也可以转化为高级活动。这也就意味着，在最平凡的日常生活中，也可以体现最伟大的动机与理想。唐君毅通过精神实在的阐发，强调重视最平凡的日常生活，强调在日常的生活中提升道德，实现精神的上升。

二、一念之"陷溺"与一念之"超拔"

由内部反省，人自知自己是一个精神实在，人的一切活动都可以说是精神活动，都包含着超越现实物质世界、超越现实自我的价值追求。由此，人性根本是善的。唐君毅在经验论的层面上论证人性之善，继承了儒家传统人性善的主张。在唐君毅看来，人性善不仅仅是一种理论的设定，它更应是一种信念信守。相信人性是善，然后人们才会不断发展自身善性。人性善是发展善的人性根据，是人类之崇高和尊严之所在，它坚定人类对自身前途的自信，同时增加人类在实践中致力于现实世界改善的决心和勇气。人性根本上是善，意味着人们总是好善恶恶、追求精神的上升，总是力图超越现实个体的有限性、个体性和主观性，而力求达到无限性、普遍性和客观性的目标。然而，"唯有人是善的，只因为他也可能是恶的"[1]。人性根本是善，但"恶"也是客观存在的，且恶总是与善如影随形，"如何每一善之品目，均可有一恶之品目，与之相对？"[2]甚至善还常常被恶利用，而成为恶的工具。如何看待"恶"的存在，以及如何剔除"恶"？这些是人性善的观念确立的关键，也是道德自我之建立必须要面对的问题。

---

① [德]黑格尔.法哲学原理[M].范扬,张企泰,译.北京:商务印书馆,1961:144.
② 唐君毅.道德自我之建立[M].桂林:广西师范大学出版社,2005:131.

"罪恶自人心之一念陷溺而来。"①何谓"陷溺"？"一切黏滞即陷溺……黏滞即是心为物役，即是陷溺。"②陷溺多表现为纵欲和占获，"当我们把一对象隶属之于我，生一种占获的意思时，同时我即隶属于对象，为对象所占获，而我之精神即为对象所限制、所拘絷而陷溺其中"③，心的陷溺，意味着主体失去了精神的自主性，而为物质所奴役。罪恶产生于"一念陷溺"，陷溺之"念"是一种罪恶。一"念"陷溺即会有罪恶，说明善恶之间具有易转化性，它提醒人们在道德上保持"谦抑"④。唐君毅指出，自然状态下的人本身没有罪恶。人之本心清明广大，人之自然的欲望需求本身也不含有罪恶。但是，人一旦"一念陷溺"于对身体欲望、物质享受和一己私欲的执着追求中，形成贪欲，就会产生恶。"恶"意味着执着于私己，而无视他人的利益、尊严和权利，由此，表现出对人的冷漠、不敬，甚至嫉妒、欺骗、残忍。那么，人之"一念陷溺"又是如何产生的？"人之可以由一念陷溺而成无尽之贪欲，只因为人精神之本质，是要求无限。"⑤动物没有无尽的贪欲，因动物的欲望永远是有限的。无尽的贪欲，是人特有的东西，人有着无限的精神追求。因此，善恶具有同源性，都源于精神的无限本质，只是在实现无限的手段和方式上出现了不同的选择。精神追求无限和自由，本是通过超越现实对象之有限性而达到的，而人一旦"一念陷溺"于现实物质对象和身体，在本是有限的现实物质世界中寻求无限，就会产生无尽的贪欲，陷入其中即失去精神的自主性和自由感。黑格尔曾指出："恶的本性就在于，人能希求它，而不是不可避免地必须希求它"⑥，唐君毅在恶的起源问题上所阐明的正是黑格尔所强调的有关恶的不可避免性，以及恶也是人的自觉选择的观点。精神求上升，并不总是表现为善，它也可能表现为贪欲，表现为恶。由此，唐君毅提醒人们，人性固然为善，但总是存在着恶的可能。为此，人们在生活中对道德应当抱有"谦抑"的态

　　① 唐君毅.道德自我之建立[M].桂林:广西师范大学出版社,2005:132.
　　② 唐君毅.道德自我之建立[M].桂林:广西师范大学出版社,2005:143.
　　③ 唐君毅.道德自我之建立[M].桂林:广西师范大学出版社,2005:141.
　　④ 唐君毅.道德自我之建立[M].桂林:广西师范大学出版社,2005:144.
　　⑤ 唐君毅.道德自我之建立[M].桂林:广西师范大学出版社,2005:133.
　　⑥ [德]黑格尔.法哲学原理[M].范扬,张企泰,译.北京:商务印书馆,1961:146.

度，时时警醒和克服"一念陷溺"。

"人之恶只是源于人之精神之一种变态。"①恶和善一样虽然都来源于精神，但恶不过是精神的变态表现。恶的存在固然不可避免，但它终究要被善所克服和取代。首先，现实物质世界是有限的，而人的贪欲是无限的，有限的现实物质世界不可能满足无尽的贪欲，快乐并不会随着贪欲的满足而同步增长，由满足贪欲而获得的快乐是虚幻的，一切贪欲必归于自我厌倦。其次，在追求无尽贪欲的满足中，个体既面临着自我之良心的拷问，也面临着与他人之间无尽的利益之争。面对有限的现实物质世界，不同个体间的贪欲必然相互否定，并终将为人类普遍的正义与爱的精神所否定和取代。最后，人们在贪欲中无法实现自我认同，以致"贪欲只能在善之掩饰下的夹缝中存在"②，因此，贪欲终究是要向良心回归，恶终究要为善所战胜。

但是，唐君毅同时指出，人的罪恶、贪欲和人的精神的沉堕并不完全是消极性的存在。实际上，"人精神之沉堕，仍所以为其上升；人之犯罪，仍所以为其实践善"。人性本善，人内在地追求善、实践善，但在实践善、表现善的道路上可能会误入歧途，即人们会由于"一念陷溺"而产生贪欲，因为纵欲而犯下过错，使精神沉堕。但是，唐君毅指出，这并不妨碍人精神上升和向善的本质，因为贪欲、罪恶以及精神的沉堕终究是要被良心所否定，而善即表现在对贪欲、罪恶、精神沉堕的克服中。善的实现并不总是直线式的上升进程，它总是在否定恶的过程中实现的，善的实现是一个不断否定恶的曲折的过程。恶的否定构成善的实现历程中的一个环节。"人的精神之会陷溺沉堕于现实世界而犯罪，即是为的实现：改悔罪恶、否定罪恶之善。"③罪恶可以转化为善，善在改过中实现。精神的上升在对现实世界的超越中实现，善的实现是在对恶的否定中完成的。因此，可以说，罪恶、贪欲和精神的沉堕并不是完全消极性的存在，恶的存在本身并不构成对人性善的悲观性结论。当然，恶并不完全是消极性的存在，并不意味着鼓励人们纵欲犯罪。一方面，罪

---

① 唐君毅.道德自我之建立[M].桂林:广西师范大学出版社,2005:131.
② 唐君毅.道德自我之建立[M].桂林:广西师范大学出版社,2005:135.
③ 唐君毅.道德自我之建立[M].桂林:广西师范大学出版社,2005:136.

恶是不应当，是要被否定的，人们正是在改悔罪恶、否定罪恶中实现善的；另一方面，纵欲者、犯罪者要真正实现善的回归，总要伴随深刻的自觉反省，感受深刻的苦痛。对"恶"的存在事实的肯定，并不是要肯定"恶"之自身，而是鼓励人们正视现实生活中之种种恶，并有不断克服恶、消除恶而实现善的使命感和责任感。唐君毅把恶作为善的实现历程中的一个环节，并在此意义上肯定恶的存在的必要性，和黑格尔关于恶的阐述多有契合之处。只不过，唐君毅并未从历史发展动力的角度来论述恶，而是从个体精神上升的角度来谈论恶的作用。

归结起来，恶是客观存在的，但它是一个否定性的存在，终究要被取代，而为恶者也将遭受苦痛，接受应受的惩罚。唐君毅指出，对恶者的惩罚是必要的，这是为了伸张善意和正义，也是为恶者自我救赎的必要方式。"真感着自己犯罪而求湔洗的人，他所对之苦痛，他将认为是他应受的惩罚。"[①]恶总是得不到主体内在道德自我的肯定，对于在恶中所获取的快乐和利益，道德自我必然要求惩罚。只有以苦痛的方式来偿还过去不正当的快乐，才能寻求内心的平衡和安宁。因此，苦痛对于真诚的悔改者而言，往往是其愿意自我承担的。因此，社会对犯有过错的人进行惩罚，不仅不是"不仁"，且正反映了对行为主体的自主性地位的尊重。唐君毅以自己的方式论证"罪与罚"的对应关系，为惩罚提供了合理性说明。

必须看到，人性总是向上的，人总是在寻求精神的上升，即使是罪恶也常常是人们在寻求精神上升的过程中，由于在道路选择上出现错误而产生。为此，人们不得不继续提出这样的追问：怎样的道路才是恰当的精神上升之道呢？

一念陷溺，即通于一切罪恶，那么，一念不陷溺，即通于一切之善。实现精神之上升，首先要克服陷溺之念。怎样才能不生陷溺之念？"不陷溺，即忘物我之对峙；忘物我之对峙，则我之活动均依理而行，故又名之曰天理流行、依乎天机而动。"[②]不陷溺，是常保心的"清明"，使其超越于身体与物质世界之上，按照普遍之理来行动。而克服陷溺之

---

① 唐君毅.道德自我之建立[M].桂林:广西师范大学出版社,2005:137.

② 唐君毅.道德自我之建立[M].桂林:广西师范大学出版社,2005:145.

念，就是要通过"一念自反""一念之超拔"来实现，通过当下的反省来保持心的清明，克服陷溺之念。而一旦生出陷溺之心，则也可通过"一念自反""一念之超拔"来克服罪恶的产生，"我们只怕不自反；才自反，它便在"[1]。由此，人们一方面对自己保持道德上的谦抑，时时警醒自己可能犯错的可能性的存在，在日常的生活中"随处用功"，使不生陷溺之心；另一方面，时时抱有一种道德进步的"信心"，防止自暴自弃的心理，对于已经犯下的罪恶能时时警醒悔改[2]。唐君毅还强调，由一念"陷溺"而转为一念之"超拔"，不能靠想象，也不能靠推理，而必须要有对普遍之价值精神世界的"实感"，即通过激发人的道德情感，来确立道德的志向，增进道德的自信[3]，使人们在同情共感中，丢弃旧习，自觉追求精神的上升，不断开拓新的生活境界。不难发现，对于如何克服陷溺之心，避免罪恶的产生，唐君毅讲的是传统儒家的"诚意""正心"之工夫，但与传统儒家不同的是，他并不一味地在消极的意义上去强调保持心的"清明"，并不只是强调在虚静中存养自己，而是同时主张人们在生活中时时处处与人同情共感，在待人接物的生活实践中实现精神之上升。

当然，每个具体的人精神上升之路并不相同。精神上升以身体和现实物质世界为载体，并要在现实物质世界中客观地表现才能实现。由于每个人的身体以及所处的环境都各具特殊性，这就决定了每个人实现精神实在的道路都是不同的。因此，在精神上升和人格修养中，我们一方面不能简单模仿他人，而要考虑每个人的个性以及所处的特殊环境；另一方面，我们也需重视自己身边的人和事，在日常生活道德责任的切实履行中实现精神之上升。既然每个人精神上升之路，皆需面对具体的情境，那么，只是遵循既有的道德品目和规则往往就是机械的。实际上，一方面，实现精神实在的理想目标，最重要的一点是"真实的求精神之上升"[4]；另一方面，既然道德是仁心本体的呈露，那么，在善恶选择

---

① 唐君毅.道德自我之建立[M].桂林:广西师范大学出版社,2005:145.
② 唐君毅.道德自我之建立[M].桂林:广西师范大学出版社,2005:145.
③ 唐君毅.生命存在与心灵境界[M].北京:中国社会科学出版社,2006:475.
④ 唐君毅.道德自我之建立[M].桂林:广西师范大学出版社,2005:146.

上，人们只要反省，听从于内心良心的启示，都能做出正确的选择。因此，"人只要真实求上升，便有其本性所指示之上升之路"。如此，则"把道德的品目罗列出来，要人或自己机械的遵行，是不必要，而且是根本罗列不尽的"①。唐君毅在这里强调人的精神上升和各人精神上升之路的特殊性，突出道德实践活动的具体性、情境性，实质上提出了对西方近代以来以规则为中心的伦理学研究倾向的质疑，表达了鲜明的美德伦理学立场。

　　既然每个人精神上升之路不同，那么，现实世界每个人的人格形态也会各异。但是，唐君毅指出，既然各种人格形态皆是统一之形而上的精神实在的客观表现，一切之人格在本质上是同一的，人类有着共同的最高理想人格即"圣"，那么，现实中人格形态的差异可以看作是精神的表现方式和表现阶段上的差异。也正因为各种人格本质上的相通性，因此，人格之间的相互了解、相互欣赏才是可能的，人们之间的与人为善、取人为善的目标的实现也才是可能的。因此，唐君毅所谓道德自我之建立，其目标不仅仅是唤醒每个个体内在的道德自觉、道德自主和道德自信，重塑道德主体，他还试图通过对个体道德意识的呼唤，以营造一个互敬互爱、平等自由的道德人格世界。自我之人格的完成在唐君毅看来从来都和他人人格的实现相互统一。

　　如果说宋明时期陆王"心"学将程朱之外在客观的"理"拉回到人自身，提出"心即理"，实现了从人自身寻找道德本原的转变的话，那么，唐君毅在陆王心学确立的"心之本体"的基础上，结合西方近代理性主义者发现的"自我"观念，提出"道德自我"及其建立的问题，则进一步明确地把道德本原根据诉诸主体之内，从而进一步肯定了道德的个体性和主体特性。生活在现代社会的人们，倾向于把力量往外用，专心寻求对物的占有，热心于对名、利、权的追逐，而忽视对内在德性的修养。唐君毅强调道德自我之建立，是希望人们重新反观自身，重视个体德性修为，从而摆脱物化的窠臼，重获主体性。我们注意到，黑格尔区分道德与伦理，他所谓道德立足于个体精神，同样是要求人们注重个

---

① 唐君毅.道德自我之建立[M].桂林:广西师范大学出版社,2005:146.

体精神的提升和人性的内在修炼，"黑格尔思想中关于道德研究对象的这种隐含内容，与东方传统中关于道德心性修养这一主流不谋而合"①。重塑道德价值权威和人的道德自觉自主，重构人的心灵秩序，提挈人的主体性精神，充实生活的意义，是人格自由发展和社会理想实现的内在要求。但是，我们也要看到，当道德自我的建立仅诉诸主体的内在反省和体验时，它仍是主观的、不确定的。它固然可以帮助人们在功利、烦躁的现代社会生活中养成自主的品格，保持一份宁静的心境，甚至可以帮助人们在困难逆境中保持乐观向上、积极进取的心态，但是，由于它预设了外在现实生活世界的合理性，道德主体往往会在理想与现实的冲突中，归于隐忍、顺从，缺乏足够的批判精神，从而有碍主体创造性潜能的生长与发展。

① 高兆明.黑格尔《法哲学原理》导读[M].北京:商务印书馆,2010:206.

第三章　人我感通：走出自我，迎纳他人

"然人之形成其道德生活、道德人格，乃在其接于人、接于物之种种事中形成。人之有愧耻、立志、自信之道德心灵，不能只住于其自身之中，而须与其外之人物相接。"[①]己己感通中道德自我之建立内在地确立了人的道德主体性精神，但道德人格的实现不能仅仅停留于内在的、主观的、纯粹的道德意识的确立阶段。自我内在的超越性决定了道德主体必然要走出自我主观、特殊的有限世界，迎向外在客观、普遍的无限生活世界，以便在与外在世界感通的共同生活中实现主客观的统一，彰显道德自我，实现人格完善。而当人们走出自我的主观世界，人们首先遭遇的是"他人"。正是"他人"向"自我"开启了超越自我有限性和封闭性的大门。人我相遇，同情共感，人们在推己及人、平等互助的交往生活世界中，实现着彼此生活境界的扩大提升，并由此构建个体道德人格，形成道德人格世界。

---

① 唐君毅.生命存在与心灵境界[M].北京:中国社会科学出版社,2006:376.

第一节　良心的呈现与隐退

道德是人之性情的显露，但只有为人们的道德理性即良心所自觉的德性，才能成就真正的道德生活。道德生活是一个自觉的养德成德的过程。良心所具有的自我评价和自我裁决功能构成道德生活实现的主体根据。良心是真实的，它隐含在个体之中，但由于个体能力的差异，良心并不等量地显现在个体之中。"自限而封闭之自我意识"①可能导致良心被遮蔽，良心可能由"显"而"隐"，而归于隐退。唤醒"良心"，必须冲破"自限而封闭之自我意识"，让"他人"世界向"自我"呈现。

一、自然德性与自觉德性

唐君毅强调道德的实践性，主张在道德生活中实现人格的自我完善。真正的道德生活表现在自觉地进行迁善改过、实现生活境界不断上升的历程中。值得注意的是，人们在维持生存和发展的基本状态时，往往也会自然地表现出若干德性。比如，为着个体的生存，一个人会自然而然地表现出生存所需的勇气、勤奋、谨慎、坚忍的品格；为着后代的延续生长，个人身上会自然地呈现出甘愿牺牲受苦的精神；而那些从事某种职业的人，往往也能表现出忠于职守的品格。这些人们为着维持生活而自然具有的德性，唐君毅称之为"自然之性德"。人们自然具有的德性表明人们的日常行为往往都可以具有某种道德意义和道德价值。然而，自然德性并不是真正意义上的道德，道德生活只有基于人们的自觉追求才是真实的。也就是说，只有当人们依据自身道德理性，将自然所具有的德性化成为生活的自觉并实现其主宰性之时，真正的道德生活才开始。此时，人们自觉意识到人己的共存性，并能够基于道德理性而表

---

① 刘梦溪.中国现代学术经典 唐君毅卷[M].石家庄:河北教育出版社,1996:488.

现出成人成己之德性。"人之生活之自然有德存乎其中，而非志在使此所具之德，为人生活之主宰，使其生活皆化为道德生活，或无往而不具道德意义者，尚不足即说为一有真正之道德生活，而真实存在于道德实践境之人。"①实际上，人们在生存、发展和与人相处中客观呈现的自然之德性，如果并未实现向自觉德性的转化，就仍带有盲目性，一方面容易向不德转化，另一方面也易成为不德的工具，加重人的堕落。自然德性需要向自觉德性转化。

真正的道德生活是自觉的生活，真正的德性是自觉的德性。这种自觉表现为人们自觉地以道德为生活之主宰，也意味着对生活中德与不德之相互对照且相互转化的可能性的自觉认知，同时意味着主体自觉反省生活中的不德成分和不德的可能，希求克服这种不德。由此，所谓真正的道德生活即一方面自觉地求具德成德，一方面自觉地反省生活中的不德。"人之真实的道德生活，即为一面自觉的求成就其道德生活，一面自觉去不德之双管齐下之生活，即所谓一面迁善、一面改过之道德生活也。"②道德生活是一个自觉地迁善改过的历程，表现为生活境界的不断超升，而当人们限制封闭于某生活境界，排斥其他生活境界或不顾自己与其他人之生活目标时，即成为不德。"凡人之未尝自觉求有一真实之道德生活者，其生活所原具之自然之德，莫不可随其生活之限制封闭于某生活境界中，而不断减少；其不德之成分，则以胶固不拔，而逐渐增盛，而使其生活可逐渐沦于一至不道德之生活，此乃有义理之必然，而非任何人所能逃者也。"③真实的道德生活要求个体突破固守的生活旧习，打破自我封闭，实现自我的超拔，在与他人不断地感通中，追求更高的生活境界。感通就是德。一个人如果固守自我，置他人于不顾，甚至不惜损人，则其原有的自然之德，也会转化为不德。比如，一个人如果固守自我，其原来所谓勤奋就会转变为孜孜为利，原来的谨慎就会变成处处设防之心。如此，自然之德就成了不德的工具。因此，生活中道德和不道德总是相伴相生，一个自觉的道德主体一方面要自觉认知到生

---

① 唐君毅.生命存在与心灵境界[M].北京:中国社会科学出版社,2006:349.
② 唐君毅.生命存在与心灵境界[M].北京:中国社会科学出版社,2006:351.
③ 唐君毅.生命存在与心灵境界[M].北京:中国社会科学出版社,2006:350.

第三章 人我感通：走出自我，迎纳他人

活中不德的客观存在和不德的可能，另一方面要自觉地去克服生活中的不德，而免于使得"德"转化为"不德"。正是在这个意义上，唐君毅强调所谓真实的道德生活是一个自觉地"一面迁善，一面改过"的生活，即从一个生活境界上升至另一个生活境界，不断地进行自我的超越，实现自我的扩大提升的生活。

通过自然德性与自觉德性的区分，唐君毅指出人们的日常行为往往都可以具有道德的意义和价值，但自然具有的德性只有为人们的道德理性所自觉，转化为自觉之德性才有真正的道德生活。唐君毅由此提醒人们，道德生活归根结底是一个自觉地养德与成德的过程，需要在后天的实践生活中修养锤炼成就。对此，我们不禁联想到亚里士多德对"自然的德性"和"严格意义的德性"所作的区分。亚里士多德指出，"严格意义的德性"必须是"自然的品质加上了努斯"，德性是"合乎明智"的品质，且是"与逻各斯一起发挥作用"的品质①。亚里士多德强调所谓德性中的努斯，即强调真正的道德是自觉自愿的；而突出明智的品质，则是指明道德是人们在具体生活中进行理性判断、选择的结果，真正的道德不是自然而然就有的，它本乎自然，又超乎自然，它是在日常的具体生活中自觉养成的"第二天性"②。唐君毅强调道德生活是人们自觉地进行迁善改过的生活，区分自然之德性与自觉之德性，也是在强调道德后天养成的特性以及日常生活行为对于德性养成的意义。不过，与亚里士多德突出努斯和明智的品质，更加强调具体事务中主体的理智能力不同的是，唐君毅强调以性情为本质的"良心"在德性养成中的作用。

二、良心的自我裁决

唐君毅形而上学层面的"心之本体"在生活实践中就表现为指导人们行为判断和选择的"良心"。在中国文化传统中，良心是融合理性、情感、意志、信念等道德意识的统一整体，它"在践履的层次上发挥极重

---

① [古希腊]亚里士多德.尼各马可伦理学[M].廖申白,译.北京:商务印书馆,2003:189,190.
② [德]黑格尔.法哲学原理[M].范扬,张企泰,译.北京:商务印书馆,1961:170.

要的作用"①。正是良心促使人们将普遍性的道德付诸具体的生活中，促成道德普遍性与生活特殊性的统一。唐君毅强调，良心本身具有的自我评价和自我裁决的功能，是道德生活之迁善改过实现的主体根据。作为对中国传统"良知论"所主张的"不可说性"的突破，唐君毅阐述了良心包含的两种属性：悔悟和自然理性能力。

悔悟是良心（道德心灵）的一种属性和能力。道德生活中，"德"与"不德"总是相互对照，道德的生活中总是潜藏着"不德"的可能。对此，良心总是有一种自觉。那些不应当存在而存在着的行为和事物，会引起良心的不安，悔悟的道德心灵会促使人们去克服和消除不应当的存在。而那些得到道德心灵认可的存在，即应当的存在，道德心灵会努力地希求其存在。在道德心灵的悔悟之下，那些不被道德心灵认可的旧的习惯欲求为了寻求继续存在，必然与道德心灵产生争持，从而产生被宋明理学者称之为"天理"（道德心灵）与"人欲"（旧习的延续）的相争。在这场相争中，道德心灵可能战败而暂时隐退，人的生活沦入原来的生活境界中。虽然道德心灵可能一时战败，但由于道德心灵之悔悟始终存在，作为不应当存在的旧习之欲求即使持续存在着，也始终得不到道德心灵的认可。于是，不被认可的旧有的生活境界只具有偶然的意义，最终仍要由存在而不存在。由此，在道德心灵的悔悟中，我们看到道德心灵裁定着应当存在与否的问题，或者说存在真实与否的问题。"此真实存在，则由真实之道德生活、道德心灵所赋予，亦依此道德生活、道德心灵之存在，而后有之存在。"②这样，由道德心灵的悔悟，良心拥有了如黑格尔所言的"内部的绝对自我确信"功能③，只有为道德心灵所认可的存在，才是真实的。应当的存在是必然的、真实的存在，而不应当的存在是偶然的存在，必将被去除。

道德心灵的悔悟特性力求去除不应当的存在，使不应当由存在而不存在，从而构成生活境界扩大提升的情感源泉。但是人们又是如何知道生活之当有与不当有的呢？唐君毅指出，人本有一种自然理性，它能够

---

① 何怀宏.良心论[M].北京:北京大学出版社,2009:31.

② 唐君毅.生命存在与心灵境界[M].北京:中国社会科学出版社,2006:353.

③ [德]黑格尔.法哲学原理[M].范扬,张企泰,译.北京:商务印书馆,1961:139.

判断各种生活境界的高低，裁断应当与不应当的界限。人们正是凭借着自然理性，自立道德生活之原则，对具体生活做出判断和裁决，并进行行为的选择。"人依其自然之理性，皆不难对人之何种生活为更有价值，次有价值，为最当有，次当有，以自定种种之原则，而对其生活中之活动行为，知所取舍，而自加裁决。此即所谓人之自然的良心之判断也。"①正是这样一种自然理性，使得人们在日常生活中总是能够根据生命活动与心灵所遭遇的境界是否相对应，心灵与境界是否相感通，是否能够实现更大更高的生命境界，来确定生命活动价值的有无、当有和不当有。那些自我封闭限制，一味地追求自身生活之继续，而排斥自我与他人之他种生活的行为与事务被认为是不当有的。"人基本上知道，生命活动必与其境相应，他知丧思哀，祭思敬，否则就是对境起不相应之行；人也知道，生活境界之内涵丰富者，价值上高于内容贫乏者；一境又以能包涵他境者层位较高；生命活动先亲而后疏，衣食足而后施及他人，这是生命活动自有一先后秩序。凡此种种都显示人有'自然理性'，人之'自然理性'中本有判断各种生命存在境界之高下广狭的能力。"②唐君毅从生活的经验中总结呈现人的自然理性能力。其所谓"自然理性"之"自然"是指由习惯养成的自然而然，而所谓"自然理性"是强调人们在生活中自然养成的道德的自我裁决力和判断力。

　　唐君毅所谓"自然理性"作为一种价值高低判断和行为"应当"与否的自我裁决能力，与亚里士多德所谓"明智"品质有着相通之处。亚里士多德指出，"一个人如果有了明智的德性，他就有了所有的道德德性……如果考虑得好是一个明智的人的特点，好的考虑就是对于达到一个目的的手段的正确的考虑，这就是明智的观念之所在"③。亚里士多德的所谓"明智"是一种帮助人们在具体的事务中做出正确行为选择的人的理性能力。唐君毅与亚里士多德都在强调道德主体能力对于道德实现的重要意义，显示出鲜明的美德伦理学特性，客观上否定了以道德原则为研究中心的规则伦理学的理论路向，而强调拥有选择和行动能力的人

① 唐君毅.生命存在与心灵境界[M].北京:中国社会科学出版社,2006:354.
② 梁瑞明.心灵九境与人生哲学[M].香港:志莲净苑,2006:212.
③ [古希腊]亚里士多德.尼各马可伦理学[M].廖申白,译.北京:商务印书馆,2003:172.

格自身的中心地位。但二者不同的地方也是显而易见的：亚里士多德的明智是一种建立在理智基础上的"考虑"，而唐君毅的自然理性则是以情感为基础的感通能力。

在唐君毅看来，人们可以通过良心之自然理性依据普遍的道德法则，对具体生活之应当与否、价值高低进行判断，并同时通过良心的悔悟而自觉地迁善改过，最终在行为实践中实现道德，成就真正的道德生活，实现生活境界的扩大提升。良心的作用过程，是普遍的道德原则特殊化、具体化的过程，包含着由"当然"向"实然"转化的内在驱力。如此，良心绝不仅仅是康德"绝对命令"意义上的抽象的、形式性的存在，它还对具体行为的合理性进行裁定，促使人们做出正确的行为选择，其中，自然理性裁定"应当"为行为寻求根据，而悔悟的道德情感则为人们提供迁善改过的直接动力。然而，良心作为真实的本体存在，存在着由呈现而归于隐退的可能。

三、自限而封闭的自我意识与良心的隐退

"良心是真实、是呈现，这在当时，是从所未闻的。这霹雳一声，直是振聋发聩，把人的觉悟提升到宋明儒者的层次"①，当牟宗三指出良心作为一种本体的存在，其真实性通过"呈现"的方式显现出来时，意味着良心也可能由"显"而"隐"，有归于"隐退"的可能。唐君毅谈到了良心"隐退"②问题。

性情为人心根本，良心为人自然而有，就是说良心是在日常生活中自然而然地养成的。但是，如果仅仅停留于这样一种自然状态，而缺乏对良心的自觉，不能将"自然理性"上升为"自觉理性"，不能自觉去寻求"当然"向"实然"的转化，则良心的善恶判断和自我裁决的功能即归于隐退。因此，人们必须对道德生活中常常遭遇的各种困难要有所自觉，并努力克服由此可能造成的良心隐退，自觉寻求良心对自我的主

① 牟宗三.牟宗三先生全集(32)[M].台北:联合报系文化基金会,2003:78.
② 唐君毅.生命存在与心灵境界[M].北京:中国社会科学出版社,2006:355.

宰。"自觉理性"才是真正的道德理性的呈现。"由人对'自然理性'有所自觉，知'良心'实有诸己，是人的'道德理性'的呈现。'道德理性'（良心）是可以未呈现的，人是可以有此'理性'却对此'理性'未有自觉，人有此'良心'而对'良心'未有自觉。故当人说须存此理性与良心，这实无异于说，人要在生活中将'道德理性''道德良心'自觉出来，并本着此'理性''良心'来形成人生目标或道德生活，简言之是将此'道德理性'表现于行为中，见于客观世界。简言之，将'道德理性上的当然'实现在'实然的世界'。"①为此，唐君毅力图对良心可能归于隐退的根源作出深察，以求救治之道。

唐君毅指出，人在道德生活中会遭遇二重障碍：一是人有自然继续其自身之"存在之欲"，即人们会寻求延续习惯生活，从而不自觉地会封闭在旧有的习惯中；二是人会自造"虚妄之幻影"，使自己觉得其所习惯的生活境界就是无限的，并将心灵生命寄托其中②。也就是说，人们可能出于习惯、惰性甚至幻象而自我封闭于一种生活中，既不求生活境界的开拓扩大，也不求生活境界的超升提高，使得生命与其生活之境缺乏感通，从而造成生活的无序。归根结底，正是"自限而封闭之自我意识"造成人们良心的隐退。这种"自限而封闭之自我意识"本质上是一种将主观特殊当作客观普遍来对待的意识，如此，则人将陷入主观随意性之中，而随时可能转向恶。

人的自我意识可以是开拓超升的，此时，面对他人，必希求与他人的感通，从而实现自我的向上超升开拓，但是，人的自我意识也可能是自限而封闭的。这种自限而封闭的自我意识是一种"'此我非其他一切我'之自我意识"③，一味强调"我"与"非我"的对立，以致将自我封闭起来。它由两方面的因素交结而成：一方面，自觉地对自我所拥有或可能拥有的一切有一种排他性的占有欲望，佛家称之为"分别我执"；另一方面则是个体下意识的本能习惯而产生的对自我的把捉执持，佛家称之为"俱生我执"。人之"俱生我执"与"分别我执"相合流，强化了人

① 梁瑞明.心灵九境与形而上学知识论[M].香港:志莲净苑,2009:251.
② 唐君毅.生命存在与心灵境界[M].北京:中国社会科学出版社,2006:355.
③ 唐君毅.生命存在与心灵境界[M].北京:中国社会科学出版社,2006:355.

之我执的自我封闭意识。当人们自我封闭于其生活境界时，就会将有限当作无限而陷溺其中，此时，人的"自然理性"也就丧失其分辨各种人生境界大小高低广狭的能力。当人们陷于自我封闭之中，人们就不能与当前的生活境界产生真实相应的感通，从而产生情感上的"麻木"。同时，由于不能实现真实的感通，在生活中的自我封闭者也往往会以低为高，以小为大，导致夸大颠倒而不自知，从而产生可笑可厌或丑而不美的言行。"自限而封闭之自我意识"构成人们道德生活中的根本障碍，只有从对生活习惯的陷溺中，从对有限生活境界幻象的虚妄之境中超拔才能克服这一道德生活中的根本障碍。

　　人在根本上有着对意义和不朽的永恒追求，从而实现自我的超越。然而，当良心归于隐退，实现自我的超拔就不能仅仅依靠内在反省自觉。要从自我的限制与封闭中超拔，必须找到外在的、现实的道德动力源泉，通过外在的、现实的力量实现对主体的提拔和引领。黑格尔在谈到良心时，曾有所谓"形式的良心"和"真实的良心"的区分[1]。黑格尔指出，良心如果仅仅是一种主观的自我确信就还是形式主义的，只有融入客观普遍的内容才能成为"真实"的，而良心的真实性只有在作为社会实体的"伦理"阶段才能实现。黑格尔强调的是，良心的真实呈现不能仅仅依靠主观确信，而要依靠外在的具有普遍意义的力量的融入。黑格尔在批判康德形式主义的良心论时说："良心如果仅仅是形式的主观性，那简直就是处于转向作恶的待发点上的东西，道德和恶两者都在独立存在以及独自知道和决定的自我确信中有其共同根源"[2]，黑格尔指出，主体如果陷入主观性中，即有随时转向恶的可能，此时即可说是唐君毅所讲的良心"隐退"。唐君毅由"自限而封闭之自我意识"而谈良心隐退问题，与黑格尔由形式主义良心的存在而谈良心的有限性问题具有结论上的共通性和一致性，且二者均把客观普遍力量的融入作为问题解决之道。

① ［德］黑格尔.法哲学原理［M］.范扬，张企泰，译.北京:商务印书馆,1961:141.
② ［德］黑格尔.法哲学原理［M］.范扬，张企泰，译.北京:商务印书馆,1961:143.

第二节　他人:超越自我有限性的现实之路

良心隐退的可能性,要求人们走出"自我",走向"他人",迎纳"他人"。唐君毅注意到,良心作为道德的基础有其自身的有限性,道德的实现不能仅仅依靠主观的反省和努力,它还有待于外在的、客观普遍力量的引领。这个外在的、客观普遍力量是体现着真、善、美相统一的客观普遍的价值精神世界,唐君毅称之为"客观实在的世界"或"人格世界"。真实的客观实在的世界具有普遍意义,是与他人共知、共见的世界。道德主体要对这个客观实在的世界建立"实感觉",体验到它对自我感召和引领的力量,就必须肯定"他人"之作为无限性心灵的客观实在性,从中获得自我超越的力量,打开新的生活境界,成就同样作为无限心灵的自我。

唐君毅首先从"意志的苦难"的痛苦体验中反证他人心灵的客观实在性,再从主体对这种人我对抗关系的反思和否定中,揭示人我同情共感、平等互助的真实关系的建立。"他人"是一个具有独立意志、独立于"我"的人格存在,但与此同时,"我"与"他人"共生共在、相互依存。这种相互依存性,不仅是生存意义上的,也还是心灵上的、精神上的。人们在与"他人"同情共感互助的关系中,实现自我完善,开拓生活境界。

一、从肯定客观的实在世界到肯定他人之心灵

"自限而封闭之自我意识"阻碍着自我的扩大超升。克服"自限而封闭之自我意识",需要自觉地运用道德理性与存在于自身的惰性、私欲相抗争。然而,基于良心可能归于隐退的事实,唐君毅指出,"人之自我奋斗,若不与一客观的实在世界与人格世界之肯定相俱,则皆无必然之

效"①。自我的完善是生活境界不断向上翻升的过程，为此必须首先对更高生活境界的实有进行肯定。唐君毅所谓"客观的实在世界"或者说"人格世界"，是指真、善、美的生活世界。也就是说，自我生活境界的扩大提升，不仅有待于主观内在反省和努力，也有待于坚定的理想信念对人的精神的指引和提领作用。

那么，如何实现对客观的实在世界与人格世界的肯定呢？唐君毅指出，对客观的实在世界或人格世界的肯定不能只靠想象与推理来实现。想象和推理建立起来的东西，能够满足人们的理论理性需求，却未必有存有性的真实，即无法为人的心灵所肯定认可接受，无法转化为一种道德的真实力量引人去奔向它，无法帮助人们战胜人的自我限制。不仅如此，由想象建立的所谓理想生活境界并不能保证必然高于人们当前所处的生活境界，而人们却可能会凭借其想象而将其生活境界幻想成为较高生活境界，将有限幻想成为无限，从而陷入"自欺"境地；而由推理所建立的生活境界，即使合乎逻辑，也未必有现实的必然性。实现更高生活境界对人的引领，必须对更高生活境界之"实有"（客观实在性）加以肯定，而这仅仅靠想象和推理是不够的，它必须依靠人们对更高的生活境界或者说"客观实在世界"的存在有一种"实感觉"②。这种"实感觉"意味着人们切实感受到更高生活境界的真实存在，人们认同它，接受它，感受到来自这一更高生活境界的引领力量，并促使人们放弃对原有的生活境界的执持，而寻求对原有生活境界的超拔。当人们有了这样一种从原有生活境界中超拔的"实感觉"，存在于人们的想象和推理中的更高的生活境界，才会产生一种令人向往的力量，让人们努力去奔向它，实现它，如此才有了生活境界的扩大提升。

那么，如何获得对"客观实在世界"及其力量的"实感觉"呢？唐君毅指出，这依赖人们的"直感"③。所谓直感，是指"生命体验中之真实"④。生命的体验不是纯粹的认知，它还与情感、意志相连。人们当然

① 唐君毅.生命存在与心灵境界[M].北京:中国社会科学出版社,2006:358-359.
② 唐君毅.生命存在与心灵境界[M].北京:中国社会科学出版社,2006:359.
③ 唐君毅.生命存在与心灵境界[M].北京:中国社会科学出版社,2006:359.
④ 梁瑞明.心灵九境与人生哲学[M].香港:志莲净苑,2006:227.

首先会通过经验或理性来推论客观实在世界的存在，从而形成对客观实在世界的认知，并由此形成印象和观念。但是，仅仅从对客观实在世界的印象和观念并不能推证客观实在世界就是客观的真实存有。正如，柏拉图的理想国高悬于现实世界之上，然而仅只作为一个普遍抽象的理念世界，人们无法感觉其真实存有性，从而也无法从中感受到引领的力量。柏格森认为，只有智慧中保存的那一丝"直觉"才能把人们"带向我们存在的根基"，从而领悟"普遍生命的法则"①。由直感体验获得对客观实在世界及其力量的"实感觉"，意味着人们切实感到有一客观的、外在的世界向"我"显示为一种力量，感到它进入我心，使得"我"对旧有的生活不再执恋，而希求超越旧有的生活，进入一种新的生活境界。显然，与印象、观念作为人们认知结果不同的是，直感同时是人们情感认同的过程。"直觉把握是诗样思维，是种体悟，通过直觉体悟所把握到的总是通融合一。"②唐君毅所谓对客观实在世界的肯定问题，并不仅仅是要在客观事实的层面去论证事物的客观实在性，而主要是力图使得这一客观实在的真实存有向主体呈现出来，为主体所承认、认可，从而转化为一种引领主体上升的力量。对此，有香港学者认为，唐君毅的哲学是不同于一般哲学的"呈现的哲学"③。唐君毅一直强调，"体"的真实存在是通过其"性相"的呈现来认知、体验的，他的这一哲学显然是具有鲜明的儒家"情感体验型"④思维特性的，但他又同时融进了理性的要素，从而使得其哲学成为以情感为基础，同时综合知、情、意各要素的体系。

对客观实在世界的肯定，使得人们对现实客观事物形成判断和评价，并对其产生目标期望。当现实事物与人们的期望不相符合甚至相互违背时，主体内心难免会产生苦痛、困厄，而正是这种苦痛、困厄激发着人们从旧习中超拔。由此，"人即可发现苦痛之积极的价值意义，与一

---

① [法]亨利·柏格森.道德与宗教的两个来源[M].王作虹,成穷,译.南京:译林出版社,2011:187.

② 高兆明.伦理学理论与方法[M].北京:人民出版社,2005:253.

③ 何仁富.唐学论衡——唐君毅先生的生命与学问(下册)[M].北京:中国文史出版社,2005:236.

④ 蒙培元.中国哲学主体思维[M].北京:人民出版社,1993:56.

切忧患困厄之积极的价值意义，而对人生之一切苦痛，以及世界任何存在之一切苦痛之所以必有，得一价值意义上之说明"①。苦痛困厄的积极价值在于，它让人们意识到现实自我的有限性，从而激发人们从旧习中超拔，去追求无限的理想世界，成为实现生活境界提升、自我完善的直接动力。在西方伦理思想史上，通过对人们现实存在的心理状态的描述，寻求人生生长动力源泉的思想学派当属存在主义哲学。比如，基尔凯戈尔描述人的"孤独"和"恐惧"，海德格尔描述人的"畏"与"烦"，都在阐发其中蕴含着的深刻的人生意义。不难发现，唐君毅的道德哲学深受存在主义方法的启发。

面对理想与现实的矛盾冲突所带来的苦痛挫折，人们可能选择勇敢承担，但也可能选择"逃避"。逃避者或者主观幻象构造一个无限的世界，以暂忘痛苦，或者通过改造外在环境，以设法维持原有生活境界，以消解痛苦。实际上，存在主义者勒维纳斯指出，"疲乏""倦怠"是人的生存的底色，人们在"努力"追求"无限"的过程中，"疲乏""倦怠"等消极情绪总是如影随形，人们总是试图"逃避"存在的任务之轭。然而，正如唐君毅指出的，由理想与现实之矛盾所带来的苦痛挫折并不是人们能够逃避得了的。人们精神上的苦痛困厄的根源一方面在于人们有着对更高生活境界的追求，但另一方面在于人自身的有限性，它使得人们陷入欲要超拔却又不能的境地。因此，超越个体自我的有限性才是从苦痛困厄中解脱的正确路径，而试图通过幻想、回忆或是依赖改造外在环境来消除这种痛苦则只能是一种自欺的做法。也就是说，面对苦痛困厄，人们只有更加执着向着更高生活境界进发，才能获得自我解脱的途径。

然而，既然"逃避"仍然会成为一些人在生活境界扩大超升追求中的一种行为选择，既然在面对客观实在世界的过程中，一些人仍然会采取自欺的方式，沉迷于自我封闭有限的世界中，那么，这就意味着人们对客观实在世界的实感觉仍然带有主观性、不确定性，从而为沉迷于自我的人们留下了空间。那么，怎样才能真正克服自我的有限性、封闭

———————————

① 唐君毅.生命存在与心灵境界[M].北京:中国社会科学出版社,2006:360.

性，实现自我的超拔提升呢？问题到了最关键的时刻。"唯有直接遭遇另一同具此无限性之心灵，乃能得遇其真正之限制，而使其自己之心灵之扩大超升，成为真实可能"①，而"此另一无限性之心灵，初即他人之心灵"②。面对陷入自限而封闭的自我，唐君毅认为，唯有肯定另一个真实生命的无限心灵，与他人相遭遇，为他人负责，才能真正激发人们从自我的有限性中超拔出来，并真正消除由有限性而带来的苦痛，实现心灵的扩大超升。

从肯定客观实在的世界或人格世界到肯定无限性心灵的存在，唐君毅首先是强调激发人们克服自我封闭。实现自我完善、自我超拔的力量一定不仅仅来自内部，它也来自外部。而要论证外在的客观实在世界的实在性，必要证明此客观实在世界为他人心灵所共知的普遍性。"人之欲证某物之实在，恒取证于他人之心灵之所共知。"③"所谓一物为客观实在之意义，即与其为一切心灵的共知之意义，不可相离……此物之为客观实在之义，即由我之先肯定他人之心灵之外于我，对我为客观实在而后说者。"④所谓真实的客观实在的世界一定是具有普遍意义的，与他人共知、共见的世界。肯定他人无限性心灵的客观实在，即能够肯定客观实在世界的真实性；同时，个体之我在肯定另一个真实生命、具体生命的历程中，能够感受到他人的限制，从而才能在承认、超越这一限制中完成自我的超越。从肯定客观实在世界到肯定他人无限性心灵，我从"非我"中获得激发自我超拔的力量，唐君毅的这一思路无疑又受着费希特关于自我与非我对立统一的观念论的影响。

二、肯定他人之心灵的客观实在性

唐君毅指出，他人对于自我而言，是一个"非我"，即具有独立人格

① 唐君毅.生命存在与心灵境界[M].北京:中国社会科学出版社,2006:360.
② 唐君毅.生命存在与心灵境界[M].北京:中国社会科学出版社,2006:361.
③ 唐君毅.生命存在与心灵境界[M].北京:中国社会科学出版社,2006:369.
④ 唐君毅.生命存在与心灵境界[M].北京:中国社会科学出版社,2006:370.

和无限性意义的异己性存在。他人与自我各为一独立之人格，皆为目的性的存在，都有着对自由的无限追求。他人对于自我客观上构成一种限制，但具有无限性追求的自我内在地要求选择接受这种限制，以超越这种限制。当自我面对他人，走近他人，了解他人，实现与他人的心灵贯通时，自我即获得了实现自我超越，从而实现人格扩大提升的真实路径。

那么，如何证明他人之心灵同样是独立的、无限的存在呢？如何证明他人之作为主体性存在的客观实在性呢？"人之知此非我之他人之我之心灵之为无限，乃在其发现他人有其独立意志，非我之意志所能加以限制之时。"[①]唐君毅指出，他人具有独立意志，拥有独立意志的他人必然不受我之意志的限制，而总是超越此限制，而意图成为无限。作为自我本身，面对拥有独立意志的他人，起初也试图有征服他人意志，使之屈服于己的欲望，此即所谓权力欲。然而，人人皆有权力欲，人间便会充满权力之争，从而引发各种人生苦恼，产生许多严重的苦难。这种由人的权力意志而产生的苦难，即"意志之苦难"[②]。人们在"意志的苦难"的痛苦体验中，切实感受到他人之无限心灵的客观实在性。权力相争，形成人我对抗的关系，人们体验到"意志的苦难"，也从中感受到他人作为独立意志的客观实在性，从而有可能使得人们最终放弃这种权力相争，并肯定和承认他人作为主体性存在的客观真实性，并求与他人相感通，形成同情共感互助的关系。这样，唐君毅通过"意志的苦难"反证了他人之无限心灵的客观实在性。唐君毅这一对他人客观实在性和人我关系的论证，让我们联想到存在主义者萨特的思路。萨特指出每个人都是主体，但是，人们又常在"他人"的注视下，使得"我"总是处于被对象化、客体化的地位，人们由此感觉到尴尬、压抑和痛苦。尴尬、压抑、痛苦恰恰反证着每个个体的主体性存在本质。不过，与萨特将人我关系看作本质上是一种相互拒斥、抗争的关系不同的是，虽然唐君毅也在痛苦的体验上去反证人的主体性，但是，在唐君毅看来，所谓人我的抗争关系是偶然的、非真实的，权力欲望并不具有真实的意义，他人与自我作为同等的无限的心灵存在，最终将放弃彼此抗争的关系，从权力

① 唐君毅.生命存在与心灵境界[M].北京:中国社会科学出版社,2006:361.

② 唐君毅.生命存在与心灵境界[M].北京:中国社会科学出版社,2006:361.

第三章　人我感通：走出自我，迎纳他人

之欲望中超拔出来，而寻求人我的感通，以此实现生活境界的超拔。

唐君毅不仅在"意志的苦难"的痛苦体验中反证他人心灵的客观实在性，同时，也在人我感通的关系中去直接呈现他人心灵的客观实在性。唐君毅指出，对他人心灵的客观实在性的肯定，不只是想象和推理的结果，它更是"实感觉"的结果，是在人对人的同情共感互助的道德行为实践中体验到的。"吾之对他人之心灵，皆不只是在想象上推理上知其有，而是首于我对他人之行为动作之感觉上，知其行为动作之有引生我之感觉之功能，消除我之任意对之所作之错误判断，而知其有。更由见其行为动作之同于我，方依自然理性之推知，与直感之类推，而知其亦为一能感觉之存在。再由我之对其行为动作之有同情共感，而有助成之之道德性的情意之行为。此助成之之我之行为，乃以他人之行为为对象，之一我之行为。于此，我若自肯定我之行为为实有，即必然同时肯定他人之行为为实有。我复能由感'他人对我之同情共感，而亦有之对我之行为之助成的行为'，而实感他人之心灵与其中之情意为实有。"①唐君毅指出，他人作为无限心灵主体的地位在三个层次上逐渐呈现：首先，因为"我"能够观察和感觉到他人的行为动作，从而实感到他人作为其行为动作的主体是外在于"我"的、客观独立的、个体性存在；其次，作为感觉主体，"我"观察到他人有着与"我"相同或相似的种种活动，由此，通过直感类推，他人与"我"一样也是一个能感觉的心灵主体，人的心灵与他人的心灵可互相贯通和合；最后，人我相遇绝不只是身体、感官上的相遇，同时还是精神、心理上的沟通，作为有感觉的心灵主体，"我"对他人的行为动作会产生同情共感，并由此采取帮助他人的行为，"我"由此对自己作为道德心灵主体地位有一种实感，由此类推，他人对"我"亦有一同情共感帮助的行为，那么，"我"由他人之行为动作即能直感类推他人作为道德心灵主体地位的真实性。这样，通过三个层次上直感体验，他人向"我"最终呈现为一个融知、情、意为一体的完整的生命存在。人们在同情共感互助的行为中实感到了他人心灵的客观实在性，这实际上也同时揭示对他人心灵客观实在性的肯定是同

---

① 唐君毅.生命存在与心灵境界[M].北京:中国社会科学出版社,2006:370.

情共感互助行为发生的前提条件。肯定了他人心灵的客观实在性，即肯定了他人作为"整个的人"（冯友兰语）的存在，他人并不就是一个"我"认识的对象，他更是一个如"我"一样应当受到平等对待的主体性存在。人我之间的本质关系应当是彼此互敬互爱、互帮互助的关系，"我"对他人负有道德的责任。人们正是在对他人道德责任的承担中，实现自我生活境界的提升。

"我实现'我'而接近'你'；在实现'我'的过程中我讲出了'你'。"①唐君毅对他人的关注，显然受着存在主义者马丁·布伯的启发，二者都从自我实现的角度关注他人，强调他人于自我实现完成的重要意义，强调在人我平等共存的关系中，来完成自我生活境界的提升。在实现自我生活境界扩大提升的历程中，他人的存在构成自我超越的现实条件。对他人心灵客观实在性的论证，是实现自我超越的内在要求，客观上有助于克服唯我论的倾向。唐君毅指出，要实际地限制自我，克服唯我主义，"唯有在与人有实际生活之相接，更有一道德实践时，然后可能"②。

近代哲学沿着笛卡尔开辟的"我思故我在"的道路前进了很长时间。这期间，人的主体性地位得到了最高程度的张扬和阐发，然而，也陷入"唯我论"的理论困境中：人们通过自我的反思来确证自我的存在，而作为与自我相区分的"他者"（勒维纳斯语）却被长期忽视，可以说，这正是主客二分、人我两分思维下的产物，以致产生包括生态危机等问题在内的诸多现代性问题。现代存在主义哲学先驱者胡塞尔开始反思近代哲学的"唯我论"倾向，力图通过"他者"来打开封闭的"自我"。自此，关注"他者"成为现代哲学的基本特征。唐君毅的哲学中对"他人"问题充分重视，无疑受着存在主义哲学思潮的影响，但他对"他人"问题的具体阐发，显然又包含着对黑格尔相应观点的反思。黑格尔试图说明"自我意识通过成为他人尊敬的对象，通过在他人之镜中发现自己而增长起来"③。黑格尔正是在自我意识的形成历程中，发现了"他

---

① [法]马丁·布伯.我与你[M].陈维纲，译.北京:生活·读书·新知三联书店,2002:9.

② 唐君毅.生命存在与心灵境界[M].北京:中国社会科学出版社,2006:597.

③ [美]阿拉斯代尔·麦金太尔.伦理学简史[M].龚群，译.北京:商务印书馆,2003:267.

人"。黑格尔认为只有通过"他人"的"承认"才能产生真正的自我意识，而自我与他人的关系本质是"斗争"。与黑格尔强调通过斗争获得他人承认不同的是，唐君毅主张通过人我感通，在帮助、关爱他人中，成就自我。

唐君毅肯定他人心灵的客观实在性，建立的是一种承认差异性的平等人我关系。人我皆为独立的个体，都是一个目的性的存在，且共有一个普遍的客观实体，即自我。自我具有内在超越的本质属性。唐君毅谈到，人只有作为目的性的存在才是真实的，而一旦沦为手段，则会让人感到生命空虚，感到生命为可有可无的存在，从而产生非真实感、空虚感，以致否定自我的生命存在。同时，唐君毅也强调，他人并不是另一个"我"，而是一个相对于"我"、区分于"我"的个体存在，承认他人与"我"的差异性，即承认他人的个体性、特殊性。"吾人之自觉的实践理性之大用，仍不在乎成就平等，而在成就差异；亦不在乎解决矛盾以直接形成综合和谐之思想，而在于差异一一成就上，见中和之情之致于万物。"①真正的平等关系，是应当以承认彼此的差异为前提的。所谓"求同存异"体现着的正是人我平等关系的本质要求。当然，还要看到人我同时是相依而存的。人我皆为心灵的存在，在心灵上相依为命，"人的心恒需要他人的心来加以了解，加以同情"②。由肯定他人心灵的存在，而求与他人感通，于是，就有了人我的同情共感，人我感通无隔，则进而形成互助关系。在人我同情共感互助的关系中，唐君毅建构的是"我与你"的人我关系，克服了"我与它"的关系，倡导"亲密无间、相互对等、彼此信赖、开放自在"的互助的人我关系，而反对"考察探究、单方占有、利用榨取"③的彼此对立分离的人我关系。

---

① 唐君毅.中国文化之精神价值[M].桂林：广西师范大学出版社,2005:161.
② 唐君毅.人生之体验 续编[M].桂林：广西师范大学出版社,2005:15.
③ [德]马丁·布伯.我与你[M].陈维纲,译.北京：生活·读书·新知三联书店,2002:125.

三、个人主义的症结

肯定他人心灵的客观实在性，意味着个体超越了自我的有限存在，而走向普遍无限的存在中。由此，唐君毅强调的是，他人在个体自我完善中的作用，从而肯定了他人作为主体性存在的意义，论证了人我共生共在、相互成就的关系。自我与他人共生共在，相互成就，为此，必须反对个人主义的立场。唐君毅对个体主义立场进行了批判。

人是个体性的存在。作为个体性的存在者，人们的个体性、特殊性、独特性当然应当受到尊重。"而主个体当被肯定尊重一点上，乃有其真实之知识意义、道德意义者。"[①]但是，如果人们只关注人的个体性，而看不到人同时是群体性的存在，并因此忽视人的普遍性，那么，人们便会刻意强调人我的相异性，并试图通过突显自我的独一无二性，来寻找生存的价值，从而表现出原子主义、个体主义或个人主义的倾向。唐君毅指出，个人主义的问题不在其肯定人的个体性，而在于它在个体间的对抗关系中理解自我，从而导致人与人之间关系的疏离和异化。

在实际生活中，秉持个体主义理念的人，强调的是"我"与"非我"的对立，以"我"的立场来排斥"非我"，甚至通过毁灭"非我"来成就自我。"自我为我，乃非此外之他、非一切非我；更执其所视为我者，以排斥一切非我者，而与之争斗，由知识上之自觉非非我，转成行动上之欲非此非我，毁灭非我，以自成唯一无外之我。"[②]于是，在个体主义者的视野下，人我关系是充满着斗争的对立对抗的人我关系。但是，通过毁灭他人来成就自我归根结底是行不通的，也是违背理性的。一方面，当"我"试图毁灭"非我"，"非我"也在试图毁灭"我"，这意味着我面临着无数想要毁灭自身的"非我"，同时也意味着"我"将遭受"四面楚歌"，面临着无限的恐惧；另一方面，"我"与"非我"本质上是相互依存的，人我共生共在的关系，"我"正是在与他人相互协作互助中

---

① 唐君毅.生命存在与心灵境界[M].北京:中国社会科学出版社,2006:79.

② 唐君毅.生命存在与心灵境界[M].北京:中国社会科学出版社,2006:80.

谋求生存发展的。"我"与"非我"相互构成对方存在的条件,"非我"的毁灭意味着"我"自身的毁灭。即使是自我意识的形成也是在一面"觉自"、一面"非他"的活动中形成的,"我"以"他"的存在为条件。因此,强调"我"与"非我"对立的个体主义注定是要被超越的。但是,唐君毅同时也指出,常人对于"我"与"非我"的共存共在关系并不能依据理性而自觉,而对于人我相互斗争可能导致人我俱悔的结果也不能自觉求以理化除,而这就是构成自私自利者不绝于世的重要原因。

个体主义试图通过突显个体的独特性来表明个体的真实性,在现实生活中表现为通过毁灭他人来成就自我。唐君毅指出,个体主义问题的症结在于,个体主义者所依据的并不是"真正之个体知识"。真正的个体知识的核心要义固然是肯定尊重个体,但个体皆有其存在的正当性,因此,真正的个体知识不只是要人们只尊重自己这个个体,还要求人们尊重其他个体,它要求个体能够超越自我个体的存在,对他人的个体存在有"同情的体验";不仅仅要求个体肯定尊重自我个体之前程追求,还要能够依据"普遍的理性",而兼肯定尊重他人的前程追求。也就是说,只有凭借"同情的体验"和"普遍的理性"①,在超越个体自我存在的意义上,兼肯定他人的个体性,才能形成真正的个体知识。如此,所谓的他人,作为一个个体存在,才同样被看作是整全的生命个体。由此,唐君毅进一步指出,哲学只有在超个体主义的意义上,才能成为完满自足的哲学。所谓超个体主义,就是说在肯定他人之无限心灵的历程中,来成就同样具有无限的自我,即要通过"同情的了解"和"普遍的理性",平等观人我,以建构共生共在、互帮互助的人我关系。

第三节 同情共感:人我互助交往关系的建构

人我感通,仁心显露,人之各种德行德性得以次第呈现,形成人我同情共感互助的生活世界。唐君毅根据感通的向度对各种德行德性进行

---

① 唐君毅.生命存在与心灵境界[M].北京:中国社会科学出版社,2006:80.

不同分类，揭示德行德性产生内在的相连性和人的生活境界扩大提升的历程性。同情共感是各种德行德性生成的基础，其内在的机理是在共通的道德情感基础上，将心比心、推己及人。唐君毅阐发"推己及人"的道德意蕴，揭示"主迎宾而宾看主、主看宾"的平等互助、人我合一的新型人际交往关系本质。人们在同情共感、推己及人的互助关系中，实现彼此生活境界的扩大超升，由此呈现的是一个由道德人格主体构成的"道德人格世界"。"道德人格世界"是一个"目的王国"，但其实现的路径极其庸常，即在日常人我的同情共感互助行为的生活世界中来完成。生活是具体、生动的，唐君毅把道德看作仁心显露，把同情共感看作各种德行德性生成的基础，因而就更强调道德的情境性问题。

一、德行德性的生成与分类

通过人我感通，他人心灵的实在性和人我之间平等互助的交往关系本质得到了呈现。在人际交往中，人我感通即表现为人我的同情共感。唐君毅指出，因为人我皆有相类的意志情感（共通感），于是对他人的"类同"的行为表现会产生同情共感，会将他人的行为视作"我"自己的行为：对于"我"想要做出的行为，如果他人先"我"而有，"我"则表示欢迎和乐见；如果他人有想要实现的行为，却又力不能及，则"我"会向其提供帮助，助他一臂之力①。于是，在同情共感中，呈现了人的诸多德行与德性。"人人皆有'仁'而同情共感，有同情共感则有互助之事，有互助之事则有诸德之生。"②肯定他人心灵的客观实在性，尊重他人的独立人格，并与之进行心灵的同情共感，是一切德行德性的基础。"道德的观点"是"关系的观点"③，当人们面对人我关系，合作互助，就有德行德性的产生。

① 唐君毅.生命存在与心灵境界[M].北京:中国社会科学出版社,2006:361.
② 梁瑞明.心灵九境与人生哲学[M].香港:志莲净苑,2006:231.
③ [德]黑格尔.法哲学原理[M].范扬,张企泰,译.北京:商务印书馆,1961:112.

唐君毅指出，"感通即仁"①，仁爱之德在一切德行德性中居于核心地位，一切德行德性都是仁德的表现，都是人我感通的结果。比如，就基本德性来说，当"我"与人同情共感，"我"首先就有了"仁"；在同情共感中，表现出对他人的恭敬奉承，则"我"就有了"礼"；在以"礼"相处时，"我"会对自己的行为有所裁制，以使得他人与"我"有平等的地位，从而表现出"义"；在与他人同情共感的交往中，"我"还会自觉地超越已有的活动，使之退屈，以对他人有清明了解之知，这就是"智"。"此人之有同情共感之仁，恭敬奉承之礼，平等待人我之义，清明能知之智，固亦人之心灵中原有之性情之表现。"②唐君毅强调，人的德行德性皆是人们内在道德情感的自然流露，感通即德性。在人我感通中，诸种德行德性次第形成，呈现的是自我生活境界不断提升的过程。而由于道德心灵活动的方向、层位、次序不同，所成之德的广度、深度、久度、强度也会各不相同，德行德性因此又有种类或层位上的区分。

仁德最原始的表现是"推恕"之德行，即"以己所欲施人，不以不欲施人"③。这意味着在彼此交往相处中，人们能够基于人我的共通情感，而从自我心灵之欲求出发，"将心比心"，对他人利益进行考虑，尊重他人而绝不强制他人。"推恕"之德之所以为仁德最原始的表现，在于它的出发点仍然是自我，还未直接去感受他人的心灵。而在人我互助的关系中，受助者若是直接感受到他人的心灵，则会心怀感恩之心；而当看到他人有助人之行，而"我"却不能施予相助时，内心则会生起惭愧之情。唐君毅指出，"感恩"与"惭愧"都属于德行，且这两种德行皆来自对他人之心灵与德行的直接感受，因而属于相对较高一层位的德行。生活中，那些施恩不望报的"无私助人"之德行以及无私助人者的"谦让逊谢"之德行则都把施予助人当作是自我存在的实现活动，其中包含着无私利人的高尚，因而，当属更高一层位的仁德表现。当人们超出私人关系，客观地对任何人之德行与德性都能够给予尊敬时，即具有了

① 唐君毅.生命存在与心灵境界[M].北京:中国社会科学出版社,2006:363.
② 唐君毅.生命存在与心灵境界[M].北京:中国社会科学出版社,2006:501.
③ 唐君毅.生命存在与心灵境界[M].北京:中国社会科学出版社,2006:361.

"礼敬"之德。礼敬之德以其广度而居于德行层次的高位。在这里，唐君毅主要从广度的差异上，区分出德行的种类和层位。

德行有广度的差异，也有强度、久度之别。有些德行是良心之偶然发现，而有些德行则是工夫所成。那些为人自觉自存，且为人实有之德、实成之德，往往能够长久，唐君毅称之为"恒德"①。比如"智"德，就是典型的"恒德"。"智"不仅仅意味着求"真"。求"真"固然也是一种善，但它可能只意味着在思想上求得客观之事理，一旦获得其中真理，便不再有其他追求。如此之"真"并不足以成为成就自我的德性。只有当人们求真的同时寻求克服虚妄，不仅求客观事理的获得，而且同时力求与客观事理相感通，希求感通之事得以实现时，"智"德才得以真正成就。也就是说，只有有求"智"之德，客观事理才会在生活中得到呈现和实现，虚妄才可能得到克服。也只有在这时，善才成为真实绝对的善，成为"诚"有之善，"信"有之善；德才成为实有之德，实成之德，并具有长久性。自觉自存、实有实成的恒德不仅使人获得自信，也可使人获得他人信任。其他如"忠""信""勇"也属于恒德。唐君毅指出，当"忠""信"相结，就是人间至上的道德。相较于前面所谈的限于一人或一己之感恩惭愧之心，"忠""信"之德则以深度、强度更胜一筹，而"勇"不仅其自身作为一种恒德，且有助于促成其他恒德。唐君毅从道德人格养成的角度，更加重视德性德行，而不是抽象的道德理论，因而更加强调道德的实有实成，并进而进行偶然之德性与恒德的区分。

"以此仁恕之心为基，而人之感恩报德、惭愧、谦逊、礼、敬、忠、信、义、勇、智……诸德，即相依相对，以先后生起，以形成人之德行德性之世界，亦道德心灵之世界。"②唐君毅认为基本德性和具体德行具有种类和层位上的区分，他所强调的首先是，不同的德行德性皆依于同一的仁恕之心，都是人的道德情感的自然流露，一个具有仁德之心的人会根据不同的情境而采取相应的德行，并由此养成相应的德性。同时，唐君毅也强调，德行德性次第生成，具有内在的相连性，诸种德行德性

① 唐君毅.生命存在与心灵境界[M].北京:中国社会科学出版社,2006:362.
② 唐君毅.生命存在与心灵境界[M].北京:中国社会科学出版社,2006:363-364.

彼此间相互联系、彼此依存，反映着人们生活境界扩大提升的历程性。"可欲之谓善，有诸己之谓信，充实之谓美，充实而有光辉之谓大，大而化之之谓圣，圣而不可知之谓神"（《孟子·尽心下》），孟子这里所呈现的也是德行德性的内在相连性和人的生活境界生成的历程性。唐君毅则进一步指出，诸种德行德性皆表现在人们的日常行为中，生活世界即呈现为一个人们处处实践道德、表现道德的世界。道德生活的世界是一个处处彰显人的庄严与神圣的世界，然而，完满德性的实现和生活境界扩大提升的现实路径又是极为庸常平易的，它在接于人、接于物的日常生活中，在与人同情共感与互助的日常具体行为中来实现。"较高的生活不是在日常生活的生活模式之外，而是作为这种模式被发现的。"①

众所周知，亚里士多德是较早对德性进行系统的种类划分的思想家，他对德性的划分是从剖析灵魂开始的。灵魂有无逻各斯和有逻各斯两部分。其中，无逻各斯部分又包含着分有逻各斯的因素。这样，灵魂中的逻各斯分为两部分，即严格意义上的逻各斯和听从逻各斯意义上的分有逻各斯。与之相对应，亚里士多德认为，德性应该划分为理智德性和道德德性两部分②。比如智慧、明智就属于理智德性，主要由教导而成，而如友爱、慷慨则属于道德德性，主要由习惯养成。道德德性意味着感情和实践的适度，而适度的感情要接受理性的指导。亚里士多德的德性划分建立在对理性崇尚和追求的基础上，从而与唐君毅把德性看作为道德情感的自然流露，以情境感通的向度来划分德性不同。康德把德性看作是对义务、规则的遵守，他把义务区分为对自己的完全义务和不完全义务，以及对他人的完全义务和不完全义务，其划分的标准则是义务对象与义务目标设定的严格或宽泛性。与亚里士多德、康德不同的是，唐君毅在德行德性的划分上，主要是从主体德行德性生成、养成的角度进行区分，这构成唐君毅德性系统建构的一个特色。

西方情感主义者休谟视"同情"为道德基础，对德性也有过分类。在《道德原则研究》中，他把道德分为以仁爱为代表的"自然的道德"

---

① [加拿大]查尔斯·泰勒.自我的根源:现代认同的形成[M].韩震,王成兵,乔春霞,等译.南京:译林出版社,2008:29.

② [古希腊]亚里士多德.尼各马可伦理学[M].廖申白,译.北京:商务印书馆,2003:33-34.

和以正义为代表的"人为的道德",还根据利益的对象和与效用的关联，将道德区分为四类：对他人或社会有用的品质，比如慷慨善良、乐于助人；对自己有用的品质，比如思维敏捷、大胆进取；直接令自己愉快的品质，比如崇高勇敢、宁静淡泊；直接令人愉快的品质，比如礼貌风趣、机智谦逊。在休谟看来，区分善恶的根据是人们的苦乐感受，而所谓苦乐感受的源泉是效用。"一般而言，有用性这个因素具有最强大的效能，最完全地控制着我们的情感。"①休谟将社会效用纳入他所谓的"同情"中，以此说明"同情"的"旁观者"立场，论证"同情"的普遍性问题。虽然同样都重视情感在道德建构中的基础性地位，但休谟和唐君毅的观点仍有不同。休谟对于善恶的区分既以同情为基础，同时以效用原则为道德价值评判的基础和基本依据；唐君毅则以人我共通的道德情感为基础，强调人我同情共感以形成互助关系，把德行德性看作是人的道德情感的流露，并以生活境界的扩大提升与否作为善恶评判的标准。虽然，休谟效用原则中的效用并不是指一种实际的结果，而是一种关于效用的经验感受，但是，休谟的情感主义显然仍具有后果论的特征，而唐君毅的道德哲学则更倾向于是目的论的。

唐君毅与休谟都重视道德情感的作用，但区别于休谟以"同情"为道德基础的是：唐君毅所主张的道德核心价值精神是"仁爱"。仁爱的最高表现是"爱人之德，爱人以德"，在人际交往中能够做到"取人为善，与人为善"，即以他人之善为己之善，以帮助他人为最大的善。据《孟子·梁惠王》记载，舜的过人之处就在于他的"取人为善，与人为善"的品格。唐君毅指出，"爱"内在地包含着"敬"。所谓"敬"即意味着直接地、绝对地、无条件地视"人之自身为一目的"。因此，爱一定是建立在人格平等、相互尊重、承认差异性的基础上的，它绝不意味着对他人的占有。"爱"也不同于一般之所谓"同情"：同情具有被动性，有待于他人的苦乐对我的激动，而爱则是一种主动的情感，在与他人相遭遇时，就会自然流露；一个有爱心之人，常常处于人我相望无间的感觉，而同情只是在情感发动时有一种人我无距离之感，同情只是暂时性的情

① [英]休谟.道德原则研究[M].曾晓平，译.北京：商务印书馆，2001：55.

感感受；爱有时也会表现为同情，但这种同情不是由他人之苦乐激发的，而是凭他人之苦乐显现的；由爱而生的同情，必然会贯注到实际的助人之事中，爱意味着行动，意味着创造，而一般同情可能只是一时的心的振动，而未必有关爱的行动；此外，在爱中，"我"并不觉爱由"我""发出"，而只是爱"通过""我"，所以为实现这种爱，可以有绝对之自我牺牲，忍受一切身体上之痛苦，不求任何报答①。归根结底，唐君毅所谓"仁爱"集中体现着人的自我超越本质，由此实现着人们超越自我而达于他者、开拓自我而实现自我扩大提升的内在要求。唐君毅以"仁爱"为道德基础，是对孔孟"仁者爱人"思想的直接继承。

二、推己及人：同情共感之道

道德是人之性情的显露，德行德性在人我的同情共感中产生。由人我同情共感而有之德行德性，本质上是一个"推己及人"的仁德实现过程。唐君毅在谈及孔子仁道时，指出"己所不欲，勿施于人，与己欲立欲达，即以立达施于人，原为推己及人之事之二面"②。忠恕是仁道的根本，无论是消极的"己所不欲，勿施于人"（《论语·卫灵公》），还是积极的"己欲立立人，己欲达达人"（《论语·雍也》），都体现的是"由己以及人""推己及人"的仁道③。"推己及人"是人我同情共感、实现人之德行德性的要义所在。

（一）"我""欢迎""你"：自我生活境界的扩大超升

唐君毅指出，人见他人之一颦而知其忧，一笑而知其喜，这说明人与人之间可以进行情感的沟通，情感具有共通性。这种共通感的存在本

---

① 唐君毅.道德自我之建立[M].桂林：广西师范大学出版社，2005：126.

② 唐君毅.中国哲学原论·原道篇（上册）[M].北京：中国社会科学出版社，2006：10.

③ 唐君毅指出，在所谓"忠恕"之道中，孔子更强调的是"恕"，并把"己所不欲，勿施于人"看作是"消极之恕"，把"己欲立立人，己欲达达人"看作是"积极之恕"。其中"己所不欲，勿施于人"更为根本，这是因为"人较易知其对人之怨恶之所在"。（参见唐君毅.中国哲学原论·原道篇（上册）[M].北京：中国社会科学出版社，2006：10，13.）

身即表明，人具有自我超越的本质，具有从个体得失的忧喜之情中走出的内在动力①。而这种人与人之间的共通感在道德情感的推动之下，就会进一步发生"象忧亦忧，象喜亦喜"（《孟子·离娄下》）的同情共感，继而以"推己及人"的方式产生道德互助行为。柏格森张扬人的非理性，认为道德源于人的"生命冲力"，唐君毅则受中国传统文化的熏染，对于生命之生生不息的德性充满敬意，他把自我超越看作是道德的本质，把道德看作是人的自然性情由内而外的显露。仁心仁性由内而外显露，在人我感通中，就表现为同情共感、推己及人的互助德行。人我同情共感，即推己及人而有互助行为的过程。唐君毅对"推己及人"的道德内蕴进行了深入的剖析。

唐君毅指出，日常生活中，当遇到受冻者，人们会把自己的衣服送给对方穿；当遇到饥饿者，人们会把自己的食物送给对方吃。这些"推衣推食"中"推"的行为，意味着人们对自我原始生物占有本能的超越，表明人们并不一味地自求一己利益的满足，而是能够从"私我"中走出，关注他人利益和需求。正是这个"推"的动作，表明人们有着超越自我本能欲望，提升自我生活境界的要求，从而使得人类身体手足的作用具有了根本上区别于动物的属性。换句话说，助人之"推"的动作是人真正成为人的重要标志。实际上，不管是日常的助人为乐，还是对天下重任的担当，其本质都是一个同情共感、"推己及人"的过程，其始点仍是人们之自推其身体手足之用之"推"，比如"禹思天下有溺者，由己溺之也。稷思天下有饥者，由己饥之也"（《孟子·离娄下》）。即使是人们日常交往中包含有"推"的"拱手""握手"的动作，虽然其本义并未直接涉及互助之事，但"握手""拱手"都传达着走出自我中心，向他人表达友善之意的寓意，客观上表明自我超越的道德心灵的客观实在。

由身体动作的"推"，唐君毅引申出"推己及人"中所包含的义理："人之任何互助之事，皆是各推出其自己于外，而开始超升至其原来之自己之生活境界以上，而得其扩大之道之机"②。"推己及人"意味着人们主动打破自我的封闭性、有限性，而希求生活境界不断扩大提升。自我

① 唐君毅.生命存在与心灵境界[M].北京：中国社会科学出版社,2006：365.
② 唐君毅.生命存在与心灵境界[M].北京：中国社会科学出版社,2006：366.

生活境界的扩大提升是在人们走出自我、肯定他人、欢迎他人、关爱他人中实现的。不论人处于什么生活境界，只要他能与人同情共感，由己及人，就能推知"我"之生活也可能为他人所期求，于是，"望"他人同有此境界，欢迎他人进入"我"之生活境界。如此，人将自我之生活境界推出于自我之外，人之生活境界扩大超升之门由此开启。"平平无奇的一'推'开启了道德，整个是生活境界之扩大超升。"①

（二）"你""走向""我"：他人之生活境界的扩大超升

人我同情共感、推己及人促使人们积极行善、乐于助人，同时也让受助者对施予者产生感恩之德。"伦理关系基本上是一施一报的关系。"②"我"对他人有施，则他人对"我"有报，也是恕道的表现。唐君毅指出，感恩是在对他人心灵存在和道德情意的实感基础上而产生的，感恩所要感谢的绝不仅仅是扶助者的行为动作或是所施予的物质本身，本质上表达的是对扶助者道德情意的感激之情③。在谈到感激义务时，康德也认为感激是"由于一种向我们提供的善行而对一个人格的崇敬"④。唐君毅和康德都强调对施助者人格的尊敬、敬佩是感激德性的本质。没有这种对施助者人格的尊敬、敬佩的谢意，将把施助者置于手段的地位上，而未有真正承认他人作为心灵主体存在的客观实在性。唐君毅指出，"感恩之心，乃直接以他人之心之德，为其所感"⑤，这意味着，感激或感恩德性是建立在人我道德情意的相感相通性上的，道德情感的相通性和可传达性构成感激或感恩等德行德性的前提。唐君毅注意到，对于道德情感的相通性和可传达性，康德并没有进行专门论证，而只是预设了情感相互传达的能力，胡塞尔虽然注意到这个问题，但对于这个问题的说明却感到无奈。这让唐君毅深感"吾人于他人之此心，是否能实感其存在而知其为存在"是一个"真问题"，应该给予说明。

---

① 梁瑞明.心灵九境与人生哲学[M].香港:志莲净苑,2006:243.
② 梁瑞明.心灵九境与形而上学知识论[M].香港:志莲净苑,2009:347.
③ 唐君毅.生命存在与心灵境界[M].北京:中国社会科学出版社,2006:367.
④ 李秋零.康德著作全集 第6卷 纯然理性界限内的宗教、道德形而上学[M].北京:中国人民大学出版社,2007:466.
⑤ 唐君毅.生命存在与心灵境界[M].北京:中国社会科学出版社,2006:361.

在论证他人心灵的客观实在性时，唐君毅是要证明他人与自我一样是主体性的存在，为此，他经验性地以人们日常同情共感互助的行为为证。同样，在论证人我道德心灵和道德情意的相互可传达性时，他首先指出，感激、感恩德行德性的现实存在本身即说明人我之间道德情意的传达是可能的，人们能够"实感"他人的道德性的情意。否则，无所谓感恩、敬佩诸德，则足以毁灭整个道德世界。我们注意到，当康德提到感激义务时，他也把感激看作是区别于"普通的义务"的"神圣的义务"[①]而予以重视，而亚里士多德则强调"回报"是一种德性，关乎公道和正义，并认为"我们有责任以善来回报一种美好的恩惠，而且在此之后应当率先表现出自己的美惠"[②]。然而，仅有这样的说明还不够，人们是否真的能够"实感"他人道德性的情意必须得到进一步的说明。唐君毅深感这是一个极困难的问题，但最后他还是认为自己找到了一个简易的解决途径，即通过自我反观和理性类推的方式来予以证明。唐君毅指出，人们日常的推己及人的施予行为，自外说，是一种动作行为，自内说，其实是一种情意[③]。人的一切活动，都是精神的活动。站在自我的角度，人们通过自我反观，首先自知自我之推己及人的行为，是个人按照道德要求而类推他人的道德需求而有的，因而，能够自我实感到推己及人行为根本上是自我之道德心灵的显露和道德情意的传达。由理性类推，站在他人的立场上，受助者在互助行为中，在接受对方的施助行为同时，也能实感到施助者施助行为背后的道德情意。如此，感激、感恩、敬佩也才是真实的。康德在讲到感激义务时指出，感激所要表达的是对行善者的"敬重"，这种"敬重"是以承认对方（他人）的崇高德性为内容的，"在感激中，被赋予义务者比他的行善者低了一个等级"[④]。受助者对扶助者的感激，表达对对方人格的敬重，这可以看作是一个"我"走向"你"，并渴望自己成为"你"的愿望表达。

① 李秋零.康德著作全集 第6卷 纯然理性界限内的宗教、道德形而上学[M].北京:中国人民大学出版社,2007:466.
② [古希腊]亚里士多德.尼各马可伦理学[M].廖申白,译.北京:商务印书馆,2003:142.
③ 唐君毅.生命存在与心灵境界[M].北京:中国社会科学出版社,2006:368.
④ 李秋零.康德著作全集 第6卷 纯然理性界限内的宗教、道德形而上学[M].北京:中国人民大学出版社,2007:469.

由此，同情共感、推己及人的善行历程，是人我道德心灵情意的贯通历程。日常生活中，人们的施予和扶助的行为，实际上向他人传达着的是道德情意，启示着他人道德心灵的存在，人们由此获得自我生活境界的提升扩大。唐君毅告诉我们，人们日常生活中的相互扶助行为，不仅仅实际地帮助他人摆脱了困难，而且也是一种善意的传达；不仅仅意味着施助者在走向他人中，提升扩大了自我的生活境界，也意味着受助者从他人那里得到道德的自信和心灵的启发，从而也实现了自我生活境界的扩大提升。如此，生活世界是一个处处充满道德情意、互帮互助、互敬互爱的道德人格世界。

同情共感、推己及人以肯定他人心灵的客观实在性，将"他人"看作是与"我"同样的主体性存在，成就互为主体的"我—你"关系为前提，其所构建的也正是平等互助、人我合一的人我关系。人们通常认为，中国古代"忠恕之道"的"推己及人"以"己"之立场而及于"人"，似乎预先设定了"我"的道德优势，由此陷入道德"主观主义"①或是"自我中心主义"的陷阱中。从唐君毅的观点看，这种评论是有失偏颇的，因为它仍未跳出人我两分对立的思维模式。实际上，在感通的思维认知模式下，人我同情共感，道德主体总是能够将心比心、设身处地为他人着想，以期求人我合一。而人我心灵相涵相通、相互传达为这种人我合一提供了前提。道德是人之性情的显露，推己及人的根据是人的普遍价值原则。推己及人中的"己"是"本己"，强调的是个体从普遍的道德要求去对他人的道德需求进行类推，以此来引导自己的行为。因此，我们在唐君毅所谓"推己及人"、由"己"及"人"中，应该注意的不应是有关"我"的立场主观性、有限性，而应是他所要突出强调的道德中关于"我"的先在性、主动性、自律性。当康德指出施予者所具有的"功德优先性"特征，并称其为"善意中的第一人"时②，就是在强调"我"的善意的先在性问题；而当康德谈到"不要回避那些缺乏最必需的东西的穷人所在的地方，而要寻找他们，不要为了逃避人们无法抵御的

---

① 焦国成.中国古代人我关系论[M].北京:中国人民大学出版社,1991:102.

② 李秋零.康德著作全集 第6卷 纯然理性界限内的宗教、道德形而上学[M].北京:中国人民大学出版社,2007:466.

极痛苦的同感而躲开病房或者犯人的监狱等等诸如此类的东西"①时，康德谈到的是道德的主动性问题。唐君毅用"推"字表达了这种道德主体"我"的先在性和主动性特征，体现的是道德"为仁由己"的自律性。在具体的道德事件中，有一个"我"，有一个"你"，有一个道德施予者和一个道德受助者。但是，综合起来看，每一个"我"和每一个"你"又都同时是道德的主体，既可以是道德施予者，也可能成为道德受助者。"推己及人"意味着每个人都应在道德事件中，发挥自己作为道德主体的先在性和主动性作用，与他人共感，让"我"欢迎"你"，向"你"施予关爱，由此开启自我生活境界的扩大超升；同时，"你"也将积极迎纳"我"，走向"我"，在对施助者情意的感谢和感恩中，表达对施助者的"敬佩""敬重"，由此开启"你"之自我生活境界的扩大超升。由此，在推己及人的同情共感中，真正呈现一种"主迎宾而宾看主、主看宾"、成人成己、人我合一的新型人际关系。

亚里士多德指出，人类天生就拥有这种情感共通、将心比心的能力。"尽管不是生来就有智慧，一个人却生来就会体谅、理解，也生来就具有努斯"，这种天然具有的道德情感沟通能力还需要在后天的道德生活中进行锤炼和陶冶，"对该愉悦的事物愉悦、对该痛苦的事物痛苦，并且以适当的方式，是有德性的人的特点"②，亚里士多德这里所谈的是人的同情共感能力。休谟将"同情"作为道德基础，他所谓同情是一种基于"旁观者"立场的具有"共通性"和"普遍性"的道德情感，表现为"由一个人迅速地传到另一个人，而在每个人心中产生相应的活动"③，休谟也客观上提出了人的同情共感的能力问题。而当实用主义者杜威提出道德的"想象力"，当代美德伦理学者斯洛特提出"移情"能力时，意味着当代伦理学发展对人的道德情感沟通能力的重视已然成为一种趋势。而有进于这些西方学者观点的地方在于，唐君毅所谓的同情共感能力是基于对主客二分对立思维模式的超越而有的一种道德能力。因此，在人我

---

① 李秋零.康德著作全集 第6卷 纯然理性界限内的宗教、道德形而上学[M].北京:中国人民大学出版社,2007:469.

② [古希腊]亚里士多德.尼各马可伦理学[M].廖申白,译.北京:商务印书馆,2003:185,99.

③ [英]休谟.人性论(下册)[M].关文运,译.北京:商务印书馆,1980:618.

第三章 人我感通：走出自我，迎纳他人

127

同情共感的人际交往中，形成的是相互关爱、人我合一的主体间关系，社会最终呈现为互为目的性存在的道德人格世界。

唐君毅继承中国传统儒家之"忠恕"之道，通过阐发人我同情共感的交往方式，构筑相互关爱的主体间关系，具有时代的意义。对"他人"客观实在性的肯定和论证，就是建立人我之间平等独立、互敬互爱关系的前提，反映了现代陌生人社会人际交往关系的内在要求。陌生人之间在认知上固然是疏远的，但在道德上仍应是亲近的。康德提醒我们，陌生人之间保持适当的距离固然表示"敬重"，但人与人之间只有通过不断接近才能产生"互爱"①。"敬重""互爱"二者对于人际关系而言是同等重要的，偏废任何一方，都会导致道德的虚无。但是，由于唐君毅所谓"推己及人"的"忠恕之道"背后的推力仍是建立在人之性情基础上的，所以，由"己"及"人"的过程实现仍然存在着一个道德主体能否跳出血缘亲情而扩及陌生人的问题。

三、道德人格世界的呈现

如前陈述，日常生活中极其平常的同情共感互助行为，即让人实感到他人心灵与其中情意的客观实在性。如此，他人心灵的客观实在性既已得到证明，那么，取证于人我共感、共知的那个客观实在世界的真实性也就得到了证明。这个客观真实的世界，即道德人格世界。唐君毅所谓道德人格世界，是指由道德人格主体构成的世界。在这个世界中，人我各为一道德心灵主体，各为一道德人格，每个人各自独立，又相互肯定尊重；彼此相互扶助，互感道德情意，以德相报、以恩相结；同时，每个道德心灵又都是自动生长的主体，具有无限的价值意义，是不被化为手段工具的目的性存在。道德人格世界是伸张人的尊严与人权的世界，人们共同追求善的理想，互帮互助，充满友爱，人我合一。道德人格世界真实存在，它构成人们生活价值和意义建构的客观普遍性根据，

---

① 李秋零.康德著作全集 第6卷 纯然理性界限内的宗教、道德形而上学[M].北京:中国人民大学出版社,2007:459.

指引着人们的行为，引领人们实现生活境界的开拓和提升。

唐君毅指出，道德人格世界是建立在对功利主义人生态度和功利主义哲学超越的基础上的。一方面，功利主义哲学承认人的平等性，认为人人皆有其目的，并应得到普遍尊重；但另一方面，功利主义者以功用的观点来评判人，以功用的大小为最高价值目的的追求，从而将一切事物、一切行为以及人本身手段化。"功利主义哲学之极限，即在人之平等成就'人与我之一般目的之达到而有之功利'之心灵之本身，乃在其所成就之一般功利之上一层位，而以所成就之一般功利为其内容；亦即超越此所成就之一般功利之上，与一般功利之观念之上；而有一超此功利观念之性质，以为此功利观念与功利观念所成之功利主义之极限。"①唐君毅指出，功利主义哲学的症结在于，将具有无限的超功利性质的道德心灵限定在有限的功利价值之中，由此造成其理论难以自圆其说。功利主义者追求最大多数人的最大幸福，其中的道德价值是值得肯定的，但由于其将幸福等于功用，将人们的实功实利的实现作为人生最高理想与目标，以功用为最高价值体现，从而根本上使人工具化、手段化，未能真正实现人的主体性，成就人的自由存在本质。由此，功利主义道德哲学必将被取代，以功利主义为最高表现的功能序运境，必要继续升进，超越外在的功利价值追求，而关注人本身具有的价值，进入以道德人格的成就为最高目标价值追求的道德实践境，建构"爱人以德"的道德人格世界②。

当人们"爱人以德"之时，则人们就不会一般地把一般幸福的实现以及实功实利作为最高目的追求，而把促成人与人互求完成其道德人格之目的作为最高。唐君毅并不一般地否定功用的价值，只是他强调，相对于成就道德人格本身，功利的价值是第二位的。功利追求之行为是否正当，要看它是否合乎道德人格成就的目的。在成就道德人格的最高目的之下，一切互为功、互为利的行为，也具有了超功利的意义。此时"此中之利，皆是行义，此中之功，皆足成德。义利功德，即合一而不

---

① 唐君毅.生命存在与心灵境界[M].北京:中国社会科学出版社,2006:193.

② 无论是前述对个人主义的评论,还是这里对功利主义的评论,我们看到,唐君毅并不简单地否定一种异己的理论,而是在人类认识历程中肯定其积极的意义和应有的地位。

二"①。唐君毅的义利观显然是继承了孟子的观点。当年孟子对梁惠王说:"王,何必曰利?亦有仁义而已矣!"(《孟子·梁惠王》)。孟子并不反对利,但他反对把"利"作为最高价值,而强调以"仁义"为最高,因为他看到"上下交征利,而国危矣!"(《孟子·梁惠王》)。现代人深受功利主义的影响,急功近利、心烦气躁、人格迷失是这种功利主义人生态度的现实表现。唐君毅深得传统儒家学者的精义,在反思现代人严重的功利主义心态基础上,确立道德人格实现的最高价值地位,具有深刻的时代意义。

从唐君毅的道德人格世界,我们不难联想到康德的"目的王国"。唐君毅深受康德伦理思想的滋养,对其理论建构的目的王国更是心神向往,但他也指出,"康德固知人类所共建之道德的王国,在理念上应当是和平而悠久的。但他不知此理念之实现于世界,如何才是实际上可能的。他亦忽略国家社会中各种人文势力之轧轹冲突所致之不安,必须有生根于社会之一现实存在的道德力量,以实际从事凝聚协调之事。康德虽能在哲学上建树道德人格之尊严,但是他对于道德实践之工夫,却自始未如中国儒家之著重。他自己亦未能成为有道德力量以凝协德国社会国家之道德人格"②。唐君毅指出,康德的目的王国理论侧重于道德理念的精神建构,却忽略了道德实践的功夫;注重普遍抽象的道德法则的建构,却忽略了具体生活情境中道德人格的塑造。"康德哲学只在理想上建树了一'当如何',而其理想之实际实现,必须依其哲学转出圣贤人物之存在于社会才行。而康德未见及此。"③实际上,唐君毅道德人格世界实是对康德目的王国的反思性建构,他极力从道德人格处为人类找到了实现目的王国的现实路径。周辅成也指出,康德虽然提出了人作为目的性存在的本质,但对于目的内容本身并没有明确的答案,而唐君毅则明确地从道德人格研究下手,为目的提出积极肯定的答案④。我们看到,唐君毅从人们日常的同情共感互助行为中,论证和揭示他人心灵存在的客

---

① 唐君毅.生命存在与心灵境界[M].北京:中国社会科学出版社,2006:372.
② 唐君毅.人文精神之重建(二)[M].桂林:广西师范大学出版社,2005:387-388.
③ 唐君毅.人文精神之重建(二)[M].桂林:广西师范大学出版社,2005:389.
④ 周辅成.周辅成文集(卷Ⅱ)[M].北京:北京大学出版社,2011:293.

观实在性，并由此论证道德人格世界的客观实在性，实际上为道德人格世界的实现指明了切实可行的路径。道德人格世界使得人类心灵相涵相通，结为一体，为人类展开了极其广阔而深远的真、善、美世界，而其实现的起点却又是极其庸常的，不外是在日常交往生活中与人同情共感、走向他人、迎纳他人、爱人以德、与人为善。

四、道德的情境性及问题境

道德人格的塑造需在与人同情共感互助的交往关系中成就，交往所涉及的人与物都处于特定的生活情境中，因而是具体的、生动的、特殊的。人的德性是人们根据具体、特殊的生活情境而采取的合乎理性的行为，因而是普遍与特殊的统一。唐君毅举例说，"对父为孝，对子为慈，对兄为恭，对弟为友，对君以忠，虽皆出于与人感通之仁，然其所以为仁者不同"[1]。仁德作为最基本的价值精神或作为最核心的基本德性，在具体的生活情境中，由于所交往的对象不同，而表现为孝、慈、恭、友、忠等具体德性。而即使是同一种具体的德性，在特殊的道德情境中，也应随着具体事务的不同，而有不同的行为表现。当年王阳明一句"故致此良知之真诚恻怛以事亲便是孝，致此良知之真诚恻怛以从兄便是弟，致此良知之真诚恻怛以事君便是忠，只是一个良知，一个真诚恻怛"（《传习录上》），说的显然也是道德的情境性。相较于近代西方哲人对普遍规则的热衷，中国古代哲人则一直重视道德的情境性。唐君毅指出，如果人们漠视行为具体情境的特殊性，不能与具体的情境相感通，只是一味主观地、机械地去遵行道德规范和道德规则，不能采取与具体情境相适应的行为，则即使这种行为中包含着善意，也只能是一种"善而不美"的行为。所谓"善而不美"，即非至善，是一种不完满的善。执着于普遍道德规则论证的康德也不得不承认，品性因为能够随情境而变化而具有"优美感"[2]。唐君毅指出，对至善而言，"善而不美"

---

[1] 唐君毅.生命存在与心灵境界[M].北京:中国社会科学出版社,2006:376.
[2] [德]康德.论优美感和崇高感[M].何兆武,译.北京:商务印书馆,2001:17.

就是不善。比如，愚忠、愚孝就是这种"善而不美"典型的行为表现。唐君毅强调在同情共感的互助交往行为中来塑造道德人格，那么，必须面对道德生活本身的情境性问题。

道德的情境性、特殊性使得道德人格成就的历程充满艰难。唐君毅指出，在日常生活中，人们往往能够做到"自善其善"，即能够自觉地追求善、实现善，但是，人们也可能因"自善其善"，而陷入对善的主观臆断中，以一善为唯一之善，而缺乏与具体情境的感通，从而表现出矜持与傲慢。问题的困难在于，人们若要克服矜持与傲慢，则可能因此消除人们"自善其善"的道德自觉，从而可能在为善中表现出懈怠；而人们若要保持这种"自善其善"的道德自觉，则又可能陷于矜持与傲慢中。于是，人们"恒在此对善行之矜持与傲慢、与懈怠中轮转，而感此中欲达一能善善而不懈怠，亦不起任何细微之执着矜持，以转成傲慢之艰难"①。唐君毅所谓在道德的情境中所感到的道德人格塑造中的艰难，实际上是指内在生命与外界情境感通实现中的困难，是情感主体对现实情境把握的适度性中的困难。唐君毅曾对"情境"做出这样的说明："在此现实情境中，一面是情，此情之作用，即对于境之摄握。此为属于主体者。一面为境，此为属于客体或对象者"，而所谓"情"，是"整个之握境之'能'，故此情即是与境感通之'感'"②。现实情境中包含着各种关系，主体当有其所是与所不是，厘清是非，然后才能与现实情境形成一种确定的关系，成为具有确定性的存在。

道德的情境性使做出适度道德行为的决定过程变得复杂，但仍然有解决之道。这个解决之道，即通过主体反省自觉，实现生命存在与生活情境的感通③，以把握善善恶恶之中道，使得道德心灵和道德行为不至于陷入矜持傲慢，同时，也能于克服矜持傲慢时，不落入懈怠。唐君毅指出，通过感通以把握善善恶恶中道的工夫虽然不易，但却是人人可以做到的。为此，他还提出了一个价值选择的"适合原则"。"所谓适合原则，乃谓一特定之人在一具体情境中，只有由某种方式以选择某事物，

---

① 唐君毅.生命存在与心灵境界[M].北京:中国社会科学出版社,2006:376-377.
② 唐君毅.哲学概论(下册)[M].北京:中国社会科学出版社,2005:629,630.
③ 唐君毅.生命存在与心灵境界[M].北京:中国社会科学出版社,2006:377.

乃能与人求实现价值之意识相配合，并不相抵触而说"，"某事物之适合与否，乃纯因各特定之人，所在之具体情形之异而异者"①。适合原则是于具体情境中进行价值选择、道德选择应当遵循的一种普遍性原则，它突出强调具体情境中人和物的特殊性、唯一性，并强调依据具体情境选择恰当方式实现道德价值。

唐君毅的"适合原则"显然源自儒家的"中庸"精神，又与亚里士多德的"适度"原则相通。亚里士多德的所谓适度是指实践的适度和感情的适度，要求人们"对适当的人、以适当的程度、在适当的时间、出于适当的理由、以适当的方式"②去行动。做好人不是轻松的事，要在所有的事情中都找到中点是困难的，虽然如此，亚里士多德指出，人们还是可以凭借理性把握到适度，表现出"明智"的德性，"明智"德性内涵在一切德性之中。当然，与亚里士多德以理性把握适度不同的是，唐君毅主张以生命存在与生活情境的感通方式，在矜持傲慢与懈怠之间找到情感的平衡点，以此把握善恶中道。

亚里士多德在谈到实践理性时，认为它只能"大致地""粗略地"③揭示真理性，实际上暗示人们道德生活实践本身的多样性、特殊性、情境性和不确定性。为此，人们需要关注道德实现的情境性，并依据具体情境做出恰当的判断。"当我们离开了小房间、置身于日常生活事务中，我们推理所得的结论似乎就烟消云散，正如夜间的幽灵在曙光到来时消失去一样；而且我们甚至难以保留住我们费了辛苦才获得的那种信念"④，休谟也积极关注现实生活本身的生动性给予人的现实冲击力。而当黑格尔向康德"为义务而尽义务"的道德哲学提出"空虚的形式主义"的质疑⑤，强调义务必须向特殊化转化，以获得现实具体的内容规定，实现普遍性与特殊性的统一时，黑格尔强调的是，道德不能仅仅停留在抽象道德法则的规定上，还必须实现从"应然"向"实然"的转化，必须深入现实具体的伦理关系中，根据道德生活的实际场景，做出

---

① 唐君毅.哲学概论(下册)[M].北京:中国社会科学出版社,2005:807.
② [古希腊]亚里士多德.尼各马可伦理学[M].廖申白,译.北京:商务印书馆,2003:55.
③ [古希腊]亚里士多德.尼各马可伦理学[M].廖申白,译.北京:商务印书馆,2003:7.
④ [英]休谟.人性论(下册)[M].关文运,译.北京:商务印书馆,1980:495.
⑤ [德]黑格尔.法哲学原理[M].范扬,张企泰,译.北京:商务印书馆,1961:137.

道德选择，实践道德法则。杜威反思康德"形式主义"道德哲学，致力于道德观念的实践性改造，他所强调的"道德想象力"也是一种"根据事物之能是而具体感知所面临的事物之所是的能力"①。当代伦理学家弗莱彻更是创设境遇伦理学，强调道德是"做决定"，而不是在预定规则的手册中"查询决定"的道德②，由此开辟一种"既能够自由创造发挥又符合生活实际、既能够合乎道德原则又有自由决断的道德选择方法"③，即"境遇主义"的伦理学研究方法。以上种种表明，人们越来越意识到，道德哲学作为一门实践哲学，必须面对丰富多彩的道德生活本身，必须面对具体道德情境向人们的道德能力所提出的要求。

道德的情境性表明，道德行为没有固定模式，"如果想要寻找一种传授行为准则规范并能像方法一样运用到具体行为中的学派或学说，那么这样的尝试是无用的……重要的是，行为者必须专注于个人的不同处境"④。中国传统伦理思想始终关注道德生活实践，因而，对于道德生活的情境性较早地保持着一种自觉的关注，更有"经""权"统一的说法。孟子曾明确地指出："执中无权，犹执一也。所恶执一者，为其贼道也，举一而废百也"(《孟子·尽心上》)。"权"是人们根据具体生活情境做出适时判断的能力，如若拘守道德规范不知权变，则会破坏道德本身的权威性。为此，孟子还曾列举过一个著名的场景："男女授受不亲，礼也，嫂溺援之以手者，权也"(《孟子·离娄上》)。唐君毅强调在道德具体情境中塑造道德人格，是对中国传统"经""权"统一思想的传承。在唐君毅看来，道德权变能力首先就是要提升生命存在与生活境界的感通能力。

道德的情境性还表明，人的德行德性是一个次第表现成就的历程，道德的追求和人格的修养永无止境。"此人之德行必须在一一特定之境，如此特殊化、具体化、限定化、方得成就……人遂可问：何以人不能遇

---

① [美]费什米尔.杜威与道德想象力[M].徐鹏,马如俊,译.北京:北京大学出版社,2010:99.

② [美]约瑟夫·弗莱彻.境遇伦理学——新道德论[M].程立显,译.北京:中国社会科学出版社,1989:40.

③ 高兆明.伦理学理论与方法[M].北京:人民出版社,2005:430.

④ [德]奥特弗里德·赫费.实践哲学:亚里士多德模式[M].沈国琴,励洁丹,译.杭州:浙江大学出版社,2011:83.

一境，使其一切德行德性，皆能完全表现，而一时完全成就，如上帝或佛菩萨之德行德性之完全成就，而可在一时普遍对一切存在一切众生而表现乎？"①对于一个人是否可以在一时成就"全德"②，唐君毅的回答是否定的。道德的情境性决定了德行德性的呈现会受到情境的特定性限制，特定情境不可能产生全德。特定的生活情境只能生成相应的德行德性，生动万变的生活总是在向人们提出相应的德行德性要求。人们在广阔的生活中不断磨砺，德行德性才能相继相续地呈现，道德具有当下性。正如前文所论中，人有"一念陷溺"和"一念超拔"，圣与凡的区别往往即在当下一念之中。"故圣人亦在一一境中，自有其学，以成其教。"③东方哲人强调圣贤人格也需在特定的情境中磨砺，而未有如以亚里士多德为代表的西方学者所坚信的在一时成就所谓全德的存在。实际上，中国所谓"圣"并不以其是否有"全德"为特征，而是突出其对天道的领悟能力，以及能在具体当下的道德情境中通过尽心知性知天之途径，实现天人合一。唐君毅在谈到"圣人"与"常人"的不同时说，"其不同，唯在圣人之能极其此怵惕恻隐之心之量，并使之精纯无杂，而全幅是一片天理流行而已"④。

道德行为主体总是处于一定的情境中，为此，行为者当对所处的道德情境进行考察，与所处的情境进行感通，从而使得道德心灵得到恰当的现实表现。然而问题的困难还在于，人们所面对的情境有时异常复杂，其中充满着相互矛盾冲突的成分，使人难于对情境本身做出清晰判定，难于做出何种行为才是至善的选择。尤其是，情境本身总是处于变化发展中，人们甚至不能对其中所包含的问题和矛盾进行全面的分析考察。唐君毅称这样一种包含着种种矛盾冲突成分而难于确定何种行为是

---

① 唐君毅.生命存在与心灵境界[M].北京：中国社会科学出版社，2006：512.

② 美国学者斯洛特于2010年5月来到南京师范大学做访问，在其一次题为"The Impossibility of Perfection"的讲座中，他提出完满德性、全德(the unity of the virtues)是否可能的问题，他指出完满德性、全德是指"拥有一种美德者意味着拥有其他全部美德"(to have one virtue one must have them all)，并从道德情境性出发否定了"全德"的存在。"全德"问题又被称为"美德统一论"，由亚里士多德提出，麦金泰尔从道德的历史性上质疑"美德统一论"。(参见[美]唐纳德·帕尔玛.为什么做个好人很难？——伦理学导论[M].黄少婷，译.上海：上海社会科学院出版社，2010：251—252.)

③ 唐君毅.生命存在与心灵境界[M].北京：中国社会科学出版社，2006：558.

④ 唐君毅.哲学概论(下册)[M].北京：中国社会科学出版社，2005：693.

· 135 ·

至善选择的道德情境为"问题境"①。与"问题境"相对的是"决定境",即指那种人们可以轻松做出判定,并做出符合至善抉择的道德情境。不难理解,唐君毅所谓"问题境"就是我们通常所说的道德抉择中的"道德困境"。道德抉择的困难往往并不在于在善与恶之间做出选择,而在于人们所面临的恰恰是善与善之间的抉择。善与善之间难以两全的矛盾,使得道德主体陷入道德选择的两难中。

然而,面对"问题境",人们必须做出选择。不选择本身也是一种选择,选择是必然的。那么,如何在"问题境"中做出选择呢?唐君毅强调,在"问题境"中,人们在行为的抉择中不能只是寻求自身动机上的无过失,而必须从后果的角度,考察行为给予相关人与物可能造成的影响,后果主义的权衡在"问题境"中是必须的。"当事者之应境之行为,必求对境中之人物,实相应而当位,亦求其行为对境中之人物,实有某功利性的效果,以合于此人物之实有之目的及实际之情形。"②"问题境"中的道德抉择是一种善善之间的抉择,任何一种抉择都会在客观上造成另一方的损失或伤害。为此,行为主体不能仅仅从主观道德意愿出发去行动,而必须从后果的角度权衡,以避免较大的损失或伤害的发生。而若只求行为主体动机上的无过失,无视行为对他人所造成的后果,则根本上是一种自私的表现。唐君毅道德哲学以道德人格塑造为中心,把道德看作是仁心的显露,根本上是道义论的,但在"问题境"中,唐君毅却强调后果主义的功利性考察的必要性,若因此说唐君毅的理论中包含着前后不一致的矛盾,显然又是不能成立的。实际上,即使当康德强调善良动机的纯粹性时,他也要求主体在求善的过程中竭尽全力,以取得尽可能好的结果。"这种善良动机在具体场景选择中并不内在地拒斥某种结果的追求,它所追求的正是这种善的原则精神的现实存在。"③唐君毅在理想目标追求层面上强调道德的纯粹性、至上性,同时重视在具体的道德生活中道德理想目标追求实现的状况。在具体生活情境中,面对诸多矛盾因素,行为主体对选择结果的善恶预知和比较,实

---

① 唐君毅.生命存在与心灵境界[M].北京:中国社会科学出版社,2006:377.
② 唐君毅.生命存在与心灵境界[M].北京:中国社会科学出版社,2006:377.
③ 高兆明.黑格尔《法哲学原理》导读[M].北京:商务印书馆,2010:305.

际上仍是以道德理想的最后实现为依据的，因此，面对"问题境"，唐君毅的主张坚守了道义论。

面对充满各种矛盾要素的"问题境"，行为主体需要对其中蕴含的矛盾成分如实地进行考察，而不能一味主观地去寻求自身道德行为的实现或是自身道德心灵的现实表现。在对"问题境"中的矛盾成分进行如实考察时，道德主体暂时性地要转化为知识认知的主体，道德心灵暂时性地要转化为非道德心灵。唐君毅强调这种转化是必要的，它是为了主体能够做出恰当的行为选择，符合至善，最终实现道德心灵，成就道德人格。唐君毅这里所谈的道德心灵与非道德心灵的转化问题，可以用冯契的"转识成智""化理论为德性"的观点进行注解。知识与智慧、理论与德性有着密切的联系，道德实践的智慧要建立在对现实情境中人与物的种种关系的梳理和把握基础上。在"问题境"中，人们不仅要认清具体的矛盾状况，还要查找矛盾之所以产生的根源。查找矛盾之所以发生的根源，常常是问题解决的关键。由此，唐君毅在揭示"见闻之知"与"德性之知"的内在联系的同时，肯定了见闻之知的重要性。一句话，道德困境的解决还需要依赖非道德（不是"不道德"）的手段来实现，道德心灵的实现需要依赖非道德心灵的支持。

对"问题境"中所存在的问题和矛盾的考察，为人们找到解决问题、化除矛盾的行为方式提供了可能。而所谓"问题境"中的矛盾的解决，意味着主体做出的行为选择既合于人们心中的道德理想，又能保持行为主体人格生命自身之存在于此现实世界。"实践理性的运作所依据的那些判断既是在情境中作出的，又是按照总目标得出的。"①然而，人们也可能找不到这样一种两全其美的行为方式。此时，人们遭遇到的是真正的道德困境。"身处真正的道德困境意味着要不可避免地做道德上的错事。陷于道德困境中的个人似乎无法找到正当行动的出路。"②比如，在"忠孝不能两全"的"问题境"中，忠、孝都是人们的道德理想，然而此时，行孝则违忠，行忠则违孝。在这样的道德两难困境中，无论人们如

---

① ［美］李耶理.孟子与阿奎那［M］.施忠连,译.北京:中国社会科学出版社,2011:114.

② Alasdair MacIntyre. Ethics and Politics: Selected Essays (Vol.2)［M］.Cambridge: Cambridge University Press, 2006.

何行为，都会对其道德理想有所辜负，而不能无憾于心。然而，唐君毅也指出，面对道德两难困境，虽然有的人确实不得不抱憾终身，但也有人为了兼成忠孝，选择不惜舍生杀身、杀身成仁。再比如，当人们在与他人或社会中表现出与罪恶势力相抗争时，其自己的道德理想与此势力即相矛盾。此时，若人们不肯屈于此势力以失其道德理想，最后可能也不免为此恶势力所毁，以舍生杀身成就其对道德理想的忠诚。道德两难困境中的行为选择注定是悲剧性的，而这种"杀身成仁""舍生取义"的举动更是让人心灵震撼。这种震撼来源于，这些牺牲者为着道德理想，自愿舍弃了荣誉、金钱、地位，乃至生命，由此获得的是道德的"高尚"和"高贵"。这意味着在人我之上仍有一个超越的实在，即那个客观普遍的价值精神，人们愿意为它坚守，将之化为自我的道德理想而执着追求，甚至不惜舍弃生命，让人不得不感叹、敬佩、敬仰。

唐君毅指出，那些为成就道德人格而不惜牺牲生命的人们，最终成就的是"圣贤人格"。圣贤人格的现实存在意味着人可以其生命不存在成就其道德人格之存在。心灵的价值具有无上的地位，它要高于自然生命价值①。唐君毅指出，生命存在可以有两种表现方式：一是在现实世界之有限存在，二是在超现实世界之无限存在。对于现实世界中的生命存在个体来说，死亡意味着生命的消逝，然而，对于超现实世界之无限存在来说，则无所谓死亡。当人们以牺牲生命来成就其道德人格时，意味着他同时获得了在超现实世界中的永生。"圣贤人格"是道德人格的最高境界，它在艰难困苦中磨砺，最终成就生命的永恒和无限价值。"若非有此艰难困苦之境，则其人格亦不得成"②，唐君毅强调，道德人格必须在现实具体复杂的道德情境中磨砺，才能最终成就。生活境遇中的矛盾困惑逆流，是人们走向完美人生的必经之路，在艰难困苦中磨砺，是成就完美人生的必要条件。"则人亦不能真视为人之道德实践，所不能加以解决化除之矛盾矣"③，所谓道德困境并不是指没有解决困境的方法，而是指解决如此困境需要人们做出一些艰难的取舍，其结果可能是悲剧性的，

---

① 唐君毅.哲学概论(下册)[M].北京：中国社会科学出版社,2005:805.
② 唐君毅.生命存在与心灵境界[M].北京：中国社会科学出版社,2006:379.
③ 唐君毅.生命存在与心灵境界[M].北京：中国社会科学出版社,2006:379.

但因此成就的是人类自身生命存在价值的永恒与崇高。当代美德伦理学者麦金泰尔指出，"对我们来说，我们的时代和文化中，人们较以往更易于发现自身处于道德困境之中"[①]。唐君毅显然对现代人的这种处境有着深刻的同情，他为现代人走出道德困境提供了基本的方法，即勇敢面向道德生活本身的复杂性，确立和坚定普遍道德价值精神的至上地位，根据具体的道德情境，做出正确的选择。

　　总而言之，唐君毅从"良心"的隐退，发现了"他人"，又在与他人同情共感中，发现了"道德人格世界"。同情共感建构的是一种共同的生活，愿意共同生活在一起的人们由此形成"共同体意识"。"共同体意识"促成人们形成一种客观普遍的价值精神，体现在现实的社会伦理实体中。在唐君毅看来，这个客观普遍的价值精神即凝结在"天"的概念范畴中。实现人格之特殊性与普遍性的统一，达到"天人合一"，是道德人格的最高境界。

---

① ［美］阿拉斯代尔·麦金太尔.道德困境[J].莫伟民,译.哲学译丛,1992(2):13.

第四章　天人感通:尽性立命,天人合一

人我同情共感,形成平等互助、人我合一之生活世界。在同情共感互助的行为中,"他人"为"我"开辟了一条实现道德人格境界扩大超升的现实之路。然而,从人之仁心仁性显发的同情共感互助行为,仍只停留于主观的人我关系中,因此,此时的道德人格仍是个人的、特殊的,而缺乏客观性和普遍性。自我超越的本质,要求人们超越个人主观立场,进入现实的社会伦理关系情境中,为自身道德人格的建构寻求普遍的价值和意义根据;同时要求人们在客观的实际事业中,尽性立命,实现生命存在价值之特殊性与普遍性的统一,并最终完成自我道德人格由广大而升进高明的目标塑造。在唐君毅看来,"天"在中国传统文化中,是一种绝对价值精神的载体,代表一种普遍主义的立场,"天之道"现实地贯通于社会伦理关系之中。黑格尔把这种凝结着绝对普遍价值精神的社会伦理体系称为"伦理实体",意指"具有必然性、本质性、普遍性的客观生活世界"①,并以家庭、市民社会和国家等形式呈现。唐君毅所谓天人感通、尽性立命,是指人们通过自觉的道德实践,实现当下生活的理性化,在家庭、社会、国家责任的履行和担当中,实现绝对普遍的价值精神的客观化、现实化,如此便是达到了所谓天人合一之最高道德人格境界。

---

① 高兆明.制度公正论[M].上海:上海文艺出版社,2001:39.

第一节　人性与天道的合一

儒家认为，人们对普遍价值精神的追求和向往，源自人们的本性。自然万物生生不息，构成宇宙间最普遍之理，亦即万物之道或天之道。人对天道的体悟与内化，是仁道，人以仁道承继天道，实现人道与天道的合一。人道与天道的合一，源于人性与天道的合一。正因为此，唐君毅指出，生命之自性为善，而生命本性之善根源于天道之创生性。作为人之性情的显露，道德具有其客观普遍的价值根据，这种客观普遍的价值根据由人体悟而来，因此又从未离开人的心性本身。

一、生命自性之善

唐君毅指出，不仅仅精神之"自我"是超越的，整个生命存在的本质即在于其超越性。超越就是善。这种内在于生命本身的超越本质，根本上就表现为对普遍的价值精神的追求。与西方基督教、印度佛教对人本身和现世生活的价值持怀疑或否定态度不同的是，儒家首先肯定了当下之生命存在及生命存在当前所在之世界的原始价值意义，并由此建构通贯天人之隔、物我内外之隔的天人合一境界。

"生命之所以为生命，则不只是一有或一无，而至少是一由无而有、由有而无之历程，或由隐而显、由静而动，更由显而隐、由动而静之历程"①，生命存在本身是一个变化发展的生生不息的历程。这种变化发展、生生不息的生命存在之历程本身，包含着"无定执而自超越"的"道"②。这种"无定执而自超越"的生命本性即善之所在。正所谓"天地之大德曰生"（《易·系辞传》），万变的宇宙世界的背后正是生物盎然生机、生长发展历程的表现，而这就是善。内在的自超越本性使得每

① 唐君毅.生命存在与心灵境界[M].北京:中国社会科学出版社,2006:490.
② 唐君毅.生命存在与心灵境界[M].北京:中国社会科学出版社,2006:490.

个生命存在总是期求不断地进行自我超越，超越自己和自己所处的现实世界，以达于理想的境界。生命的生长中固然存在着贪欲、罪恶和虚妄的因素，但是，人们基于理性的考虑，为着"生"的愿望，必然要求去除生活中出现的贪欲、罪恶和虚妄，以免于身体的病痛和精神的痛苦。所谓贪欲、罪恶、虚妄对于人本身而言是偶然而非常然的存在，人们秉于生命之自我超越的本质，为保持生命存在本身的善性，终究要将贪欲、罪恶、虚妄去除。

生生不息的生命存在有一个生发、生长的历程，这个历程表现为由无到有、由有到无，或者说，由隐而显、由显而隐的过程。儒家认为，这种非常有、非定有、非必有的生命表象正是生命不断地自我超越本质的表现，生命在这种生生不息的自我超越中实现自身价值。然而，佛家却因诸行无常而说生命无常；西方中古宗教也认为，一切现实存在都不过是偶然的存在，试图另求一超偶然的必然存在，即上帝。唐君毅指出，无论是佛家，还是西方中古宗教，皆之所以对当下当前的生命存在持有怀疑甚至否定的态度，是因为他们未将生命存在本身看作一个历程，从而无法肯定当下当前的生命存在其本身所含有的"无定执而自超越"的普遍必然的本质。深究其中的认识根源，唐君毅发现，无论是佛家，还是西方中古宗教，他们都采用了"冒过一切生命存在之外，而自外加以包围而观"的"围观"视角，因而未能深入生命存在生生不息之历程本身去体验和感知，而只是从外而观，由个体生命存在由有而无，即判定生命存在为偶然、虚幻、封闭的存在[①]。唐君毅指出，我们固然要承认生命有其封闭、限制、执障、罪恶的一面，但这对于生命存在本身的认识来说应是"第二步"。对生命存在本身认识的"第一步"，还是要首先肯定生命之本质与本性的净善，否则会成为"乱义理之先后本末之序之颠倒之论矣"[②]。同样，生命之间固然存有对其他生命存在伤之、害之的罪恶一面，但总体而言，生命存在之间是一种"相适应而共存"的关系，有相互"容让"的善性。

个体的生命存在具有偶然性，死亡是生命历程中一个不可避免的环

---

① 唐君毅.生命存在与心灵境界[M].北京:中国社会科学出版社,2006:491.

② 唐君毅.生命存在与心灵境界[M].北京:中国社会科学出版社,2006:492.

节，人们由此断定生命为"苦"、为"不善"。唐君毅指出，从纯理智或纯知识的"科学"态度来看，生、死是事实，然而，人们有着对恒常的情感需求，人们依"情"又"望"生者不死，于是，"死亡"通常被看作是"苦"和"不善"。西方宗教与印度佛教则认为，死亡是对生命存在本身之罪恶、无德、无明、无智慧的超度，并由此肯定死亡的价值。但是，正如唐君毅指出的，这种关于死亡的观念，仍只是建立在对生命存在本身的否定和对现实世界的逃避基础上的，此时的死亡观念仍只具有负面的价值意义。与之不同的是，中国传统思想中包含着的关于死亡的智慧，肯定了死亡正面的价值意义。唐君毅谈道，自然生命之死有两种，一为横逆之死，一为自然之命终而死①。人生在世，总是有飞来横祸、意外死亡，面对这样的横逆之死，只要平常总是能"尽道存心"，兢兢业业、恪尽职守，那么，横逆之死即非横逆，而正可以玉成人之道德人格。而对于自然生命之命终之死，人们则可于其中看到一正面的本性之善。这是因为，中国古人认为，"人之自然之命终，为休息，为当然，亦为善事"②。具体来说，先在者之命终之死，可以让后来之更有贤勇者获得发挥才能、实现自我价值的机会和空间。因此，如果一个人能够做到老而安死，便是一种仁德的体现，其中蕴含着礼让之德，客观上使得人们能够各得其位，主观上也体现出生命个体对生命执着之超越的精神和智慧。孔子曰："大哉死乎，君子息焉，小人休焉"（《孔子家语·困誓第二十二》），死亡意味着君子之息其德，以待后人之继其功；而小人也自休其小德或不德。因此，唐君毅指出，对于死亡，不必如宗教那样从生命存在之罪恶、无明来说明其价值，而应当看到死亡本身所包含的善性善德之正面的价值，从中可以看到生命存在有着超越生命自身之执的善性。实际上，按照儒家价值观，个体生命不仅是属于生者自身，它还属于这个社会和世界，具有普遍的价值意义。因此，个体生命存在固然具有其偶然性、无常性、有限性，但从人类普遍的意义来说，生命存在则具有其永恒性、常然性、无限性。因此，身体的消亡并不就意味着"无"，"死亡"作为生命历程中的一个环节，并不简单地意味着"苦"和

---

① 唐君毅.生命存在与心灵境界[M].北京:中国社会科学出版社,2006:495.

② 唐君毅.生命存在与心灵境界[M].北京:中国社会科学出版社,2006:495.

"不善"。

佛家认为，生命存在具有"分别我执"的执障，即认为人总是区分"我"与"非我"，并以"我"排斥"非我"，并由此断定生命存在本身为不善。对此，唐君毅予以反驳。唐君毅指出，人、"我"有概念之别、之分，但并不意味着人、"我"本身就是相互对立的。在人的心灵生命活动的最初，人们并不知有人我分别。相反，人的心灵总是基于内在的原始性情而与外物处于感通之中，总是试图超出自我的限制和封闭，彰显着生命存在本身自我超越的善性。正如唐君毅自己在谈到柏格森的创造进化理论时所指出的，基于"理智的智慧"以概念知识把握的世界，是一个"分立的""静定的"的世界，而只有以超理智的"同情的智慧"才能真正把握到具体事物生动活泼、普遍联系的本质[1]。唐君毅指出，仅仅由于人们在概念上区分"我"与"非我"，即判定"我"与"非我"相互排斥，并由此认为生命存在本身为不善，是不能成立的。实际上，人们在概念上区分"我"与"非我"，通过概念来把握世界，恰恰说明人们意识到客观上我与非我的分别，而力图予以超越的自觉性。因此，人们区分"我"和"非我"的最终目的并不意味着人们固守自我，相反，恰是要通过"我"与"非我"的概念区分，以超越自我而达于非我，实现"我"与"非我"之间的合一。因此，唐君毅指出，"儒家所言之性善，乃第一义之本性；佛家所言之有我执之性，乃第二义之本性"[2]，生命存在固然是具有自我封闭和自我限制的一面，但那相较于生命存在之自我超越之善性来说则是第二义的。生命存在之本性仍是善。儒家正是顺从人的善性进行教化，因而称为"顺成之教"[3]。唐君毅承继儒家观点，主张个体生命与社会存在是融合为一的，普遍的社会存在赋予个体生命以永恒的价值和意义，个体生命存在则通过内在的自我超越本质获得自身的善性。

---

① 唐君毅.哲学概论(下册)[M].北京:中国社会科学出版社,2005:595.
② 唐君毅.生命存在与心灵境界[M].北京:中国社会科学出版社,2006:501.
③ 唐君毅.生命存在与心灵境界[M].北京:中国社会科学出版社,2006:501.

二、天道创生万物

天地自然孕育生命万物。当生命来到这个世界的时候，它就是一个"破空而出"的"赤裸裸"的自在生命个体。每个生命个体生长发展的过程是一个不断自我超越的生生不息的过程。生生不息是天之理、天之道。生命存在之自性即为善，而其善的根据或形上根源即天道。善或道德是基于人之心性体悟，对天道的自觉追求。正是道德贯通了人性与天道，实现了人性与天道的合一。于此，生命个体自我超越的历程，是一个不断向其存在的形上根源的回归与追求的过程。天道使得天地万物获得了其存在的真实意义。在这个意义上，天道创生万物。"儒家说天道创生万物……是对于天地万物所作的道德理性上的价值的解释。"①

唐君毅从人的情感体验中，论证天道创生万物的实在性。当生命降世之时，破空而出，忘却了其生命的来处，于是人们便有一种空寂感；而当处生命生长的某个阶段，人们对自己进行审视时，也往往有一种无依无靠的孤独感。所以，每个生命存在的背后其实都有一个超越的形上根源的存在。生命破空而出，意味着生命个体与其形上根源某种意义上的"隔离"，它赤裸裸地降生于世，先天地具有空寂性、纯洁性，但又无所依傍②。宗教观点常常把生命与其形上根源的这种隔离，看作是人的"堕落"的开始，或者认为它是生命"无明"的开端。然儒者则指出，生命与其超越的形上根源的"隔离"带来的所谓的"空寂"和"无依无傍"的感觉恰恰表明，生命存在内在地有对其超越的形上根源的回归与追求，生命个体与其形上根源某种意义上的隔离或是忘却，又恰意味着生命个体"破空而出"的创生意义。

天道创生万物，使得生命本身即表现为一个创生的过程。"创生之一半义，为自无而有；全义则为：破空而出，无无而有。"③生命存在破空

---

① 牟宗三.圆善论[M].台北:台湾学生书局,1985:134.

② 唐君毅.生命存在与心灵境界[M].北京:中国社会科学出版社,2006:508.

③ 唐君毅.生命存在与心灵境界[M].北京:中国社会科学出版社,2006:509.

而出，首先是"前所未有"之"有"，其降世诞生是一种创造；而就其内容而言，此"前所未有"之"有"由形上根源中孕育，因而，又总是带着形上根源中的属性，因而是"依"空而出；不仅如此，此"破空而出"同时还是于"空"有所破，是对世间的"无""无知""无明"的"破"，可谓是一个"否定而否定更成其肯定"的过程，是"无无而有"的过程。也就是说，依着超越的形上根源而来的生命个体，同时也是对超越的形上根源的超越、突破与创新。由此，每个生命个体都是个性与普遍性的统一体。在中国传统的文化中，这个超越的形上根源被称为"天"，而其中蕴含的"否定否定而更肯定"的理、道，是"生生之理"，即"天理""天道"。生命依其根源而创生，依其理其道而生长，并因此具有其性。此性为"天性"，也是"人性"之所在。

如此，每个生命存在都有其超越的形上根源，每个生命存在都内在地有着对普遍客观的价值精神（"天"）的追求。生命存在由"天道"获得了其生长发展的价值、意义和尊严，人性与天道内在地取得了一致和贯通。正是道德贯通了人性与天道，道德因此也具有了普遍、客观的意义。唐君毅指出，天人本相合，当生命破空而出，天人相隔，则必生空寂感，为避免这种空寂感，生命存在必不断向上追溯，以重新实现天人合一。于是，正是在其内在的对普遍价值精神追求不断地感召之下，生命不断地超越自我，通过道德修养和道德实践去体悟天命，以重新走向天人合一之境。这个重新走向天人合一之境的过程，即"尽性立命"的过程。

应该注意的是，唐君毅对传统儒家"天道"的解读体现出一种变革精神。在传统儒家伦理思想体系中，"天"是社会道德体系的最终价值根据，到宋明儒家学者那里，"天理""天道"更是被看作超乎于人之上、人之外的绝对本体，以至有以"天理"来湮灭"人欲"的说法。唐君毅从"生生之理"解读传统儒家所谓之"天"和"天道"，实际上是把"天"和"天道"看作为人类社会客观普遍价值精神的范畴载体，并由此贯通道德之本体世界和现实生活世界，从而将道德的最终价值根据拉回到了人的现实生活世界。

第二节 "尽性立命"的内涵:天人合一之道

儒家自孔子那里,就自觉地把以人道承继天道、实现天人合一作为自身使命,不断探索天人合一之道。"存其心,养其性,所以事天也。夭寿不二,修身以俟之,所以立命也。"(《孟子·尽心上》)唐君毅承继孟子的观点,提出实现天人合一之道在"尽性立命"①。尽性即立命,唐君毅所阐释的"尽性立命",其核心要义是把个人的道德修养与社会的使命相联结,把个体的特殊价值与社会普遍的价值相统一,强调在社会人伦关系中,实践道德,安身立命,从而使得个体人格塑造从主观特殊的立场走向客观普遍的立场,实现二者的统一。

一、性命与天命合一

天人本相合,生命破空而出的那一刻,是天人相分的开始,也是人对天的追求和向往的开始。天人相依相即,又相隔相离。在天人关系中,儒家强调了对"命"的观念的把握的重要性。"中国哲学之言命,则所以言天人之际与天人相与之事,以见天人之关系者。故欲明中国哲学中天人合一或天人不二之旨,自往哲之言命上用心,更有其直接简易之处"②,唐君毅认为,"命"这个观念是把握中国有关天人关系观念的关键。

"命"首先是自天说,即"天命"。周初就有所谓"天命靡常""修德配命"的说法。"命"首先意味着客观必然、不可避免又不可预知的命运。在这个意义上,"命"意味着人们应该确立对某种必然性的敬畏。只是在"命"的面前,人也并不是毫无作为的,人们可以通过修养德行来匹配天命或体悟天命。儒家还认为,"命"不仅需要自天说,也需要自人

---

① 唐君毅.生命存在与心灵境界[M].北京:中国社会科学出版社,2006:510.
② 唐君毅.中国哲学原论·导论篇[M].北京:中国社会科学出版社,2005:323.

说。"命"自人说是指"性命"。如果说"天命"还是一种客观外在的命令的话,"性命"则是一种自命自令。生命就其本性而言,只是一生的灵觉,或灵觉的生,生命之性即创生。"欲有所向往,有所实现"①的创生是一种发自人性自身的自命自令。由此,性即命。性即命,意味着依性可以知道义之当然所在,人依性而行,即人性不断显现自身的过程。而既然人性根源于天,人之性即天性,那么,自命也就是天命。如此,自命天命之所在,即性之所在,客观外在的天命与主观内在的人性实现了贯通合一。正是在这个意义上《中庸》明确提出"天命之谓性"的主张。而天命与性命相互贯通的方式,即如孟子所说的"尽心知性知天"。也就是说,当人们自命自令,尽心修养德性,积极行义之当然之时,其实也是在行天之所命。如此,人们通过尽心尽性之自命自令,即在自己生命存在之内部安立了天命。由性命与天命的合一,尽性立命突显了道德的自觉自律性特征。

二、义命合一

孔子当年说君子当"知天命""畏天命"而"俟天命",但又"罕言利与命与仁",只是要求人们反求诸己,在仁德的践行中去体验人生的乐趣,似乎并未将天命与人性直接相联。对此,唐君毅指出,"孔子反求诸己,行心所安之教,与畏天命贵天道,乃一而二者"②。虽然孔子并未直接将天命与人性直接相连,但其在道德实践中体验人生乐趣的主张一样体现着对天命的敬畏。孔子的天命思想,实际植根着儒家"义命合一"的主旨。孟子对此也有过一个说明:"或谓孔子于卫主痈疽,于齐王侍人瘠环,有诸乎?孟子曰:否,不然也,好事者为之也……弥子谓子路曰:'孔子主我,卫卿可得也。'子路以告。孔子曰:'有命。'孔子进以礼,退以义;得之不得,曰有命。而主痈疽与侍人瘠环,是无义无命也。"(《孟子·万章句》)孟子指出,在天人关系上,孔子实际上是主

---

① 唐君毅.生命存在与心灵境界[M].北京:中国社会科学出版社,2006:510.
② 唐君毅.中国哲学原论·导论篇[M].北京:中国社会科学出版社,2005:331.

张在实践仁德的具体行为中去直接体验天命。

"孔子之知命，在就人当其所遇之际说；而孟子之立命，则就吾人自身先期之修养上说"①，唐君毅指出，孔子强调在具体当下的道德实践中去体验天命，是"即义见命"；孟子则进一步强调加强日常的道德修养工夫，指出人的仁德践行源于人的心性，因而需要通过尽心知性来立命，以通贯天命。由此，在孟子这里，天命是一个"自外而观"，即可"由之以见其义之所当然者"，可谓之为"即命见义"。唐君毅指出，"在孔孟，则吾人所遭遇之某种限制，此本身并不能说为命；而唯在此限制上，所启示之吾人之义所当为，而若令吾人为者⋯⋯此方是命之所存"②。也就是说，在义命合一的理念下，无论人身处顺境或是逆境，在儒家看来那都是对人之义之当为的启示，从中都可以看到客观之天对人皆有所命，人由此而知自命自令，并立此自命自令之命。

唐君毅指出，中庸只说性命即天命，而孟子深化了天命的内涵，突出了特定之顺逆之外境中所启示的天命，并论及天命与自命的统一问题。由孟子明确主张的"义命合一"的观点，激励着人们突破命的自限意识。唐君毅注意到，人所遇外境，具有偶然性、无常性，宗教观点以此判断生命存在为"苦"，为"有罪"和"非真实"，儒家则直接探求如何在此顺逆境中自处，并认为逆境实际启示着义之所当为，好像对人有所命，而使人们自命自令按照义之所当为去做，如此，则既肯定了生命活动的真实性，也肯定了外在环境的价值。其中，体现出知命、安命而立命的思维方式，显示出与佛教、基督教在人生命运问题上不同的思路方向。

义命合一，既实现了天命与自命的统一，也激励着人们在逆境中积极承担，体悟天命，在逆境中崛起。人的生命历程总是遭遇各种境遇，有顺有逆，可谓无常。然而，这无常的生命境遇恰是人们不得不面对和勇敢承担的命运之所在。命运就其本身而言固然是一个事实性的必然存在，然而，其存在本身却又启示着义之所当为，而对人有所命。人们正是在积极面对无常的命运之遭遇中，行义之当为，而成就人格德性的。

---

① 唐君毅.中国哲学原论·导论篇[M].北京:中国社会科学出版社,2005:336.

② 唐君毅.中国哲学原论·导论篇[M].北京:中国社会科学出版社,2005:338.

人格德性的成就在各种特定的境遇中实现。当然，特定情境由于其限定性，还需要生命存在超出这个限定的特定情境，走近大千世界，去感受天命，行义之当然，次第展现人的德行德性，成就人格。

人生遭遇的特定境遇，皆能启示义之当然，对人有所命，而人也能以其所命为其所自命自令，行义之当然。唐君毅指出，在这个过程中，天命实际上表现为两种状态：一是由特定情境本身所发出的命令，对"我"有所命令、有所呼召。这个命令自客观地说，如同天与"我"交谈，使"我"感知到了天的客观存在，于是做出积极回应，以奉承之。此奉承，是指"知命""俟命""安命"，唐君毅称之为"坤道"。二是当天命呈现内在于性命，人们顺其自命而行，此时，与天之交谈，即与自己之深心交谈，受自己内心所呼召，此时即自立此命、凝此命、正此命，是为"乾道"。天人合一，是乾道坤道的和融，具体表现为"奉天命而自命，以立命，亦即尽其性之所命者"，故"立命即尽性"也。至此，由义命合一，唐君毅所谓尽性立命归根结底是要求人们，超越无可奈何的命限意识，克服命定主义，积极实践，张扬人这个道德主体的自由自律精神。需要指出的是，冯友兰与牟宗三也都曾强调超越命限意识。冯友兰认为，人人在客观上都无法摆脱命运的限制，但是如果人们能够达到道德或是天地境界则能够在精神上超越这种限制①；牟宗三则主张通过彰显和强化心性本体的无限性和绝对性来超越命限意识②。在强调以积极的态度来面对生活的各种境遇上，唐君毅与同时代的这两位学者是相通的，但当唐君毅强调感受天命，行义之当然时，他实际上更进一步强调了在现实生活的实际情境中不断超越，通过实践道德来创造生命价值的人生取向，从而体现出更加强烈的入世担当的精神。

三、静以成学成己,动以应务成物

"人之如何静以成学成己、动以应务成物，即人之尽性立命之二大

① 冯友兰.贞元六书(下册)[M].上海:华东师范大学出版社,1996:668-685.
② 牟宗三.圆善论[M].台北:台湾学生书局,1985:139-140.

端"①，唐君毅指出，实现尽性立命的方式有两种：一是静以成学成己；二是动以应务成物。成己成物构成人在世间尽性立命之两大端。

静以成学成己，主要是针对"内境之命"的回应。内境之命，简称"内命"，是指人天生的气质体质的偏差，以及人所处的社会生活习惯对人的启示命令。人对此"内命"以一义之当然的行为来回应，存续善者，阻断不善，并从中不断觉悟，就是人之成学成己的历程。唐君毅指出，尽性立命在根底上要存养个体生命的"灵觉的生或生的灵觉"②，使其能经常昭临于一切境遇之上。然而，人们常常难于摆脱生物本能，难于克服生活之不良习气，难于逃离境遇的束缚，常常沉溺于各种境遇中而不自知。因此，现实生活中，人们一般很难使"生的灵觉"昭临于境遇之上。为此，古人提出"虚静自持"等内心修养的工夫，主张通过唤起"生的灵觉"的自觉能力，来使个体生命自存自守。唐君毅指出，关于内心工夫的修养古人说的比较多，但还需指明一点，即内心修养工夫的困难之处在于"收摄过紧而离外务，亦足致此灵觉之自陷于其虚静之中，以成一高等之自己沉没；而由其外以养内之工夫，亦不可忽"，而这里的解决之道"要在礼乐之生活"③。唐君毅主张在生活中以礼乐养心，陶冶人之德性德行。

动以应务成物，主要是针对"外境之命"的回应。外境之命，简称"外命"，是指人在当下所感觉所遭遇的自然社会之环境，以及其中所包含的历史、思想、文化、风尚等，对人启示发出的命令。人对此"外命"有义之当然的回应，此回应的过程是人的生命灵觉处事应务的历程。如此，则当面对外境之各种不期的境遇，主体皆能克服无可奈何的心情，将其看作天命所在，并主动奉承天命，在回应外境之事物的历程中，次第展现人的德行德性。"应务成物""处事应务"强调的是对当下所遭遇的生活境遇的应对，它建立在人与外境的感通基础上，意图将外境所启示之命令，转化为自命自令，使得人们以义之当然来应对当下生活之情境，其目的是要实现当下生活的理性化，实现知行的合一。

　　① 唐君毅.生命存在与心灵境界[M].北京:中国社会科学出版社,2006:516.

　　② 唐君毅.生命存在与心灵境界[M].北京:中国社会科学出版社,2006:517.

　　③ 唐君毅.生命存在与心灵境界[M].北京:中国社会科学出版社,2006:518.

第三节　当下生活的理性化:"尽性立命"的实现

唐君毅主张尽性立命,是要通过道德修养和道德实践,感受天命;行义之当然,是要通过自觉担当社会义务和使命,来成就自我之道德人格。"由修养实践之工夫,以尽心知性而知天之道路,即由家庭中之孝弟伦理之实践,以扩充,而及于夫妇、朋友、君臣之伦理之实践,对于国家天下之历史文化,参赞天地化育等种种责任之实践。或由'亲亲而仁民,仁民而爱物'之德行之实践,而不断迁善改过。"①唐君毅深知"理事一如","理"(天理,天道)与"事"本是"一","理"需在"事事"中运行,同时"事事"有"理"才能趋向于"和"。为此,唐君毅重视日常生活中的道德实践。他所谓尽性立命,就是强调要即时地与当下情境进行感通,通过感悟"当下"之"当为",实现"生活理性化"②。周辅成指出,唐君毅"生活的理性化"中的"理性化"是指"把理性联系或包括到理想、性情、生命等一切活动的、现实的事物的时候,然后人在实践中、生活中可发现一新的世界,一个隐藏在现实存在的圣心圣体……其内容,就是人道与天道合一,人德与天德同流"③。也就是说,唐君毅由尽性立命实现当下生活的理想化开辟的是一条由"凡"入"圣"的道德修养路径,具体来说,即在家庭生活、经济生活和政治生活中,即时实现与当下情境的感通,感悟天命,实践"当然",在从家庭责任向社会责任、国家政治责任的担当中实现生活境界的无限扩大,达到天人合一。

---

① 唐君毅.哲学概论(下册)[M].北京:中国社会科学出版社,2005:691.
② 唐君毅.生命存在与心灵境界[M].北京:中国社会科学出版社,2006:559.
③ 周辅成.周辅成文集(卷Ⅱ)[M].北京:北京大学出版社,2011:299-300.

一、孝亲:道德责任的始点

唐君毅强调通过当下生活的理性化来实现人格的高明广大。从个体生命的生长历程来说,家庭生活是其首先遭遇的伦理关系境遇。"家庭是人类最初的伦理关系。"①个体诞生的那一刻,他首先就被置于特定的家庭伦理关系之中。在家庭伦理关系中,父母兄弟之情基于自然血缘关系而有,最具自然之"天性",其伦为"天伦"。儒家肯定生命之自性,主张率性尽性的顺成之教,其始点就建立在人们自然而有的孝悌之心上。"视此家庭之伦理乃自然与人文,亦自然与超自然者之交界,亦即天人之交界。"②唐君毅传承儒家以孝悌为德行之本的思想,认为实践以孝悌为核心的家庭责任,实现家庭生活的理性化,是道德人格从主观走向客观、从狭隘走向普遍,达到人格之高明广大的始点。

儒家重视孝悌之心,不仅把孝悌看作是一切德行之本,称"孝悌为仁之本""尧舜之道,孝悌而已",且把孝悌之义扩展至一切人伦关系中。众所周知,父子、君臣、夫妇、长幼、朋友是传统社会最基本的五伦,其中父子、夫妇、长幼三伦属于家庭人伦范畴,而君臣、朋友两伦则属于非家庭人伦范畴。从中,我们一方面可以看到中国传统社会对家庭人伦关系的重视,另一方面我们也不难进一步发现父子兄弟之伦在中国传统社会中作为最基本的人伦的地位。"唯在中国文化中,能将此父子兄弟之天伦之义,推及于一切人伦关系中。故师如父,而学生如弟子,贤君保民如保赤子,民仰之如父母,朋友以兄弟相称,诗经言宴尔新婚,如兄如弟,而夫妇亦兄妹也。"③不少学者由此推断,孝悌既然以自然之血统关系为基础,那么,儒家以孝悌为德性之本,并将之扩展至一切人伦关系,就必然导致中国文化中形成一种只有家庭成员关系才是值

---

① [德]马克思,恩格斯.德意志意识形态[M].中共中央马克思 恩格斯 列宁 斯大林著作编译局,译.北京:人民出版社,1961:22-23.

② 唐君毅.哲学概论(下册)[M].北京:中国社会科学出版社,200:689.

③ 唐君毅.生命存在与心灵境界[M].北京:中国社会科学出版社,2006:502.

得信任的心理习惯，从而使得中国人的人伦观念陷于狭隘之中，而不能适应现代社会对公共道德的普遍要求。对此，唐君毅从对孝道根据的重新论证入手，指出孝悌是人之仁心仁性的最初表现，而并不如一般观点所认为的孝悌是仁道之全，并由此重新阐发儒家的重孝弟之道的意义。

人们通常从自然之感情上讲孝，说父母爱我，我固当报之以孝。然而，父母不爱我，孝也仍是要讲的。由此，唐君毅指出，仅仅从自然的报恩之情上讲孝是不够的。实际上，孝作为具有普遍价值意义的道德规范，具有其形而上的根据："孝"是生命个体自我超越之天性的最初表现。"人之孝父母，根本上为返于我生命所自生之本之意识。"①唐君毅指出，人们有一种"返本"意识，这是生命自性中之自我超越精神的一种表现。在这种追本溯源的意识中，人们超越自己之自然生命，而发现自己为父母所诞育，为父母所创造，于是将父母对自己的爱上推，而成爱父母之"孝"。如此，"孝"不仅仅是基于血缘关系而有的自然之情，它更是生命个体内在超越自我的仁心仁性的必然表现，是对现实自我的超越。如此，父母爱"我"固然是要报之以孝，然若是父母不爱"我"，"我"则更要通过孝来感格父母之心，使父母复其本性而免于不慈之过。唐君毅指出，人的"返本"的自我超越意识，首先必然返于父母之本，而后则必及于祖先，并最终达到宇宙之本。子女有对父母之"孝"，父母也有对其父母之"孝"，于是，就有对祖先的崇敬。而由此再进一步超越返本，则会体悟到宇宙之养育之恩，由此，便有关于宇宙精神意识的产生。唐君毅认为，人们在对父母的孝思中，最终可以达于对宇宙生命精神的体悟。"中国人乃透过孝父母祭祖宗以拜天地，则天地皆生命精神化矣。由孝所培养之宇宙意识，正为最富生命性精神性之宇宙意识。而由孝以透入宇宙之生命精神的本体，乃人人可循之直接返本的道路。"②如此，孝即具有了形而上的意义。唐君毅指出，孝作为人之仁心仁性的最初表现，正是人之自然生命向高明广大之德性生命升进的开始，由此，为儒家特别重视。

孝作为人之仁心仁性的最初表现，现实地表现为对现实之我的本能

---

① 唐君毅.文化意识与道德理性(一)[M].桂林:广西师范大学出版社,2005:43.
② 唐君毅.文化意识与道德理性(一)[M].桂林:广西师范大学出版社,2005:48.

生活的超越，不仅如此，它也还可以"印可"本能生活，使得本能生活具有道德意义①。父母生子女而爱子女之心，常常被看作是一种生物延续其类的本能。即使人们承认子女是不同于父母的另一个独立的生命个体，当父母愿意为着子女牺牲其自我，表现出自我超越的特性时，人们依然认为这种牺牲只是局限于其后代，其中的德性是相当狭隘的。父母之生子女与父母之慈于子女，从一般的意义上看，都不过是自然生命的表现，是为高等动物所共有的天性，其中的道德价值是有限的。相对而言，子女之孝父母，则唯人类才能有。因为孝之情最初源于子女对父母之爱的感知，由此而有对父母的自然的回报。这种报恩之心是纯为精神性的，而非生物性的，其中包含着对自我进行超越的仁性追求。子女对父母有爱敬报恩之心，父母对其父母也有尽孝，于是对祖先尽孝也就成为自然而然的事情。家族的繁荣和生生不息成为对祖先最大的孝。在这个意义上，父母生育子女，就不能被看作是生物延续其类的本能行动，而应被看作是其在家族延续上应尽的责任，是"尽其天伦中之责"②。也就是说，父母生育子女，子女婚娶，都可以是孝道的表现。古人说："男女居室，人之大伦""君子之道，造端乎夫妇"。如此，通过尽孝之义，人类之生物性的延类本能，以及由此本能而有的父母子女关系的生物性都得到了超化。于是，家庭生活整个即成为超越之自我展现的道德生活。家庭成立的根据，正如唐君毅所指出的："家庭之目的是完成人之道德生活。"③

家庭是一个由伦理关系联结的共同体。作为家庭之"成员"，个体之间在家庭中相互结成了一体，但又保持着自己的个体性。"此家庭中之父子兄弟夫妇之伦理关系，即皆为个体人格对个体人格之关系。"④在唐君毅看来，家庭成立的根据在于成就道德生活，那么，只有保持成员人格的独立性，才有可能在家庭这个共同体中成就人格的道德性。因此，家庭意识并不就意味着"无我""无私"，家庭利益与个体利益是统一的。

① 唐君毅.文化意识与道德理性(一)[M].桂林:广西师范大学出版社,2005:50.
② 唐君毅.生命存在与心灵境界[M].北京:中国社会科学出版社,2006:503.
③ 唐君毅.文化意识与道德理性(一)[M].桂林:广西师范大学出版社,2005:36.
④ 唐君毅.生命存在与心灵境界[M].北京:中国社会科学出版社,2006:503.

在保持个体人格的独立性基础上，家庭成员之间在家庭这一共同体的现实伦理关系中，彼此情义相结，互感对方情意，形成互相还报的"恩义"①。在这样一个恩义相结的共同体中，人们首先更加重视形成成员彼此间情意的强度和深度，而不是将此情义遍施予他人的广度。正是因为此，儒家重孝之道受到了批评，被认为缺乏责任的广度。对此，唐君毅指出，这是对儒家孝道的误解。实际上，儒家也讲如四海之内皆兄弟，泛爱众，亲亲而仁民，仁民而爱物。只不过，儒家坚持认为人之情义恩义首先要通过家庭伦理关系表现出来，在其达到足够的深度或强度后，其次第及于家庭之外的朋友君臣之伦理关系中，最后才能说普施博爱之情义。唐君毅指出，儒家强调的实际上是只有在现实的伦理关系中，才能实现普施博爱之情义。

首先，如果脱离现实具体的伦理关系谈普施博爱，则博爱之情义可能不能为对方所感受，得不到对方的回应，从而一方面不利于彼此情义的增进，另一方面也终会因为无回应者而消沉；其次，只有在现实具体的人与人的伦理关系中，人们才能互感对方之情意，互相还报以成"恩义"，"恩义"至于深挚笃厚，然后才会有博爱之情义。如基督教之爱汝邻人、佛教之普度众生如果不能进入现实的伦理关系中，其所谓博爱之情义只能流于抽象，流于形式。唐君毅指出，博爱之情义只有在现实的以恩义相结的伦理关系中才能得到陶养，家庭中孝悌之道正是人们成就广大博爱之仁心仁性的始点，它同时构成人们实现仁心仁性根本的现实有效的途径，而这当然也构成儒家重孝的依据。而正是在这个意义上，唐君毅认为，程子将"孝悌为仁之本"解读为"孝悌为行仁之本"是有道理的②。如此，孝亲是培养普遍之道德责任感的始点，儒家之重孝之道与社会责任之间是相互贯通的，它们都是仁心仁性的必然表现。当代西方学者史华兹指出，通过家庭之孝道来培养社会责任意识，把家庭看作公共德性的根源这是以孔子为代表的儒家伦理思想的一个重要特征。在西方伦理思想史上，诸如柏拉图和亚里士多德等古希腊学者显然并未考

① 唐君毅.生命存在与心灵境界[M].北京:中国社会科学出版社,2006:504.
② 唐君毅.文化意识与道德理性(一)[M].桂林:广西师范大学出版社,2005:78.

虑过从家庭生活模式中去吸取有关公共精神和公共道德的资源①，但是，黑格尔显然是注意并肯定了家庭意识与社会责任意识之间的贯通性的，他谈到家庭教育第一是要"灌输伦理原则"，第二是要使得子女达到"独立性和自由人格"，从而达到脱离家庭的自然统一体的"能力"，强调个体公民人格的培养是从家庭中开始的，培养的过程贯穿于父母与子女间"爱""信任""服从"的关系建构中②。

"推爱家庭之心以爱社会中人"是儒家道德是否能实现现代化的一个重要问题。通过深入分析，唐君毅感到，如果把家庭责任的根据仅仅建立在血统关系上，那么，没有血统关系自然也就无法使人履行道德责任，如此"推爱家庭之心以爱社会中人"就会很难。而中国儒家的孝悌确实给人一种自血统关系讲道德责任的印象，从而引来诸多对其重孝之道的责难。而正因为将家庭道德的根据误以为是血统关系，一些提倡社会道德的人，便主张打破家庭道德。对此，唐君毅指出，"家庭道德与社会道德，源出自一根一本，由家庭道德至社会道德非由有血统关系到无血统关系之突变"③。家庭成立的基础以及孝的依据并不是一般人所认为的血缘关系，相反，它们是建立在普遍的道义基础上的，是人之仁心仁性的内在要求和现实表现。在仁心仁性之自我超越的本性要求之下，当个体身处家庭中时，自然是会做到孝，尽家庭责任；而当其在社会中时，也会积极参加社会文化生活做到仁。应该看到的是，在传统社会，人们参与社会文化生活带有偶然性，"夫人之参与社会文化生活，有待于外缘"④，因此，对古人而言，社会责任是偶然的，而家庭责任是必然的。然而，就家庭责任与社会责任本身而言，基于仁心仁性的普遍性，决定了二者是相通的。其中，子女对父母之孝构成一切仁心仁性的源泉与根本。

当然，由于人之人伦关系中的种种情义有深度强度的差异，同时存在着由己及人的天然之序，所以，儒家说人必分亲疏，亲亲、仁民、爱

---

① [美]本杰明·史华兹.古代中国的思想世界[M].程钢,译.南京:江苏人民出版社,2004:70-71.

② [德]黑格尔.法哲学原理[M].范扬,张企泰,译.北京:商务印书馆,1961:188.

③ 唐君毅.文化意识与道德理性(一)[M].桂林:广西师范大学出版社,2005:79.

④ 唐君毅.中国文化之精神价值[M].桂林:广西师范大学出版社,2005:150.

物之情义各不相同，且有一个先后的秩序，即主张"爱有差等"。墨子反对"爱有差等"，而提出"兼爱天下"。现代社会由于凸显公共生活道德，对儒家的"爱有差等"也是多有诟病，认为它破坏了道德的普遍性。然而，实际上，儒家所谓"爱有差等"一方指出人与人之间的情义不可能相同的事实，这包括亲亲中之情义与仁民中之情义，仁民中的情义与爱物中的情义显然都各不相同，但另一方这并不必然意味着把情义的深浅当作是道德选择的根据。相反，儒家所强调的是平等看待各种道德关系，同时根据主体之"位"，判定其当下所当为。唐君毅指出，儒家的"爱有差等"正体现了儒家在道德生活中的"平等慧"与"差别慧"①：一方面，强调平等对待一切事物关系，而在责任冲突之时，能根据主体之"位"即实际的情势，权衡轻重缓急，判定当下的道德责任，此谓"平等慧"；另一方面，强调道德主体只有根据具体情势，权衡轻重，才能判定当下应尽的责任，而不能在原则上，以一种责任来否定其他责任，此谓"差别慧"。道德生活中的"平等慧"与"差别慧"体现着的正是道德的普遍性与特殊性的统一。"盖以家庭与国家之责任，武士与师儒之责任，在原则上实未尝有高下，而唯以吾人所居时位，以定何者为先。"②中国古代没有公德与私德之分，实际上是因为中国人认为无论是个人与个人，还是个人与社会、个人与国家，其道德关系都是平等的，而具体的道德行为选择则根据主体之"位"来确定。由此，"父子相隐"是讲得通的。归根结底，人之仁心仁性具有普遍性、涵盖性，但又必须在具体特殊的情境中来表现其情。因此，唐君毅指出，公德、私德根本上是相通的。由此，在现代社会情境下，儒家的重孝之道，显然也不会成为社会责任履行的阻碍。不仅如此，从仁心仁性的自我超越本性来说，个体必要经过家庭且超越家庭而走向社会，从而在更广大范围的责任的承担中来实现自我人格的高明远大。

　　唐君毅将各种人与人之间的伦理关系归结为以德相报的"成恩"之情义仍然是狭隘的，现代社会之公共道德更是建立在一种以权利义务对等的关系基础上的伦理关系的反映。但是他从仁心仁性的自我超越之自

① 唐君毅.中国文化之精神价值[M].桂林:广西师范大学出版社,2005:153.
② 唐君毅.中国文化之精神价值[M].桂林:广西师范大学出版社,2005:155.

· 158 ·

性中，试图打通以孝悌为核心的家庭责任与普遍的社会责任之间的通道，有利于在当代进一步传承和弘扬传统儒家之孝道精神，同时也为现代社会公民社会责任感的培育提供了现实可参考的路径。然而，"倘若在情感领域内我们将两种情感，即对故乡之爱与对人类之爱，拿来作比较，那差别将是何等大"，我们"自然地""直接地"热爱我们的父母与乡邻，而爱人类则是"间接的""后天习得的"[①]，亨利·柏格森提醒我们，家庭责任中所包含的情义与社会责任中所包含的情义并不完全相同或相通，家庭之孝亲情义并不必然导向普遍的社会责任感。实际上，在黑格尔那里，从家庭责任到社会责任，他有一个专门的"公共教育"[②]环节。唐君毅意识到这样的问题，所以，他要求人们走出家庭，进入社会，在那里人们的普遍精神将得到陶养。

二、社会意识的养成：经济生活的理性化

现代社会是商品经济社会，个人的经济活动增多，人与人之间的经济交往也日益频繁。人们通常认为，从生产、交换、分配到消费，所有的经济活动都不过是为了满足个人私己的衣食住行的本能需求。即使是经济上生产方式的进化变革，也只是为了增加财富，以更好地满足人们的物质需求欲望。对此，唐君毅指出，把经济活动的根据仅仅建立在个人私欲满足的基础上的观点，忽视了经济活动赖以成立的内在的道德根据。如此，把经济活动仅仅归结为自然本能活动，把人类在共同生产交换活动中形成的经济社会仅仅看作是人类更好地谋求自然欲望满足的组织，这显然是一种未加深沉反省的观点。人类的经济活动是一种文化现象，经济社会成立的根据不能在自然欲望本能需求满足的层面去寻求，经济社会发展的评价依据也不能仅仅建立在是否能够更好地满足人们的物质需求欲望上。相反，人们需要依据道德文化精神对自然之经济活动进行型范，使其趋于合理。而实际上，人类经济社会组织"自始根据于

---

① [法]亨利·柏格森.道德与宗教的两个来源[M].王作虹,成穷,译.南京:译林出版社,2011:21.
② [德]黑格尔.法哲学原理[M].范扬,张企泰,译.北京:商务印书馆,1961:242.

第四章　天人感通：尽性立命，天人合一

· 159 ·

人之内在的精神活动道德自我之要求而成立，亦即直接间接以人类之自觉或不自觉的道德理性为基础而成立"①。唐君毅指出，经济活动固然与个人的私利、私欲相连，但经济活动的产生却是由人的仁心仁性所激发，且经济活动本身是一种共同生活，人们于其中彼此尊重，形成了平等合作的关系，因此，经济活动始终是以道德理性为基础的，其中始终贯穿着普遍的道德精神。人类经济生活建立的根据和基础不是人的物质欲望的满足，而是人的道德理性的实现。唐君毅强调，当人们从家庭走入社会，责任范围扩大。人们需要在经济社会中培养社会意识和普遍的道德责任精神。

唐君毅认为，人的经济生活开始于生产工具的制造活动。人们制造工具的初始动机是为了"以他物之用，辅手足之用之所不及"，以便实现一个私己的目的。但是，正是这些为着私己目的的自利动机背后包含着超自利的精神。唐君毅指出，制造工具本身可谓是为了未来之我，而对现实之我的超越。未来之我对现实之我来说，可谓是一个"他人"。在这个意义上，为未来之我打算，当然可以说是一种超现实自我之自利的利他。唐君毅发现，这些出于满足私己目的的自利经济行为中蕴含着利他的精神，"人之利他性与社会性之根，实即深植于人之利己性与求个体生命之维持性之中"②。而正是这种利他精神，使得经济活动真正具有了它的普遍本质价值和意义。当然，生产工具中所包含的超越之我对现实之我的超越还不完全是利他的，毕竟超越之我对于现实之我而言，仍是一个"他我"。由自利向纯粹的利他转化，还需要精神活动的提高，需要彻底的自我革新。但是，唐君毅指出，生产工具中所包含的超自利精神恰是利他意识的源泉。利他意识的完全显发，即为大公无私之仁者之爱。而大公无私之仁者之爱是最完全之社会意识。"由通常所谓为自己未来打算之自利至大公无私之仁者之爱，即为一彻底之自我革新，一种人格之彻底转变。此种转变之如何可逐步完成，可自自利之经济意识如何发展，以显发其中所潜利他之社会意识以论之。"③唐君毅由此指出，社会

---

① 唐君毅.文化意识与道德理性(一)[M].桂林:广西师范大学出版社,2005:85.
② 唐君毅.文化意识与道德理性(一)[M].桂林:广西师范大学出版社,2005:91.
③ 唐君毅.文化意识与道德理性(一)[M].桂林:广西师范大学出版社,2005:91.

意识、利他意识的培养，是在经济活动中完成的。实现经济意识从利己向利他的转变，探求和显发经济生活中的道德潜能，是人格转变升进的关键环节。

对于人的社会意识的形成，唐君毅谈到了人们自然而有的"模仿意识"。模仿意识是推动自利的经济意识发展为自觉的利他意识、社会意识的媒介，是自然而未自觉的社会意识①。人的模仿意识追求人我的一致性，其中所包含的人我无差别的观念和人我共通的观念，都与社会意识之追求相通。模仿意识反映了个体对现实之我的超拔要求。在共同生活中，人们相互模仿，不断地使自身获得一种客观普遍性。模仿中包含的平等意识和普遍性要求对于人们社会意识的培养，在黑格尔那里也得到了同样的重视，黑格尔在谈及人的社会性时，也曾谈到人的模仿意识，他说："平等的需要和向别人看齐即摹仿。"②唐君毅特别强调了人们在制造工具，尤其是使用工具的共同劳动中，人们的模仿意识对社会意识培养的作用。唐君毅指出，人们最初共同制造工具、使用工具的经济活动，既是为了满足个体的需求，也是一种相互的模仿意识使然。同时，正是在共同的生产劳动中，工具本身所具有的客观性，使其能够集合各个人的特殊意志，而形成一个普遍的公共意志。"人在共同之劳动中恒朦胧的直觉到万众之一心，各个人之合为一体，其自身之手足，如即公众之手足。此朦胧之直觉即普遍公共意志被自觉之始。"③于是，在共同的生产劳动中，人们的行为既具有个体意志的特殊性，又同时受到他人意志或普遍意志的影响和支配。如此，人们超自利的社会意识自然地得到了陶养。唐君毅指出，马克思主义理论也重视人类工具的创制与运用，但与马克思主义者更注重工具的物质效用性不同的是，他更关心"工具之客观性对普遍意志之形成，及个人自其特殊意志超拔之关系"④。唐君毅从工具的客观性出发，把人们共同制造和使用工具，看作是人们在个人特殊意志中超拔，以实现普遍意志、超自利精神的外部条件。

---

① 唐君毅.文化意识与道德理性(一)[M].桂林:广西师范大学出版社,2005:91.
② [德]黑格尔.法哲学原理[M].范扬,张企泰,译.北京:商务印书馆,1961:207.
③ 唐君毅.文化意识与道德理性(一)[M].桂林:广西师范大学出版社,2005:94.
④ 唐君毅.文化意识与道德理性(一)[M].桂林:广西师范大学出版社,2005:94.

生产工具由于其客观性，而使人们在共同的制造和使用工具的过程中，即获得了社会意识的陶养。而就生产活动本身来说，人们初始也可能是为未来之我的生活打算而进行生产，或者是为了子孙考虑，而谋求营利。但其中也包含着由精神自我之内在超越而有的超自利的精神，比如，为实现生产之目的而有的自我节制欲望的"节欲之乐"，由生产而带来实际需要满足的"目的之客观化""理想之实现"的快乐等，都体现出自利之经济活动中的超自利精神。而人们的模仿意识，又促成人们共同劳动，相互协作，从而产生真诚的经济上的合作意识。

交换是经济活动的又一个重要内容。唐君毅指出，所谓交换，即为满足自己的需求，而舍自己所有之物，以交换他人之物。相较于生产活动而言，交换的动机似乎更显著地表现为满足个人私己的欲望。但是，唐君毅指出，在人从事交换的行为中，人们的超自利之精神实际上得到了更高的发展，人的道德要求进一步得到实现。从交换发生的前提来看，交换是建立在承认彼此对财物的所有权基础上的，而这是一种超越自己私欲而肯定人我之财物占有权的公心。"正当之交换"必须得到对方的同意，交换必须建立在人我平等的基础上。具体来说，由于交换行为本身意味着要获得就必须舍弃，故其本身有助于培养人们从旧欲与原有之财物中解放超拔的意识；同时，由于交换中我的需求的满足有待于他人需求的满足，故交换本身又要求人们平等观人我之需求，其中体现出的是人我各得其欲的"公平"意识；此外，交换中存在着期约，期约的基础是人与人之间的"信义"，交换行为的实现有赖于人们的信义德性的建立，如此，则交换行为将引发人们对信义德性的自觉。

与生产、交换不同的是，分配作为经济活动中的一个重要环节，其始点就必须是"超越个体而笼罩诸个体"的公心。分配需要遵循的是公平意识。"在财富之分配中，吾人当兼依人之需要之强弱，对社会文化贡献之大小，人格之价值之高低，生产能力之多少等标准，以规定吾人之分配意识、分配行为，方为更合道德理性中之公平原则者。"①

在经济活动的诸环节中，唐君毅非常重视消费目的的规范，他甚至

---

① 唐君毅.文化意识与道德理性(一)[M].桂林:广西师范大学出版社,2005:114.

认为在某种意义上，"经济上之分配问题，实远不如人之为何目的而消费之问题之重要"①。唐君毅构想了其心目中的理想经济社会，即"人文经济社会"。在"人文经济社会"中，"国家社会之诸个人共有其公产而互承认其他个人之私产，而个人所有私产之运用，则以国家社会文化道德之促进为目标之经济社会"②。唐君毅所谓人文经济社会有两个显著的特征：一是承认个人财产的合法性；二是将道德要求确立为经济活动的最高目标。在唐君毅看来，理想的经济社会当把道德生活的成就和道德人格的塑造作为经济活动的最高目标。为此，需要更加重视消费目的的规范。唐君毅似乎早就意识到现代市场经济发展中存在的消费主义的倾向，他反对为了消费而消费。在唐君毅看来，如果消费仅只是为了享受，而没有成就人格的考虑，那么，消费也就成了纯粹满足动物需求的本能活动。唐君毅重视经济活动中个体之消费目的的规范，与其重视个体道德人格塑造并以之为哲学之最高目标显然保持着内在逻辑的一致性。

唐君毅强调道德人格的塑造，需要承认财产的私有权以作为保障。唐君毅指出，个人私有财产固然与人积聚财富的私心相关，但是，如果人们互相顾及他人之私心，承认人各有其私有财产，则其中包含着公心与恕道。唐君毅的这一观点与霍布斯认为人们之所以互相承认各自财产私有的根据，是出于害怕他人侵犯自己财产的担忧显然不同。这其中根本的不同在于，霍布斯将人性设定为自私自利，而唐君毅则从人有超自利的公心和恕道出发，认为"我"承认他人之财产，必然引出他人对"我"的财产的承认，这其中包含着"我"对他人有施，则他人对"我"有报的恕道。财产私有最终能够成为一种社会制度，通过法律来保障，其道德根据正是其中所包含的人的公心恕道。唐君毅强调，财产私有制度本身是出于公心而建立的，它旨在通过国家制度和法律等有效形式，承认和保障人们的财产私有权。因此，要注意区分"人之私欲与私有财产之观念"③的不同。私有财产观念中固然有为未来之我积聚财富的私心，但它又以承认他人的私有财产权为前提，因此，"私有财产观念"并

① 唐君毅.文化意识与道德理性（一）[M].桂林：广西师范大学出版社,2005：123.
② 唐君毅.文化意识与道德理性（一）[M].桂林：广西师范大学出版社,2005：116.
③ 唐君毅.文化意识与道德理性（一）[M].桂林：广西师范大学出版社,2005：116.

第四章　天人感通：尽性立命，天人合一

不等同于"人的私欲"。不仅如此,私有财产得以被承认的理性根据,根本上还在于"吾人之精神自我之道德生活、文化生活,必须在对一特殊范围内之财物自作主宰的自由使用中成长开展"①。也就是说,财产的私有权是道德人格实现的保障,自由精神人格的培养根本上还需有经济上的独立自主作为保障。或者,换一句话说,承认财产私有权其最高目标在于成就自由、独立的道德人格,私有财产的要求根本上源于人们内在的精神自我的召唤。也正是基于以上根据,唐君毅所构想的"人文经济社会"理想中,肯定了个人的私有财产权的地位。唐君毅还特别指出,人格成就是社会发展中最为重要的事业,而人格之成就是一个历程,因此,"人之最可贵者不在其无私产……人之最可贵者在有私产而能为道德生活、文化生活之发展以消费其私产,不惜舍弃其私产"②。

在唐君毅对人们经济生活的分析中,我们看到,他承认个人私己需要的满足总是人们经济行为的动机,但是,他同时看到个人又总是在满足他人需求的过程中,满足自己需求的。因此,在这样一个经济社会组织中,个人既是具有个体性的独立个体,同时又在满足他人、社会需求的过程中自觉或不自觉地获得了普遍性的价值和意义,在具体的经济活动中培养了自身的社会意识和道德品格。由此,唐君毅称其以道德理性为经济活动基础的"人文经济社会"的理念具有"统一个人与社会国家对立之观念"③的功效,肯定经济活动在培养主体之普遍的社会责任和精神中的意义。一方面,人类之经济活动表现着人之仁心仁性本质,经济活动根本上是人之仁心仁性的显发;另一方面,人之仁心仁性本质正是通过经济活动以及其他文化活动才成为现实的、真实的。"道德自我是一,是本,是涵摄一切文化理想的;文化活动是多,是末,是成就文明之现实的……然而,一不显为多,本不贯于末,理想不现实化,内在个人者,不显为超越个人者,则道德自我不能成就他自己。"④如此,不难发现,唐君毅的"人文经济社会"理念显然受到黑格尔"市民社会"理

---

① 唐君毅.文化意识与道德理性(一)[M].桂林:广西师范大学出版社,2005:118.
② 唐君毅.文化意识与道德理性(一)[M].桂林:广西师范大学出版社,2005:121.
③ 唐君毅.文化意识与道德理性(一)[M].桂林:广西师范大学出版社,2005:129.
④ 唐君毅.文化意识与道德理性(一)[M].桂林:广西师范大学出版社,2005:3.

念的影响。黑格尔指出，个人美德一定要在伦理的实体中，才能真正得到实现。市民社会是主体从家庭走向国家、从主观特殊性走向客观普遍性的中介实体，正是在市民社会这个伦理实体中，"主观的利己心转化为对其他一切人的需要得到满足是有帮助的东西"①。由此，我们可以说，唐君毅是深晓现代市民社会的特质的，他强调把经济活动建立在道德理性的基础之上，强调现代道德人格一定要在各种经济的实践活动中去历练。现代社会以市场经济为主导，经济僭越人格的现象时有发生，人的物化倾向引起有识之士的关注。在如此背景之下，唐君毅强调经济活动的道德理性基础，强调在经济活动中实践道德理性，成就道德人格，也是经济活动走向合理化，实现当下经济生活之理性化的必然要求。

然而，正如阿伦特所说的，"社会的"是指"现代社会化私为公的态度或倾向"，相对于"政治的"的"共同性"，其"社会的"仍是"私人的"②。内在超越的道德自我还需要真正从个体私人领域走向公共政治领域，以追求和获得绝对普遍的道德价值意义。人们在经济活动中培养的社会意识，是基于个人立场的个人与他人之间和谐共融的普遍价值精神，它将促成人们最终走入公共政治生活领域，参与公共事务，培养政治责任感，从而超越个人主观意志，实现与国家普遍意志的统一，达至道德人格之最高境界。

三、公共责任的担当：政治生活的理性化

人作为社会动物，以共同体为依托谋求生存和发展，同时从共同体中获得其生存和发展的普遍价值根据。国家作为个人存在所依托之最大共同体，客观上成为个体存在实现客观普遍之神圣价值的现实根据。正是基于以上观点认同，唐君毅指出，人们必须在直接从事或间接参与国家公共事务的政治活动中，才能实现道德人格从个体主观意志向普遍客观意志的超越统一。

① [德]黑格尔.法哲学原理[M].范扬,张企泰,译.北京:商务印书馆,1961:210.
② [美]汉娜·阿伦特.人的境况[M].王寅丽,译.上海:上海人民出版社,2009:23.

政治活动与权力相关。关于政治活动动机，人们往往将之归于人的权力欲望，似乎政治活动充满了罪恶。对此，唐君毅指出，正如求利动机在经济活动中异常凸显，但并不构成经济活动本身存在的根据一样，在政治活动中，人们的权力欲望动机看似突出，但也并不构成人们从事政治活动的价值根据。求利、求权均是人们的自然本能需求，但作为能够自觉反思的个体，人总是能够将高级的精神活动和道德意识贯彻其中，并实现其对人们经济政治活动的主宰。权力意志的本性固然是"求人之意志之为我之意志所压服"①，权力意志始终将他人之意志置于对立的位置，通过压服他人获得内心的满足，但是，一旦再无可以被压服的他人意志，主体则将因欲望无法自足而陷入空虚之中。而与此同时，权力的争夺本身也总是伴随着烦恼和不安。唐君毅指出，对权力的追求所造成的空虚、烦恼，人终会有所自觉，并将为寻求权力意志自身的安顿，转而为寻求他人之对立意志的承认，而自觉地去承认他人之对立意志。如此，则自我的超越本性即得以显现。人们要在权力意志中安顿自身，必要将之化为道德意志，或从中引发出道德意志并主宰之。

实际上，就权力意志对他人意志之征服本身而言，如果权力意志全无理性指导，只是任意放纵，则也根本不能真正征服他人，不能真正贯彻伸展其权力意志。真正的征服者的行为中一定包含着对某种普遍规则的遵从，且只有依照此规则命令他人，才能使得他人真正隶属于他的意志，其征服之意志由此才能得到真正的贯彻和伸展。换句话说，一个权力意志追求者，只有将追求权力的私心逐渐转化或隶属于实现客观价值之公心，在行为中表现普遍公认的价值，才能使得他人真正顺从其意志。得权位者之所以被人顺从，在于其意志行为中所表现的客观普遍价值。唯有行为中表现出的道德价值才为人所真正愿仿效且真心崇敬，因为道德意志或道德行为总是自觉或不自觉地依据普遍理性做出，具有客观性、普遍性。因此，政治的权威根本上来自道德，权位根本上来自德位，"权位之坚固不拔之客观基础，唯在有权位者之道德人格"②。唐君毅指出，人们对身居高位之人的尊重，可能仅是对权位本身的尊重。而

---

① 唐君毅.文化意识与道德理性(一)[M].桂林:广西师范大学出版社,2005:136.

② 唐君毅.文化意识与道德理性(一)[M].桂林:广西师范大学出版社,2005:151.

权位之所以值得尊重，是因为权位本身是依据其成员之共同意志和良知的要求而建立的，体现着客观普遍的价值。而人们之所以赋予有位者以权，是因为人们确信有位者能够照顾涵盖全体之意志，能公正地协调各方面的利益关系。显然，唐君毅反对意大利政治理论家马基雅维利那种把政治看作是权力争夺的角斗场，将政治和道德分离的主张。实际上，在近现代历史上，马基雅维利政治理论的信奉者们确实给人类文明的发展带来了诸多不光彩的劣迹。政治离不开道德，权力的权威来自道德，唐君毅鼓励人们在国家政治生活中实现善良德行，成就道德人格。

人们从事政治活动，谋求公共目的的实现，往往需要依托社会公共组织来完成。人们在社会公共组织中的活动使得个体获得了超越主观的客观价值意义。唐君毅指出，社会组织的建立和存在当然需要社会上有以其道德为人所顺从尊重的人（有德位之人），但作为一个恒常性的公共组织，又有其自身存在的客观根据，具体来说表现在六个方面：组织要有一公共的目的，为组织成员所自觉、认同；组织之公共目的对组织成员具有规定性、约束性；成员之间彼此约束，相互负责；有着共同的价值目标认同；体现着个体特殊意志与团体普遍意志的统一；组织成员有奉献组织的精神[①]。唐君毅指出，社会公共组织存在的根据全在人之有"为公共目的而孳生之精神意识"[②]。正是基于这样一种公共精神，成员间能够化除人我之对立意识，相互合作，彼此信任，并能超越私己的目的，共同遵守团体中成文或不成文的规律与章程，认同并努力维护着团体之公共意志。简而言之，这种作为社会公共组织团体存在之最重要根据的公共精神，是一种人我无差别的道德自觉精神。

唐君毅提醒人们，社会团体组织存在的根据与人们从事发起或参加组织团体之最初的动机是两个不同的问题。个人发起或参加组织团体的最初动机，完全可能是想要通过他人的帮助，以满足私己的愿望或目的。但当人们相互了解各自的私己目的，并在此基础上形成共同目的以组成团体，并为之而努力时，人们所依据的则是一种超越私己欲望的公心。实际上应当肯定的是，即使人们出于私己目的而发起或参加组织团

[①] 唐君毅.文化意识与道德理性（一）[M].桂林：广西师范大学出版社,2005：154-155.

[②] 唐君毅.文化意识与道德理性（一）[M].桂林：广西师范大学出版社,2005：154.

体，其本身表现的仍是一种对现实自我的超越，是超越的理性自我的一种显现。而当人们在组织团体中，出于公共目的而共同努力，并共同遵守团体之普遍规则而显现出公心时，则可说是超越的理性自我基于普遍性价值的再一次自我超越。正是在这个意义上，唐君毅强调，"群体组织之所以能成立与须成立，亦由于个人之有实现其普遍性之理性或仁心。一切群体组织，皆人之理性仁心之客观化之产物，亦其客观化之凭借，亦为之而有"①。社会公共组织是人之普遍理性或者说仁心仁性的客观化产物，而人之仁心仁性也必要通过参与社会公共组织之政治活动得以显现自身。如此，"团体之理性的活动，而亦即所以培养、训练、成就各分子之理性活动者"②。唐君毅倡导人们积极参与社会公共组织之公共活动，在实践的政治活动中，培养公共精神，提升自我人格。

"包括各社会团体而统率之总摄之的高一层次之团体"③，即国家。虽然每个社会团体组织都有着为其成员所共同认可并愿为之奋斗的公共目的，每个社会团体通常也都直接代表着其团体内组织成员的公共利益，但是，团体的公共目的通常只限于其内部的组织成员，且只是满足其成员的某一种共同目的和愿望。各类团体之公共目的具有其特殊性、狭隘性。正是由于目的不同、性质不同，各类团体之间往往缺乏必要的沟通，彼此漠不关心，甚至可能因为彼此利益的不同而发生矛盾冲突。于是，客观上就需要一个能够对团体之行为进行规范限制和协调引导的权威机构的出现，以实现人们各方面价值要求的贯通和实现，而这就是国家。"使各个人与各种社会团体之活动并存不悖，互相协调，不互相冲突，以使各个人之人生文化价值，能多方面的充量实现，而后有政治意识与政治活动。"④在唐君毅看来，国家的成立使得人类的活动具有了政治的意义，政治活动的目的就是为了"使人们变得更理智、更道德、更亲密、更幸福"⑤。而国家之成立其本身直接与社会秩序和社会团结相关，而根本上又与个人的价值理想实现相关。或者换句话说，国家成立

---

① 唐君毅.人文精神之重建(二)[M].桂林:广西师范大学出版社,2005:312.

② 唐君毅.文化意识与道德理性(一)[M].桂林:广西师范大学出版社,2005:169.

③ 唐君毅.文化意识与道德理性(一)[M].桂林:广西师范大学出版社,2005:164.

④ 唐君毅.人文精神之重建(二)[M].桂林:广西师范大学出版社,2005:319.

⑤ [法]路易斯·博洛尔.政治的罪恶[M].蒋庆,等译.北京:改革出版社,1999:3.

的价值根据在于它实现了个体特殊意志与客观普遍意志的统一，而国家能贯通和实现个体特殊意志与客观意志统一的基础正是统一的理性自我。唐君毅有关国家起源的观点不同于建基于人性自私论基础上的契约论主张。

唐君毅强调只有从统一的理性自我来理解国家，才能形成确切的国家意识。"国家之存在乃吾人之内在之统一的理性自我之求客观化之表现所必然要求者。"①区别于现实自我，人的超越自我或者说理性自我是具有普遍理性的自我。每个理性自我都会设想一个合乎理性的理想，以便指导自己的行动。合乎理性的理想是具有普遍性的理想，它能够贯通于过去和未来，也能实现"我"与他人的融合贯通，从而实现理想的客观化。而对于理想中之非理性化的成分，理性自我则会进行反省，以使之成为普遍的理性活动。对于人之理性活动而言，除了有一个自觉的理性自我，还有一个自作主宰的"统一的理性自我"，以主宰"我"之一切理性活动。对此统一的理性自我，唐君毅指出，"如吾人只以求得此统一理性自我之主宰自己之活动行为本身为目的，且将此统一的理性自我主宰自己之活动行为，纯属于自己而对自己言，即道德活动如不将之纯对自己而属于自己，而对各客观之社会文化目的言，则成为求统一贯通融和各种客观的社会文化之活动，以建立一整体的国家之政治活动"②。当统一的理性自我仅仅表现于自我之人格内部以主宰自己的行为活动时，即指"道德自我"，表现为个体的道德活动；而当它贯通于个体之间，以及贯通于客观的社会文化活动之中时，就表现为建立国家之各种政治活动。也就是说，当人们谋求统一贯通融合各种客观的社会文化之活动时，人们将会自觉到一个"统一的理性自我"的存在，并由此必然谋求国家建立的政治活动。唐君毅所谓统一的理性自我，是融个体性与普遍性于一体的绝对价值精神，它的客观化就是国家。如此，则参加政治活动的过程，即个体之理性自我逐渐显发其普遍价值的过程，国家与各社会团体之关系，正如人之统一自我与各种理性活动之关系。国家建立的目的即在于实现对个人以及社会团体的主宰、领导，而其成立的根据正

① 唐君毅.文化意识与道德理性（一）[M].桂林:广西师范大学出版社,2005:165.

② 唐君毅.文化意识与道德理性（一）[M].桂林:广西师范大学出版社,2005:168.

在于人之统一之理性自我道德意志的涵盖性、主宰性和无限性。如此，则所谓爱国、对国家的忠诚，是统一之理性自我的必然要求，忠于国家是出于"对全面人生文化价值的爱与望其俱成之正义感，亦即忠于我们自己高度的仁义之心"①。作为统一的理性自我的客观化表现，国家的建立是人的理性自我的内在要求和现实表现。国家是一种具有普遍价值意义的客观精神的载体，有如黑格尔的比喻："国家是地上的精神……神自身在地上的行进，这就是国家"②。

唐君毅反对仅仅从个人求利的工具价值上理解国家的存在。唐君毅指出，如仅仅在工具价值上理解国家，那么，个人则可以个人私欲未满足，而要求脱离政府和国家的支配，甚至主张废弃国家。唐君毅指出，国家固然是要为人民谋利的，但之所以应为人民谋利的原因在于，人之理性活动的客观化要求中，包含着对人民一切活动的肯定以及加以促成成就的意识。国家为人民所谋取的是公利。唐君毅指出，本于一种工具心的爱国意识并不值得信任，相反，真正的爱国根于人们的超自利之心，它由理性自我之客观化引出对国家之肯定、支持和热爱。由此，唐君毅也反对以卢梭为代表的契约建构说，因为契约说仍是一种"变相"地以个人权力之保存为国家之目的、国家之存在根据的学说。

对于那种认为国家意识由血缘亲情直接扩大或直接进展而来的观点，唐君毅也指出了其中症结。"系带关系之存在，一方为氏族社会存在之一因素，一方亦当为氏族社会解体之一因素。纯从此系带关系出发，并不能使人类社会之组织日益扩大，由氏族而国家而世界"③，建构于血缘基础上的系带关系具有狭隘性，它源于人们的生物种族本能，而国家作为人类理性活动、精神活动的客观化表现，它超乎生物种族本能，而具有普遍性、涵盖性和无限性。因此，仅仅以血缘亲情为根据，则"孝"当然很难直接扩展形成"忠"。只有从理性自我（或仁心仁性）之客观化的理路上，才能发现和实现"孝"与"忠"的内在统一关系。

唐君毅有关国家意识的主张深受黑格尔国家学说的浸染。"西方之国

---

① 唐君毅.人文精神之重建(二)[M].桂林:广西师范大学出版社,2005:319.
② [德]黑格尔.法哲学原理[M].范扬,张企泰,译.北京:商务印书馆,1961:258-259.
③ 唐君毅.文化意识与道德理性(一)[M].桂林:广西师范大学出版社,2005:196.

家学说，较与吾人之见相近者，为黑格尔之说"①，这主要表现在三个方面：首先，都肯定了国家之存在具有理性上的必然性，把国家看作是完成人之理性自我道德意志的客观精神，这同时也意味着个人对于国家责任之必然性的确立；其次，都承认个人在国家活动中主观意志上夹杂着各色不同的私欲，但都认为从客观方面来说，现实国家的建立其本质上仍是客观的理性自我道德意志的表现，因此，都属于国家之本原清净论；最后，都把国家看作是包含个人的精神实体或人格，是体现了个体特殊意志的普遍客观意志。但是，在国家之普遍客观意志与个体特殊意志的关系中，唐君毅认为，黑格尔过分强调国家对个人的包含性、涵盖性，以致其国家成为可以超离个体人格而存在的绝对意志存在，从而在客观上造成对个体特殊意志的漠视。在唐君毅看来，国家意识具有普遍性、超越性，它是由超越的人之理性自我依理性推广而成。因此，国家之存在需要超越的理性自我之超越意识的肯定，需要超越的理性自我求客观化的道德意志的支持，国家根本不能离开个体之理性自我之道德意志而存在。当然，所谓理性自我之道德意志是纯粹的、超越的、纵贯一切时空的普遍道德意志，它不同于陷于特定时空为特定经验内容与私欲所缚之所谓理性自我或道德意志，或者说，理性之自我不同于经验之自我。经验自我非真实之自我，国家社会团体之普遍意志所反映的并不是经验自我之意志，而是纯粹超越的理性自我之道德意志，且国家需要得到这一纯粹超越的理性自我的肯定和支持。总之，在唐君毅看来，"国家虽为纵贯实践之客观精神之表现，然此客观精神，仍未尝离吾之理性自我道德意志所自发之一念之主观精神另自有其存在"②。由此，与黑格尔不同的是，唐君毅强调个人始终是国家的基础，个人是国家之本，"国家以人民中诸个人为本"③。只不过需要强调的是，这个作为国家之本的"个人"不是陷于特定经验限制与为私欲所缚之意志，而是具有超越性普遍性的个人的道德意志。由此，在国家与个人的关系中，个人有着参与政治活动的必然，通过承担政治责任以完善自我，这是普遍的理性自我

① 唐君毅.文化意识与道德理性(一)[M].桂林：广西师范大学出版社,2005:198.
② 唐君毅.文化意识与道德理性(一)[M].桂林：广西师范大学出版社,2005:206.
③ 唐君毅.文化意识与道德理性(一)[M].桂林：广西师范大学出版社,2005:209.

道德意志之客观化的表现；与此同时，国家有义务维护个人的政治权利，以保证人人皆能由政治活动实现其理性自我道德意志的客观化。正是在这个意义上，唐君毅指出"公民或人民为国家之理念本身所必然包含"①。个体确切的国家意识的形成，意味着现代公民意识的成熟。值得注意的是，与中国古代天人关系中没有"社会权利"的"人"②不同的是，唐君毅充分肯定了人的个体性和个体的权利。

这样，唐君毅一方面通过反驳政治活动权力意志论，一方面通过澄明国家意识，论证了政治生活以道德理性为基础的基本主张。唐君毅指出，政治活动是人们之理性自我道德意志客观化的现实表现，从事或参加政治活动具有客观的必然性。实际上，当亚里士多德说"人天生就是政治动物"，黑格尔说"人是被规定着过普遍生活的"时候，他们所共同强调的也正是人们直接或间接从事或参与政治活动的必然性。唐君毅倡导人们积极从事或参与政治活动，在政治活动之普遍意志的实现中完善自我，实现个体特殊意志与客观普遍意志的统一，从而达至道德人格之高明广大之境界。与唐君毅同一时期的西方女学者汉娜·阿伦特曾提醒人们，现代社会对经济的关注主宰了政治以及人的自我意识，现代人因而沉浸在消费中而无力承担"对人类世界的责任"或不了解他们的"政治能力"，为此，她倡导人们致力于公共政治事务，"积极生活"，以实现个体生活普遍的价值意义③。唐君毅对"统一的理性自我"的分析和对国家意识的澄清，也正是在帮助人们了解自身的政治能力，以增加积极行动的自觉和自信。同时，唐君毅还强调了国家的存在根据即在于保障人们之理性自我的客观化，帮助人们实现道德生活，获得幸福。唐君毅也清楚地认识到："政治不能只是人直接的道德意识的延展。人之直接的道德意识，可以实现政治上之善，而不能根绝政治上之恶。可以逐渐根绝政治上之恶的政治，不能只是圣王之治与哲学家之治，而只能是民主政治"④，政治活动的内容中当然包含着民主政治的建设。由此，唐君毅从

① 唐君毅.文化意识与道德理性(一)[M].桂林：广西师范大学出版社,2005:181.
② 崔宜明.道德哲学引论[M].上海：上海人民出版社,2006:150-151.
③ [美]汉娜·阿伦特.人的境况[M].王寅丽,译.上海：上海人民出版社,2009:7.
④ 唐君毅.人文精神之重建(二)[M].桂林：广西师范大学出版社,2005:323.

强调当下生活之理性化的日常道德生活实践中，将个人人格之善与国家人格之善统一起来，从而为美德走向正义打通道路。这其中，透显着唐君毅对传统儒家之由"内圣"开"外王"的良苦用心和独特思维。

正是康德以道德树立了人格的尊严，在理念上确立了个体道德人格的本质属性。但是，正如黑格尔所指出的那样，康德的道德人格具有"形式主义"的特性，缺乏客观的内容。为此，黑格尔强调要在客观精神的实体中去实现主观之道德人格的客观化、具体化、现实化。在《法哲学原理》一书中，黑格尔所谓家庭、市民社会、国家都是社会普遍价值和理想生活方式的载体，正是在这些伦理实体中，个体实现了特殊与普遍、主观与客观的统一，实现了真实的自由。"康德哲学只在理想上建树了一'当如何'，而其理想之实际实现，必须依其哲学转出圣贤人物之存在于社会才行。而康德未见及此。"①反思康德道德哲学，唐君毅在黑格尔的基础上，进一步强调道德的实践特性。在唐君毅这里，家庭生活、市场经济生活、国家政治生活都是道德理性分殊的客观表现，都是普遍客观的价值精神的载体，人们参与其中，主动承担相应的责任、使命，就是一个尽性立命、实现天人合一的过程。唐君毅以儒家之尽性立命为理论基础，强调实现当下生活的理性化，即也是要通过家庭、社会、国家等客观精神实体来使得道德人格由主观特殊实现向客观普遍的转化，从而以自己的方式解决道德人格的客观化问题、现实化问题，以此，克服中国古代哲人较多注重内心修养，由忽视实践的道德生活而导向"伪善"的风险，真正实现人道与天道的合一。然而，唐君毅由天人感通所实现的天人合一中，显然又过分地依赖主体的精神体验，而忽视了对客观世界的"自在性"的了解；他通过考察事物的"应然"或者说"原初状态"，在精神世界中呈现事物本真，试图通过澄清和规导人们的观念，提升人们"观念的水位"来改善人们的行为，然而，因此忽视社会伦理实体本身的历史性，脱离社会结构背景来谈论道德实践，不免带有浪漫主义的虚幻色彩。杨国荣教授指出，传统儒家天人合一的本体论思路固然扬弃了天人之间的紧张与对峙，但也因此模糊了心物的界限，从而导

---

① 唐君毅.人文精神之重建(二)[M].桂林:广西师范大学出版社,2005:389.

致对对象世界的认识难以落实。因此，他认为，"有对的化解，本身必须以正视这种有对为前提，惟有承认作为历史事实的有对，才能切入人道，又把握天道，在认识自己和认识世界中进一步超越二者的对峙"[①]。唐君毅虽然重视对现实生活世界的同情了解和精神体验，但脱离现实社会结构的历史性谈论道德实践，从根本上仍未克服传统儒家天人合一本体论思维的内在局限性。

---

① 杨国荣.王学通论——从王阳明到熊十力[M].上海:华东师范大学出版社,2003:282.

第五章　人文世界：道德人格世界构建的现实性

"道德为实践之事，而非理智之事。"[①]道德需在各种文化活动的客观实践中才能实现知行合一，道德人格的塑造最终需要在社会的客观实践活动中成就。道德活动具有其价值上的"自足性"，然而，道德活动实现本身却需依托其他文化活动，从而对其他文化活动具有"相依性"。道德活动的"相依性"，反映了道德的"脆弱性"[②]：道德的实现需要依托有序的社会文化活动安排。由此，道德人格的成就既需要道德主体精神的发扬，也需要借助外在有序而良善的社会环境的保障。只有获得现实客观的社会实践途径，道德人格才能最后成就其真实性。为此，唐君毅谋划了一个以道德追求和道德人格塑造为中心的各种文化价值活动充分发展的理想世界，即人文世界。人文世界建基于仁心仁性基础上，体现正义与仁道原则，是和谐的"太和世界"。兼具德治与法治特点的新型民主政制保障着这一理想世界正义与仁道原则的实现。

---

① 唐君毅.文化意识与道德理性（二）[M].桂林：广西师范大学出版社,2005：438.

② 当玛莎·纳斯鲍姆反思康德主义者所认为的道德价值领域不受境遇威胁的观点,使用善的"脆弱性"时,她意在强调包括"好生活""外在偶然性""非理性"等因素对道德价值的影响,探讨"道德运气"在道德价值领域的作用表现。（参见[美]玛莎·纳斯鲍姆.善的脆弱性：古希腊悲剧和哲学中的运气与伦理[M].徐向东,陆萌,译.南京：译林出版社,2007：6-8.）唐君毅从道德价值实现对其他文化活动的依赖性上,强调社会环境对道德价值成就的意义,尤其是友爱、正义等,对康德所谓善的自主性、自在性、至上性进行了反思,实际上也从道德成就的意义上提出了道德活动的"脆弱性"问题。

值得注意的是，中国传统儒学讲"知行合一"时，对知行如何实现合一的问题是有深入思考的，如王阳明强调"事上磨练"（《传习录下》）的工夫。但是，一旦面对外在客观环境的限制，传统儒家学者便又会回到"内求"上，把"心之动""不动而动"也看作是"行"，从而以"知"代"行"。因此，传统儒家学者在讲知行合一的现实性问题时，并未真正面对外在社会环境的限制问题，这透显出传统儒家思想的保守性。也正是在这个问题上，现代新儒家所表现出的开放和务实态度令人尊敬，他们积极迎纳西方民主理念，意图从儒家内圣学说中开出"新外王"。

第一节　道德活动的自足性与脆弱性

当唐君毅认为道德人格的塑造需要在伦理的关系实体中，通过各种实践活动来完成时，他已经揭示道德活动既具有其"自足性"，也具有其"脆弱性"。这里所谓道德活动的"自足性"，是指道德价值的实现无待于外、独立自足；这里所谓道德活动的"脆弱性"，则是借用了美国学者玛莎·纳斯鲍姆"善的脆弱性"的说法，以表达唐君毅关于道德活动与其他文化活动的"相依性"①观点中所传达的道德活动的实现本身对外在社会环境的依赖性的基本主张。正是道德活动实现过程中的"脆弱性"让唐君毅思考道德人格世界实现的真实性问题，并由此构建其人文世界。关于道德活动的自足性与脆弱性问题，集中体现在唐君毅对道德活动与文化活动关系的阐述中。

一、道德活动的自足性

唐君毅认为，文化就是人的精神活动的表现或创造。人的精神活动

---

① 唐君毅.文化意识与道德理性(二)[M].桂林:广西师范大学出版社,2005:492.

作为人的有意识的活动，都有一个自觉的理想或目标，并因而具有相应的价值或意义。广义上一切文化活动都可以是道德活动，道德活动内在于一切文化活动，各种文化活动皆"潜伏有"或"内在有"道德活动。但狭义上，道德活动又可作为一种特殊的文化活动，与其他文化活动相对。

　　道德活动与其他文化活动最大的不同在于，唯有道德活动是一种自觉地进行善的追求的活动，而其他文化活动自觉追求着的是善以外的价值，只是在不自觉或超自觉的意义上实现着善。道德之善的价值与其他文化之价值的根本区别在于，善之价值"唯存于吾人之人格内部"，其他之文化价值"则存于吾人之人格与被置定为吾人格以外之事物之关系中"①。也就是说，道德活动之善的价值实现具有自主性，行为中表现出自我命令、自我支配、自我改造和自我主宰的特征，善是人格的本质所在。即使是其他文化活动中所包含着的道德价值实现活动，也是从其中体现着自我支配、自我主宰的意义上说的。与道德活动善之价值体现不同的是，其他各种文化活动所具有的特殊文化价值本身必须在主体人格与对象事物之关系中才能得到表现。主体人格与对象事物之间关系的建立是各种文化价值得以呈现的前提。文化活动的实现过程，是一个对主体人格与对象事物之关系进行改变、改造，并进而改变和改造主体人格和客观对象事物自身、形成新的关系的活动过程。与善之价值存在于人格内部不同的是，文化活动之目的在于求得客观的文化表现，个人的文化活动需要通过客观的表现为人所共见，实现个人文化活动的社会化。在这个意义上，文化活动本质上是"表现"的，追求在客观上呈现一定的效用价值。因此，就其他文化活动来说，自我与客观对象之间相互分离对立、截然对待的存在是前提。而在道德活动中，主体之我所支配、改造、主宰的只是我自己，不存在主体客体的相互分离对立、截然对待，没有外在的客观对象有待于自我去主宰支配，人们所需要支配主宰的只是自己，是理想自我对现实自我的自命自令。在这个意义上，道德

---

① 唐君毅.文化意识与道德理性(二)[M].桂林:广西师范大学出版社,2005:440.

第五章　人文世界：道德人格世界构建的现实性

・177・

活动是求"实现"①的。同时，对于其他文化活动来说，其理想实现于"我"与"我"以外之事物的关系中，是表现于"我"之外的，而道德活动之理想一方面内在于道德自我自身，另一方面也实现于自我之行为生活中。道德生活的核心是以理想之自我对证现实之自我，进行自我反省、迁善改过的过程。由此客观上虽也会带来生活行为改变的"表现"，但这只是道德生活的自然结果，而非道德活动的直接追求、目的所在。也就是说，道德活动并不以客观的效用为直接的追求目标，道德价值高低不受外在客观效用的影响。由此，区别于其他文化活动，道德活动自命自令的自觉自主性和道德活动在自我行为生活中的实现，表现出道德活动的自足性。唐君毅从道德活动善之价值实现意义上谈所谓道德活动的自足性，与康德强调的道德的"自律性"和善的"自在性"相通。

道德活动的自足性，不仅表现在道德活动与其他文化活动的区分上，也表现在道德活动与其他文化活动的联系上。文化活动的发展开拓有待于道德意识的成就。首先，文化活动专注于客观的活动表现，有可能限制于某一种文化活动，寻求扩展某一种文化活动的客观表现，而不能同时肯定甚至可能否定其他文化活动的价值，从而使得文化活动发展呈现出片面性、狭隘性、排外性的不足。如此，则必然造成个人文化生活之"偏枯"的发展，同时不免造成从事不同文化活动的个人互相"轻视鄙弃"彼此所从事的文化活动的价值，从而造成人格发展的过失，"人之文化生活之偏枯，同时即人之人格之发展缺陷，人格发展之过失"②。对人之文化活动、人格发展的偏枯倾向做出自觉反思和纠正的恰恰是道德意识。正是道德意识协调着各种文化活动的平衡发展，并引导着文化活动的拓展方向。其次，个人之文化理想的产生是由客观事物的激发引起的，它受制于外在环境的变化且具有被动性，如此则必然导致文化理想实现的活动由于常常受制于现实或是现存条件，而很难深入持续地开展。唐君毅指出，如果说文化活动的偏枯发展源于人们对某种文化活动

---

① 在比较中西文化的区别时,唐君毅指出,中国传统文化本质上是道德文化,强调在现实生活中自觉地"实现"仁心,而西方文化则注重客观世界的改造,因而追求精神之"表现"于客观世界。这里以"实现"和"表现"来区分道德活动与其他文化活动在价值表现上的不同。(参见唐君毅.中国文化之精神价值[M].桂林:广西师范大学出版社,2005:361.)

② 唐君毅.文化意识与道德理性(二)[M].桂林:广西师范大学出版社,2005:445.

的沾恋，是文化活动发展过程中的"过"的表现，那么，当文化活动受制于外界干扰，而不能恰如其分地完成时，则是文化活动发展"不及"的表现。唐君毅认为，文化活动中的"过"与"不及"都与人之"私欲"相关。为此，都只有通过道德意识才能予以克服，即通过道德意志抑制人之文化活动中的"过"，或者通过道德意识激发吾人之生命力量，以克服文化活动中的"不及"。总之，"道德意识遂为防备私欲之兴起、外境之刺激扰乱，以支持吾人之文化活动，使之得长久存在，之在外的保护意识与在内的延续意识"①。文化活动的发展开拓有待于道德意识的成就，意味着道德活动超越于其他文化活动，成就其他一切文化活动。在这个意义上，道德自足性又可谓是康德所谓善的"自为"的"高贵"。

唐君毅指出，由道德活动与文化活动比较中，人们可以看到，"吾人之自觉的道德生活，乃处处有一绝对之满足，处处可求诸己而外无所待，内无所憾者"②，道德活动外无所待、内无所憾，表现出独立自主的特性；而文化活动作为自觉实现客观价值的活动，其客观价值有赖于理想之现实化而实现，因而常常是有待于外、内有所憾的。道德活动的自觉自主性和道德活动价值的无待于外、至上高贵体现了道德的自足性。但是道德活动并不总是处处表现着独立自主的特性，道德活动也有其脆弱性，这主要表现在道德活动价值的实现过程本身有着对其他文化活动的依赖性上。

二、道德活动的"脆弱性"

自觉的道德生活是无待于外而独立自主的生活，但是，道德生活的自足性并不意味着道德活动要排斥其他的文化活动。道德活动并不是与其他文化活动截然分立的，相反，道德活动需要依托其他文化活动才能成为现实，从而表现出道德活动的脆弱性。

首先，自觉的道德理想中，常常包含着文化理想。促进文化活动开

---

① 唐君毅.文化意识与道德理性（二）[M].桂林:广西师范大学出版社,2005:446-447.

② 唐君毅.文化意识与道德理性（二）[M].桂林:广西师范大学出版社,2005:493.

展，协调各种文化活动，避免冲突，力求文化活动的绵延发展本身是道德的责任，构成道德生活中的一项内容。即使道德活动尚未能自觉，它也必先潜伏于文化活动中，为文化活动自然地包含着。相反，如果文化活动中并不包含自然的实现道德价值的道德活动，那么，也就无所谓自觉的道德价值、道德理想和道德活动。因此，文化活动不能被排斥在道德之外。

其次，他人及社会之道德的促进有赖于文化活动及其价值的实现。道德价值的实现虽然无待于外、内无所憾，是独立自主的，但是，这并不意味着道德价值的实现不需要文化活动的促进。实际上，道德价值的独立自主性是就道德主体自身而言的，而就他人及社会道德之促进来说，道德价值仍然是有所待的。个人最高的道德意识，必然包含着促进他人及社会之道德的意识。为了寻求他人及社会道德的促进，人们不能不寻求文化价值的实现，不能不将文化价值的实现包含在其自觉的道德活动中。唐君毅认为，真正的最高的道德活动应自觉地为提升社会道德而从事文化活动，实现文化价值。换句话说，最高的道德价值总是要在文化活动的实践中，通过实现文化价值来呈现。

虽然文化价值之实际实现与否，并不影响道德价值的实现，从而体现出道德活动本身的独立自主性，但文化活动本身对于道德活动价值的实现却又是不可缺少的，关乎他人或社会的道德促进问题有赖于文化活动之价值的实现。"由于真美等文化价值，皆为使吾人之道德活动与他人之道德活动得更易互相了解感通，而互相促进增强所必需者。"[①]在唐君毅看来，反映真美价值的文化活动为善之实现的道德活动提供了彼此了解沟通、相互促进增强的媒介或平台。

首先，从真与善的关系来看，虽然个体善的价值的实现并不依赖于对事物认识上的真，但是，认识上的真却是现时之我与他时之我、自我与他人相沟通融贯的前提。只有在对事物真的认识基础上，才能形成人与人之间的普遍共识，才能形成彼此共通的价值认知，具有普遍意义的道德价值判断也才是可能的。正是本于对真的普遍认知与了解，"人乃可

---

① 唐君毅.文化意识与道德理性(二)[M].桂林:广西师范大学出版社,2005:496.

本于其自知'彼对此事物之某种意志行为为合道德'，而推知我之意志行为为合道德"①。相反，如果缺乏对真的普遍认知，则人与人之间必然相互贬斥，从而妨碍彼此相互"观摩其善""充实其善"，妨碍彼此相互增进善的体验，进而还会削弱彼此的道德自信，激发人们好名好胜的私欲之心。由此，对事物认知上的不一致性，会造成道德意志彼此无法沟通相知的弊害。只有肯定对事物真理性的普遍认知的重要性，并力求了解他人之道德心理和道德态度，才能避免人与人之间互相的误解、贬斥，才能达成道德主体之间互相观摩促进、充实彼此道德体验的效果。也就是说，真与善相通，真理价值的实现，有助于道德上善的价值的增进。唐君毅在这里所强调的是人们对共同的文化观念的认知对于道德活动的重要意义。实际上，从古希腊苏格拉底所谓"美德即知识"的命题到现代学者哈贝马斯以理解共识为基础的"交往理性"的提出，无不在强调普遍共通的价值认知对于道德活动实现可能的重要意义。

其次，从美与善的关系来看，道德行为之美有益于增进人与人道德意志的相互了解。唐君毅指出，所谓"美"的体验，是使人移情入对象，而直感与之合一的感受。当道德行为合于"美"的原理时，人们也会通过移情的方式，相互体验对方之道德意志。体验道德行为之美可以达到充实彼此道德生活的效果。相反，当人们的道德意志不能在行为中表现为美，甚至表现为丑时，则人与人之间就会生成彼此漠然相处、相互厌恶的关系。唐君毅在这里强调，对美的探索和体验，将增进人们彼此的相互了解、沟通，人们在有关道德意志的美的体验中，充实彼此的道德生活。

此外，政治经济活动也影响着社会道德的增进。政治权益和经济财富的公平分配，体现着人与人精神的平等。当人们感到这种平等时，人们便愿意相互了解，从而增进彼此人格上道德价值的相互认知和沟通；政治组织的完善，意味着人们相互之间有相互的协调配合，这也有益于增进彼此对活动之道德意义的认识；经济上财富的增加，则除了可以富裕人们的生活，也可以使得人们之间的善意可以通过财物得以传递。相

---

① 唐君毅.文化意识与道德理性(二)[M].桂林:广西师范大学出版社,2005:497.

反，当社会秩序混乱，民不聊生，彼此的善意就很难通过财物来相互表达，行为活动也缺少必要的组织配合，从而使人感到世无善人，而人与人之间的关系更趋于凉薄。唐君毅在这里强调，公平正义的制度建构为人际间的沟通认知提供了社会保障，并由此可增进人际间的道德体验。

由此，道德活动既具有其自足性，也有其对其他文化活动的依赖性。对此，唐君毅总结道："道德之活动，虽不待其他文化活动之有无，其他文化价值之实现与否，而能自足的存在。然无其他文化活动，则人与人之道德活动，缺客观的统一联系交会之诸媒介或象征，而不能相知以互充实其道德生活，亦不能有具各种文化气质之人格之德性之形成。此即文化活动之对社会道德之促进所以为必需。"①唐君毅告诉我们，道德活动之社会价值的实现离不开文化活动，文化活动为道德活动之社会价值的实现提供了媒介或平台。

值得我们注意的是，唐君毅在强调文化活动对于道德活动价值实现的意义时，一再地强调文化活动在人们彼此之间的联系、互动、沟通中发挥的作用，并强调人与人之间相互的认知和沟通，对于增进个体善的体验、充实道德生活的重要意义，认为正是社会文化活动的有序安排和组织为人们相互的观摩学习、相互增进道德体验提供了机会和可能。道德活动对其他文化活动的依赖性，揭示的正是道德活动的"脆弱性"，道德价值并不如康德所认为的是完全不受环境影响的。唐君毅提醒人们，道德活动的自足性并不意味着道德生活只是一种狭隘、孤独、孤立的生活，道德主体生存状态的共在性，决定了人际交往关系和社会环境的优劣必然影响着道德人格塑造的现实性。人格自我超越的完成，需要人性内在的体悟和自我的激励，也需要外在优良社会环境的保障。我们看到唐君毅不仅仅只是接着康德讲到了道德价值的自主性、自在性、至上性问题，他同时也超越康德，从道德实践活动的现实性上，阐述道德活动与其他文化活动的相依性，揭示善良的礼俗对于道德人格塑造的保障作用，并由此搭建起由个人道德走向社会道德、由道德人格世界走向和谐人文世界构建的桥梁。

---

① 唐君毅.文化意识与道德理性(二)[M].桂林:广西师范大学出版社,2005:500.

第二节　人格世界与人文世界

　　道德活动价值实现的"脆弱性"决定了道德人格的塑造与道德人格世界的构建对良好社会环境的依赖。唐君毅为此谋划了理想的人文世界。人文世界以人格世界的建立为出发点，也同时以人格世界的建立为归宿，重视通过德性显发而开辟发展各种文化活动，是兼具体现正义与仁道原则精神的和谐社会。作为一个区别于现实社会结构的伦理共同体，人文世界同时是一个政治共同体。

一、太极—人极—皇极

　　唐君毅在晚年谈到哲学的任务时，曾指出应当建立哲学的三种肯定：对自我的肯定，对伦理关系的肯定和对宇宙价值——真、善、美的肯定。这三种肯定，以中国哲学语境来说，即分别是指"立人极""立皇极"和"立太极"①。其中，"人极"涉及的是"人对自己的关系"，"皇极"关涉"人对人的关系"，而"太极"则关涉"人对天的关系"。若以西方哲学的语境来说，所谓三种哲学上的肯定，是要在主观精神上立"人极"，在客观精神上立"皇极"，在绝对精神上立"太极"。三极之中，唐君毅承继中国哲学学脉，主张以"立人极"为中心。

　　唐君毅指出，中国传统之文化精神以"立人极"为中心，较为重视的是立人极和立太极，注重探讨人极与太极之间的沟通之道，以为主体人格精神之建立寻求到终极的形而上的价值根据，同时为天道之终极价值精神寻求到客观化的现实人格载体，但是，对皇极的重视还不够。"孔孟之功，在于见天命于人性，继天体仁而立天道于人道，亦可谓之立太极于人极。而宋明儒学之复兴，在由人性人道以立天道，可谓之由人

---

① 唐君毅.中华人文与当今世界补编(一)[M].桂林:广西师范大学出版社,2005:367.

极，以立太极。然中国文化中，尚有皇极之观念……中国过去所谓立皇极，表面上似限于政治。"①皇极建设的缺憾所造成的弊端，在近代社会发展中逐渐显露。中国文化"在中间一段，终少了一截。此所少一截，即可谓由于中国圣贤之道，只有一自上而下之自觉地重实现的精神，而缺乏一如何使凡人之精神，以次第上升之客观路道"②，这使得个人的精神智慧无法普遍彰显，社会文化活力不够。唐君毅在这里实际上指出了中国文化所具有的精英化倾向，而要突破和克服这种倾向，就必须为更多的凡人、平民提供人格精神次第上升的现实路道。唐君毅指出，人格塑造的精英化必须向平民化转化，他说："今后之哲学家道德学家，是否能兼为圣王，以明体达用，则我意此时代已过去，今后亦不必须。今后之人类，能人人在其从事任何特殊之职业事业中，不断提高其目标增益其价值，而又有胸襟度量以同情尊重肯定其他人格所怀之其他目标，及所从事之其他职业事业之价值，并使其个人生活与其所从事参加一切公共之事业，皆为相与顺成者，此即已开出人皆为尧舜人皆为圣贤之途，而较昔日一人为圣王之理想，更为广大而崇高者。"③实现人格塑造由精英化向平民化转化的现实的路道，即通过重视主观理想之客观化，使主观之理想客观地表现在社会文化之诸领域，真实建立一个多方面表现客观精神的人文世界，以立皇极。

在太极—人极—皇极三极世界中，人极是中心。如果说太极为人极提供了形而上的价值根据，那么皇极则为人极的实现提供了现实的路道。"皇极之立，依于人格之主观精神，亦归宿人格之主观精神。"④皇极对应着人文世界，人极对应着人格世界。人文世界以人格世界的建立为出发点，同时以人格世界的建立为归宿；而人格世界的建立也要以人文世界为条件，人文世界之和谐的伦理社会关系使得个体之道德人格与人格世界成为现实。

---

① 唐君毅.中国文化之精神价值[M].桂林:广西师范大学出版社,2005:360.
② 唐君毅.中国文化之精神价值[M].桂林:广西师范大学出版社,2005:363.
③ 唐君毅.道德自我之建立[M].桂林:广西师范大学出版社,2005:16.
④ 唐君毅.中国文化之精神价值[M].桂林:广西师范大学出版社,2005:360.

二、和谐：人文世界的本质规定

"每一种人类美德都要求某些外在资源和必要条件，每一种人类美德也都更密切地追求一些外在对象，它们将接受那个卓越的活动。"[1]道德活动和道德生活价值的实现需要依托一定的社会条件和社会环境。然而，"现代世界上的人几乎一半被迫服役于金钱，一半被迫服役于权力"[2]。在道德人格世界的建构路途中，唐君毅感到了现实社会结构的阻碍。为此，唐君毅在反思现代社会体制存在问题的同时，吸纳了中国传统伦理社会的特性，为个体道德人格塑造和道德人格世界的实现谋划了一个理想的图景，意图重建伦理社会共同体，并称之为人文世界、太和世界。

在人文世界中，人皆有对人自身的自觉性，将仁爱看作人性之根本，自觉地希求表现人性，并力求限制超化自身之动物性、物性；同时，人皆有对至善的价值追求和信仰，有着保持精神之自我提升的自觉性；在人文世界中，人本身被视为目的，而不再被视作手段和工具。而所谓人本身为目的，是说"每一人都应以自尽其性，完成其自己之人格为目的"[3]。如此，在人文世界中，一切人均努力成为有德者，彼此仁心相互涵盖、相互同情、相互了解，从而形成心与心交光互映的社会。在人文世界中，个人与社会之间的对立得以超越，社会与个人相互支持而存在。人文世界将人的德性视作第一义，同时重视通过德性显发而开辟发展各种文化活动，以在文化活动中陶养人格。比如，人文世界中之科学必然是发达的，但科学并不凌驾于一切人文之上，相反，人文涵盖科学，科学家往往具有宽阔的胸襟和德性；人文世界肯定艺术与科学独立的地位，认为艺术求美，科学求真，真美的文化活动中皆包含着社会

---

① [美]玛莎·纳斯鲍姆.善的脆弱性：古希腊悲剧和哲学中的运气与伦理[M].徐向东,陆萌,译.南京：译林出版社,2007:474.

② 唐君毅.中华人文与当今世界（一）[M].桂林：广西师范大学出版社,2005:88.

③ 唐君毅.人文精神之重建（一）[M].桂林：广西师范大学出版社,2005:35.

性，可以唤醒艺术家、科学家的道德责任感和仁心；人文世界也肯定政治经济在人之存在层次上的重要意义，但同时强调政治经济在价值层次上必须是支持文化、保护文化促进文化之政治经济，政治家、经济家、劳动者都应具有尊重文化、爱护文化的德性人格，并能尊重和爱护他人之人格。在人文世界中，政治以民生为最高准则，而经济问题的重心则在于通过引导人们消费，实现经济活动的人文化。总之，人文世界以仁爱之人性为基础，把人格世界的建构确立为最高的精神理念。"此人格世界，是在理念上必须视为在现实的社会人文世界之上的精神世界。"[①]

"理想的社会，是不只表现正义而且兼表现仁道而致自然的和谐之社会。"[②]"和谐"是人文世界社会关系的本质特征。所谓"君子和而不同，小人同而不和"（《论语·子路》），中国文化"和"的理念中，既承认了人与人的差异性，又充分肯定了人与人的相通性。"和"与"同"不同，所谓"和谐"并不是指无差别的同一，而是指有异而相容、相感、相通，此即"异而相感相通之谓和"[③]。也正因为此，唐君毅又称其理想的人文世界为"太和世界"，而不称其为"大同世界"。"我们在当代社会谈论当代社会的'和谐'时，就必须基于近代以来人类文明历史进程所确立起的自由、平等的价值立场，基于多元社会的价值立场。"[④]唐君毅把"不只表现正义而且兼表现仁道"作为"和谐"的内容规定，其所谓"和谐"的社会理念强调的是对多样性的包容和对个体平等自由权利的尊重，反映了现代多元社会结构建构的要求。唐君毅所谓"和谐"的人文世界，既体现着西方所谓自由平等的正义理想，同时也体现着儒家文化中的仁道精神，在肯定人人拥有自由平等权利的同时，强调基于仁心本性的人与人之间相感相通、互敬互爱的社会关系的形成。

唐君毅指出，西方近代宣扬的自由与平等偏重于消极意义，其所谓自由主要是指摆脱束缚与强制而得解放的自由，其所谓平等是指消除政治经济特权的平等。实际上，除此之外，还有一种积极的自由和平等。

---

① 唐君毅.人文精神之重建（二）[M].桂林：广西师范大学出版社,2005:385.
② 唐君毅.人文精神之重建（一）[M].桂林：广西师范大学出版社,2005:43.
③ 唐君毅.人文精神之重建（一）[M].桂林：广西师范大学出版社,2005:45.
④ 高兆明.制度伦理研究——一种宪政正义的理解[M].北京：商务印书馆,2011:112.

消极自由只是为维护人们参加社会文化活动的积极性提供保障，而积极自由则意味着人们积极主动从事文化活动的自由。人们在积极主动从事文化活动过程中，彼此的自由与平等难免会相互限制，并可能产生矛盾。为此，我要自由，首先就要尊重他人的自由，不要侵犯他人自由。唐君毅指出，在自由原则之上附加上人我自由不能相互侵犯的原则，这说明单纯的自由并非是自由的最高原则。居于自由平等原则之上的是人我自由平等互不侵犯的正义原则，或公道原则。"最高原则当是使人我自由不相侵犯之正义原则，或公道原则。"①唐君毅肯定"正义的优先性"，正是基于对个体的"本质多样性"和"完整性"②的要求。

　　然而，仅仅只有体现公平的正义原则仍是不够的。因为在正义原则之下，人我预先被设定为相互对抗的关系存在，人我之间形成的是相互限定、相互规范的关系，而这还不是理想的社会关系。理想的社会关系，人我之间应是和谐的而非对抗的统一体。因此，唐君毅指出，在正义、公道原则之外，还应有仁道原则。在仁道原则之下，以仁心论自由，自由即人的"仁心呈露"。"仁心呈露"的自由是最高层次的自由，它意味着我对他人之价值实现不仅抱有欣赏、体验的接受态度，而且对之持有积极肯定的赞叹，并求"生发之""成就之"，努力扶持、辅助、促进他人去创造，以实现其可能的价值③。如此，"我"的仁心显发的自由得到实现，而他人也因为我而获得实现其价值的自由。此时，则人与我形成的是相互护持、相互成就的和谐统一体关系。

　　同样，若以仁心为本而论平等，则人们不仅不忍出现经济上、政治上的特权，也必然不忍人之安于愚昧丑恶，而积极肯定人们在真、善、美追求上的平等，使得人们在各种文化活动中均能充分发展。唐君毅指出，在文化生活的各个方面均得到完满发展的人是完人，是德慧双修的

　　① 唐君毅.人文精神之重建(一)[M].桂林:广西师范大学出版社,2005:43.

　　② [美]迈克尔·J.桑德尔.自由主义与正义的局限[M].万俊人,唐文明,张之锋,等译.南京:译林出版社,2011:29-30.

　　③ 唐君毅对自由有过八个种类和层次的划分,把仁心显露的自由看作最高层次上的自由。他肯定了西方之自由权利的观念,但更加注重个体内在的自由精神,将外在的自由、制度看作是人们内在自由呈露不可或缺的保障。在唐君毅这里,道德自由具有根本性地位,政治自由是保障。唐君毅的自由体系一方面肯定了西方之自由权利,另一方面仍以仁心自由为最高自由,坚持了儒家文化的基本价值立场。(参见唐君毅.人文精神之重建[M].桂林:广西师范大学出版社,2005:261-276.)

人，也是最有福的人。但是，人文世界并不意味着人人都要发展为完人。实际上，绝对的自由和平等是很难达到的。一个人在一种文化生活中所得比较多，则在他种文化生活中的所得就会少。而在仁心发达的人文世界，人们也绝不会斤斤计较于整全财富之绝对平等。在人文世界中，"人应当先有让爱钱者多得一点钱，让爱权者多得一点权，让求真者获得真理，让求善者获得善之气度；并以政治教化之力量，使爱钱者、爱权者爱更高的东西，使爱真理者、爱美爱善者，有更多之政权与财富，以实现他的更多真善美之理想"①。基于仁心而阐发的平等肯定了"得所当得"意义上的公平分配，同时强调了人与人之间的礼让互敬精神对于平等自由理想实现的真实性意义。

在唐君毅看来，人我彼此相互承认是基于人的仁义之心而有的，仁义是自由平等的基础。仁道原则包含着自由平等，但不仅仅满足于自由平等所要求的正义，它还期求人我心灵感通，以实现人与人之间"各以其善互相示范，互相鼓励，互相赞美，互相欣赏，互相敬重"②的和谐。如此，唐君毅的"太和世界"是太极、人极、皇极三极并立的世界。它以德性为中心，以道德人格的塑造为共同普遍的价值目标追求，强调道德精神的客观化，并倡导在各种文化活动的分途发展中，成就道德人格。和谐是太和世界社会关系的本质规定，它既包含着西方社会所强调的自由平等、公平正义的价值精神，同时也体现着儒家伦理所向往的人与人之间相互欣赏、相互扶助、相互成就、相互敬重的伦理精神。唐君毅意识到，道德人格的塑造不是一个孤立的事件，它依托一定的伦理共同体。在那里，人们有着普遍的共同价值目标追求，各种文化价值活动皆能得到自由平等的充分发展，人与人之间彼此尊敬，社会处处彰显着正义与仁道原则的光芒。

唐君毅基于人之心性，从道德人格世界的实现谋求人文世界的构建，与康德从"共同的善"的实现而谋求"伦理的共同体"的建立在理路上具有一定的共通性。康德认为，"理性的存在者"在"理性的理念"中，都注定要趋向一个共同的目的，即促进作为"共同的善"的一种至

---

① 唐君毅.人文精神之重建(一)[M].桂林:广西师范大学出版社,2005:44.
② 唐君毅.人文精神之重建(一)[M].桂林:广西师范大学出版社,2005:37.

善，而这种至善只有在"伦理的共同体"中才能实现①，个体对至善的追求，内在地包含着对这样一个承载着"共同的善"的"伦理的共同体"的向往。不仅如此，康德还指出，"伦理的共同体"的建立将增进人们的道德禀赋，相反，人与人之间的相争、占获、敌意、排斥，会"败坏"人们的"道德禀赋"②。康德肯定了社会普遍之善对于个体之善实现的重要意义。我们注意到，康德所谓"伦理的共同体"是一个遵从主观的德性法则的联合体，是人们价值精神的归属地，而与之相对应、相区分的则是所谓"政治的共同体"。在政治共同体中，强制性的法律构成其社会的基础，人民是立法者，法律是普遍意志的体现。康德强调，伦理的共同体与政治的共同体性质不同，各自独立，相互区分。对于政治共同体，康德认为它将通过法治的路径，使得社会通过竞争而达到有序，并最终实现世界从对抗走向和平。但是，康德指出，道德化并不会随着文明化而自然实现，道德的建立仍需经历一个漫长的主体内心思想的改造努力过程③。由此，康德强调伦理共同体建设和实现的相对独立性，凸显了伦理共同体的超越性。康德的这一观点得到当代诸多学者的响应和共鸣。比如 A.麦金泰尔在《德性之后》的最后，承认在寻求传统德性的复兴时，会遭受现实社会架构的阻碍，而主张逐步重建一种"新形式"④的伦理社会共同体；再比如，哈贝马斯以交往理性为核心，力图构建的是一种回归"生活世界"⑤的社会，以克服金钱、权力或者说经济、政治对人的本质的僭越。无论是康德提出的"伦理的共同体"，还是麦金太尔倡导新形式的伦理共同体，以及哈贝马斯所致力于的生活世界的构建，他们都显然意图在既有的制度系统之外构建一个回归人的本质、提升和确保人的主体性的伦理社会。然而，康德将伦理共同体看作是独立于政治共同体之外的观点，受到黑格尔的批评。黑格尔指出，忽略或漠视道

① 李秋零.康德著作全集 第6卷 纯然理性界限内的宗教、道德形而上学[M].北京:中国人民大学出版社,2007:99.

② 李秋零.康德著作全集 第6卷 纯然理性界限内的宗教、道德形而上学[M].北京:中国人民大学出版社,2007:93.

③ [德]康德.历史理性批判文集[M].何兆武,译.北京:商务印书馆,1990:15.

④ [美]A.麦金泰尔.德性之后[M].龚群,戴扬毅,等译.北京:中国社会科学出版社,1995:330.

⑤ [德]尤尔根·哈贝马斯.交往行为理论:行为合理性与社会合理性[M].曹卫东,译.上海:上海人民出版社,2004:321.

德的客观化、现实性，而一味追求主观纯粹的道德精神自由，可能陷入道德"伪善"的泥沼。为此，他强调在现实的伦理实体（家庭、市民社会、国家）中追求善，在现实的伦理关系中构建理想的伦理共同体，从而将政治的共同体与伦理的共同体联结起来：伦理的善需要在政治共同体的建设中完成，而政治共同体的建设，以伦理之善为价值支撑，政治共同体同时是伦理的共同体。唐君毅所谋划的人文世界强调各种社会文化活动的分途发展，是对康德主观主义、形式主义道德观的超越，并以其自己的方式肯定黑格尔所强调的现实伦理实体对于道德价值精神的实现以及道德人格塑造的重要意义，主张伦理共同体与政治共同体不可分离的内在联结性。

　　唐君毅突出强调正义与仁道是人文世界两种普遍的社会价值精神，这一重要主张与古希腊亚里士多德对友爱和公正的重视有某种相通性。亚里士多德为谋求"好的生活"强调了共同体的两种德性，即友爱与公正[①]，并认为民主政体最有益于实现城邦之友爱与公正之德性，城邦之友爱与公正同时是个体追求之善。与之相对应，唐君毅改造吸纳了西方现代民主政治思想，将儒家礼治、人治、德治精神与西方现行民主政治融会贯通，以此构建新型民主政治，作为其最高的政治理想。只是在亚里士多德那里，城邦拥有最高之善，国家政治生活高于道德生活，而唐君毅则认为道德生活高于政治生活，政治活动以道德理性为基础，以人格之道德理性的发展为最高宗旨。归结起来，唐君毅所谓人文世界是一个伦理共同体，它以德性为基础，将政治活动及其组织看作是这个共同体实现的一个保障、一个途径；这个伦理共同体包含政治共同体，政治共同体服务于这个伦理共同体，以此成就的人文世界是一个人与人互为真实存在的社会。

---

① ［古希腊］亚里士多德.尼各马可伦理学[M].廖申白,译.北京:商务印书馆,2003:245.

第三节 走向体现仁道的正义:新型的民主政治

仁道和正义是人文世界的本质属性。仁道与正义的实现既是个体道德生活实现的条件，也是个体所向往和追求的普遍价值目标。作为人文世界的本质属性和普遍的价值精神体现，仁道和正义体现在诸多文化领域中，包括政治活动中。人文世界的政治遵从和体现仁道和正义原则，从而促进其他各种文化活动的发展，并由此保障人之仁性得到充分地显发；而各种社会文化力量的充分发展，社会的有序和个体内在德性的实现，也同时构成人文世界的政治理想。通过对现行西方民主政治的反思，唐君毅认为，西方民主政治具有庸俗化倾向，过多关注社会体制，而忽略甚至客观上破坏了社会道德，从而最终妨碍了民主本身的真正实现。为此，唐君毅主张将儒家德治、礼治、人治精神与西方法治、民治精神相融合，以建立新型民主政治，张扬体现仁道精神的正义原则，为道德人格塑造之最高目标提供伦理制度环境的保障。

一、对西方民主政治的反思

唐君毅指出，"民主之本义，是一种政治制度或政治精神"①。作为一种政治制度，民主政制与君主专制、贵族政制相对。人们通常认为，人民独立自主之权利越多，则体制越完善，而民主政制之所以最优，是因为民主政治制度下，人民普遍地具有独立自主权。但是，唐君毅指出，不能简单从治理权主体之所在本身来判定政治制度的合理与否。不管民主政制、贵族政制，还是君主政制，只要得到人民的承认，便就获得了合理性。民意是支持政制稳定和合法性的基础。唐君毅认为，不同的政治体制是特定社会历史条件下的产物，对于君主专制和贵族政制不

---

① 唐君毅.人文精神之重建(二)[M].桂林:广西师范大学出版社,2005:315.

能简单地给予否定。实际上，"君主专制制度下之贤圣之君，恒有一涵育万民之气象，而贵族政治下之贵族，亦恒有一种高贵的担当责任之精神，为民主政制之下之人民之所缺乏者"①。法国学者托克维尔曾经指出，"一切权力的根源存在于多数的意志之中"，但这并不意味着"人民的多数在管理国家方面有权决定一切"，并提醒人们注意民主政治下的"多数的暴政"②。显然，托克维尔也认为，民意是政权合法性的基础和根本，但这并不意味着所有人都要直接地参与和决定政治决策。这实际上是对"政权"的合法性与"治权"合法性进行了区分。唐君毅进一步指出，各种政制的根本区别不在于多少人掌权，而在于对权力欲限制上的区别，以及人之理性活动普遍客观化的程度。民主政制之所以更优，首先在于民主政制下人之权力欲望能够得到合理地节制，能够互相限制；同时，民主政制下之法律能够实现普遍的规范性，保障人与人之间的权利义务对等关系，真正实现了法律面前人人平等；尤其突出的是，民主政制下各种文化活动可以得到充分的发展，从而有助于文化价值的实现和自由的实现，更有利于激发人的政治责任感③。

政治制度规定了社会政治组织的机构和运行机制，同时制度本身就是一种价值精神的体现。民主作为一种政治精神，是指"平等的肯定差别之精神"，具体地表现为两个方面：一是肯定人与人之人格平等；二是肯定人与人之个性差别④。肯定人与人之间的平等，就是肯定了人具有普遍性，而肯定人与人之个性差别，就是肯定了人的特殊性。民主的理想，是为了使得普遍与特殊、平等与差别皆能得到实现，使得人与人之间能够平等地互相尊重其个性，实现普遍与特殊的统一。唐君毅指出，中国儒家文化中也蕴含着民主精神，这主要表现在：一是尊重和强调"为仁由己"的自由精神，体现出对个体人格尊严和平等权利的尊重；二是相信人皆可以为尧舜，这是一种"大平等"精神，是"中国文化之无尽宽阔、伟大、庄严的泉源之一信仰。而亦正是一切民主精神之最后唯

① 唐君毅.文化意识与道德理性(一)[M].桂林:广西师范大学出版社,2005:223.
② [法]托克维尔.论美国的民主(上册)[M].董果良,译.北京:商务印书馆,2009:287.
③ 唐君毅.文化意识与道德理性(一)[M].桂林:广西师范大学出版社,2005:226.
④ 唐君毅.中华人文与当今世界(二)[M].桂林:广西师范大学出版社,2005:465.

一根据"①。当然，唐君毅承认，文化中有民主精神的体现并不意味着必然能够建立起来民主政制，中国的民主精神包含在道德精神中，并未能自觉发展为一种政治精神。但是，唐君毅也指出，正是因为"人皆可以为尧舜"，人人皆平等地是道德的主体，因而，人也应当平等地成为政治社会的主体。道德上主体之精神平等是民主精神最根本的根据所在。在这里，我们看到，唐君毅对民主的理解并不等同于西方有关民主的理念。西方民主建立在自然人权理论的基础上，因此，其所谓民主首先是一种权利。

民主是现代社会人们的一种普遍的价值共识，也是人们共同追求和向往的政治理想。但是，这并不意味着西方民主政治如有些西方学者（如美国学者弗兰西斯·福山）所认为的，就是最完美、最理想的政治。区别于西方学者将民主建立在人性自私基础上的理论，在唐君毅看来，民主政制建立的人性根据应体现在两个方面：一方面，人之仁心仁性和道德意识在其客观化的实现过程中，产生了参与政治的自觉要求；另一方面，人同时有权力意志，人之权力意志需要得到限制，以阻止因为权力意志而可能生出的罪恶②。换句话说，正是因为人之仁心仁性，才使得民主政制的产生成为可能；同时，也正由于人性自身存在着不自足的一面，民主政制才成为必需。唐君毅反对将民主完全建立在人性自私的基础上，他认为，仅仅以人权为动力机制来激发人们的民主精神，最后难以解决和克服的是，人们因为私欲而滥用职权的弊害，而百姓也将仅仅出于逃避法律惩罚而守法，导致最终对民主精神本身的背离。

唐君毅指出，民主本身有一个"内在的矛盾"③，这使得它在实践中困难重重。民主就其本身而言只是一个普遍的理想，一切普遍理想要付诸实践，还需与每一个人为此理想而努力的特殊实践相结合。民主是在普遍理想与特殊实践的结合中实现的。然而，理想是抽象的、普遍的，而实践以及实践个体本身是特殊的、分立的，这使得民主在付诸实践时，常常遭遇理想与现实之内在紧张，难以真正实现。比如，现实民主

① 唐君毅.人文精神之重建(二)[M].桂林:广西师范大学出版社,2005:343.

② 唐君毅.人文精神之重建(二)[M].桂林:广西师范大学出版社,2005:321.

③ 唐君毅.中华人文与当今世界(二)[M].桂林:广西师范大学出版社,2005:466.

第五章　人文世界：道德人格世界构建的现实性

政治生活中，民主党派之间以及党派内部常常纷争不断，以致难以形成真正的社会团结，以谋共建。各团体组织本是建立在共同理想的基础上的，然而，当共同的理想由各个特殊的个体共同加以实践时，却会由于个体的特殊性，而可能导致本由普遍理想建立的团体最终分崩解体。因此，仅仅是普遍抽象的理想，并不能真实成就人与人之团体结合。换句话说，民主的真正实现必须完成抽象普遍的理想与具体特殊的现实生活的统一。为此，怀抱民主理想的人们就需要到客观化的具体事业中去，在具体的分工合作中发挥各自才能，相互配合，以共同维持团体之存在；同时，需要在客观化的事业中，通过具体的人与人之间的交往接触，促成和增进人格之间彼此的爱护、佩服、互助等自然情操与道义关系，以增进彼此团结。唐君毅强调，民主的实现固然是以法律对个体自由平等权利的保障为基础的，但是，社会的团结和价值共识同样是民主得到真正实现的保障。社会的团结和价值共识是公众协商实现的前提。

然而，西方民主本身并不能产生人与人之间的亲密团结和价值共识，相反，西方民主自身最大的困难在于其所具有的"庸俗化"倾向，[①] 这使得现代西方社会难以建立人与人之间真实的互为存在的关系。唐君毅指出，民主促进了西方现代文明的发展，使得社会文化经济事业蓬勃发展，个体之自由平等权利得到从未有过的尊重，民主政制当然是现代社会现行政治体制中最好的，也是中国历史上一直欠缺的。但是，在分工日益细化的现代社会，当每个人都忙于某一种特殊的事业，其精神世界为某种特殊事业所包裹时，他即会逐渐与真实的整个世界相隔离，从而有逐渐趋于物化的倾向，西方民主政制自身所具有的庸俗化问题加剧了人的这一物化。这集中表现在，当西方民主政制肯定人人皆有选举权时，它实际上即磨灭了人与人之间客观存在着的价值差等高下的区别。唐君毅指出，当每个人皆拥有选举权和被选举权时，这种民主是重数量而不重质量的。如此，最后的结果很可能导致有知识、有道德的人永远没有被选的机会；同时，当人与人之间的价值差等被磨灭，社会难以形成真正普遍的价值共识时，个体成员将由于缺乏对客观普遍的价值精神

---

① 唐君毅.中华人文与当今世界(二)[M].桂林:广西师范大学出版社,2005:383.

的认同和追求，而逐渐走向精神的平面化。实际上，现代社会人们的生活正在被工具主义、功利主义和金钱主义所充斥，人实际上沦为一个个特殊物者。唐君毅认为西方的普选制加剧了人的精神平面化、去神圣化，并因此反对公民的选举权，这是我们不赞成的，其中透显着以道德"捆绑"政治的嫌疑，但是，唐君毅提出的人的价值平面化无法真正实现民主，西方现行民主正在走向庸俗化则是非常有洞见的。

正如马克思所指出的，人的异化必然导致人与人之间关系的异化。唐君毅看到，在西方现行民主政治体制之下，人与人之间缺乏彼此真诚沟通、相互认同欣赏的内在动力机制。同时，由于西方民主政制根本上难以摆脱金钱、宣传对选举的影响，选举者与被选举者之间所形成的，并不是真实的人与人之间的关系，而互相视对方为工具。虽然民主政制通过法律保障了人人平等的权利，使得个体获得最大程度的理想实现的机会，但是，由于它过分关注社会体制（正义）问题，较少关注精神文化价值（意义）的实现，客观上造成了忽略甚至破坏社会道德的结果①，阻碍了个体道德潜能的实现，由此造成个体物化和平面化的同时，也造成人与人之间的疏离、冷漠。而由于疏离、冷漠的人际关系不利于自由讨论的氛围的形成，最终也必将阻碍民主政制的实现，并反成为滋生专制的温床。

唐君毅指出，"民主、自由的观念以及人格尊严的观念，本身虽没有破坏伦理的意义，但是这个观念里，亦不直接包含伦理之观念，它只是直接涉及个人的，不是直接涉及两个人以上的。只倡言这些，即可能有此不好的效果"②。西方现行民主政制客观上可能产生的对道德的忽略和破坏，意味着真正民主的精神和理想并没有得到真正实现。"一个好社会必须从根本上为生活着想而不是为社会体制着想，如果一个社会不是有利于开展有意义的生活，它就是一个坏社会。"③而实际上，缺乏相应的社会伦理价值环境和个体道德精神的支撑，民主的精神和理想也难以得

---

① 唐君毅.中华人文与当今世界(二)[M].桂林:广西师范大学出版社,2005:390.
② 唐君毅.中华人文与当今世界(二)[M].桂林:广西师范大学出版社,2005:387.
③ 赵汀阳.论可能生活 —— 一种关于幸福和公正的理论[M].北京:中国人民大学出版社,2010:132.

到真正的实现。当年，托克维尔看到，民主确实存在着"多数的暴政"的弊端，但美国民主制度仍然能够获得成功，他认为其中最重要的因素并不是法制，而是这个国家和民族的道德和精神风貌，即"民情"，并认为正是美国社会的宗教信仰传统增强了社会的纽带，从而为美国社会民主制度塑造了良好的"民情"基础①。托克维尔实际上也指出，民主并不能使人们之间的关系亲密，但其实现本身却需要依赖亲密团结的社会伦理环境以作为保障。唐君毅揭示西方民主政制的庸俗化弊害，与托克维尔所揭示的民主之"多数的暴政"具有异曲同工之妙。"民意"是政治合法性的基础，但这个"民意"应当是反映普遍价值精神的民意，是卢梭所言的代表公共利益的"公意"②。唐君毅洞察西方现行民主政制生活的庸俗化、功利化、平面化倾向，强调社会普遍价值精神的至上性地位，主张在价值共识建立的前提下，通过日常生活的协商达成这样的"民意"，以实现真正民主。唐君毅的论断和主张与当代美国学者阿克塞尔·霍耐特关于"民主的公众性"的论述也形成了共鸣。阿克塞尔·霍耐特在其《自由的权利》一书中指出，这是"一个捍卫已经赢得的和争取还没有实现的自由要求的时代"③，公众参与政治领域的商讨和决策是保证真实自由和民主伦理的核心，民主的实现仅仅有国家保障的个人言论自由和政治参与的权利，仍然是远远不够的。然而，实现意见交换，进行公众性的讨论还存有诸多障碍。为此，他主张一方建立共同关注和利益相关的公众性空间，另一方通过政治文化的构建，形成价值共识，在公民中建立相互充分信任和团结互助的情感，以求实现公众讨论和协商。我们看到，阿克塞尔·霍耐特看到市场经济条件下消费主义所导致的政治冷漠，而同样主张把社会普遍价值共识和个体公民道德精神作为推进现行西方民主政制的内容。

---

① [法]托克维尔.论美国的民主(上册)[M].董果良,译.北京:商务印书馆,2009:332-335.
② [法]卢梭.社会契约论 一名:政治权利的原理[M].何兆武,译.北京:商务印书馆,1980:39.
③ [德]阿克塞尔·霍耐特.自由的权利[M].王旭,译.北京:社会科学文献出版社,2013:553.

二、新型民主政治：德治与法治的融一

唐君毅认为，西方民主政制理论建构在人性自私的基础上，其自身所具有的庸俗化倾向，使其可能导致社会缺乏亲密团结互信。而缺乏亲密团结互信的社会，公民往往缺乏足够的自治能力，而这极可能为极权主义提供温床。为避免人们重回"黑暗时代"，唐君毅认为必须对西方现行之民主政治进行改造，以建立一新型的民主政治。关于这一新型的民主政治，唐君毅说："吾思之，吾重思之，仍在依于客观的价值意识之建立，以至须将一种古典式之社会政治精神，重新提出，以贯注于今日人类求民主的精神之中，而重建一较今日流行之民主精神，为更高的民主精神。"①唐君毅认为，克服现行民主政治的诸多问题，核心是要承认普遍客观的价值精神的至上性，确立体现普遍客观社会价值精神的民意之作为政治合法性根据的基础性地位。为此，唐君毅意图"以古典的社会政治伦理之秩序为纵的经……以现代式之社会政治伦理之秩序为横的纬"②，实现德治、人治、礼治与法治、民治的融合，以建构兼具仁道与正义原则的理想社会，从而提出了一种关于社会正义实现的新构思。

唐君毅指出，克服庸俗化、建构新型民主政治是推进民主精神进步的时代要求。"现代多元和谐社会基本秩序之构建，核心在于构建那样一种多元对话、共存共生机制。"③本于对西方现行民主政治弊端和对民主政治精神的本质把握，唐君毅认为，新型民主政治首先要做的，是要通过确立普遍客观的价值意识和精神，肯定价值差等的客观性，承认人们在追求同一目标过程中，存在着能力与工夫的深浅。价值差等意识明白，则人们就会对贤者、智者、能者、年老者、前代人、在位者有一种尊敬，从而引导人们超越个人之自我，达到精神的高一境界。与此同时，贤者、智者、能者而又为先进者与居上位者，也转而会以爱护之

---

① 唐君毅.中华人文与当今世界(二)[M].桂林:广西师范大学出版社,2005:466.
② 唐君毅.中华人文与当今世界(二)[M].桂林:广西师范大学出版社,2005:480.
③ 高兆明.制度伦理研究 —— 一种宪政正义的理解[M].北京:商务印书馆,2011:504.

第五章 人文世界：道德人格世界构建的现实性

心，对后进者进行关注。如此，人与人之间互为真实的存在，形成了彼此爱敬的关系，且承先启后、敬上启下，互相传递通达。唐君毅指出，在对共同的客观价值意识的追求中，人们彼此间所建立的师友关系最能体现彼此的爱敬。师友关系是真正平等的关系，且能相互共勉，共谋进德。正所谓"有朋自远方来，不亦乐乎？"（《论语·学而》），友谊"不仅是一种喜欢的方式，也是一种认知的方式"①，友谊作为一种平等亲密关系，有利于开展平等的对话、讨论和协商，达成价值共识，并能够推进相互的道德进步。一旦师友关系、爱敬关系建立，人与人之间便会有礼让之精神和尊贤举能的道德与器度，从而能够将那些真正具有政治才能和政治道德的人推选出来从事政治活动。如此，则可将西方民主政治之对抗性的"竞选"转变为更为合理的"推选"。唐君毅指出，民主政治实践中，重要的是人民的选举，而不是候选者之间的竞选。正是因为有大多数人的权利让渡，才有少数竞选者之间的竞争。因此，"民主政治之实践，所赖之于人民之根本精神，仍是让而非争"②。只有贯彻民主政治中"让"的精神，才能使得民主政治达到真正的理想境地，竞选者无须再为求控制选举者的心理而争取选民，选举由此真正成为选举者自动的尊贤举能的行动，而政治上的高位即皆能由人民各本其推贤举能之心，自下而上，通过层层推举而成。民主政治的理想境地，是一个彻底贯彻"尊贤举能"的政治社会。唐君毅所要强调的是，只有社会建立普遍的价值共识，承认价值差别的客观存在，普遍形成辨别价值差别的能力，才能在实践中建立彼此平等爱敬的师友关系，增强自治能力，也才能实现彼此间充分的平等协商，由此才能建立真正代表民意的民主政治社会。

克服西方民主政治庸俗化之弊端，还需要重塑人民之政治意识。通常人们认为法律保护人的权利，是满足人的权利欲望的工具。然而，唐君毅强调，法律是人们守法立法之理性的客观表现，其目的是为了保护人的文化活动的充分发展。法律意识起源于肯定他人、尊重他人的道德理性，并以道德理性为基础。唐君毅不同意将法律意识看作是源自人们

---

① ［美］迈克尔·J.桑德尔.自由主义与正义的局限［M］.万俊人,唐文明,张之锋,等译.南京:译林出版社,2011:204.

② 唐君毅.中华人文与当今世界（二）［M］.桂林:广西师范大学出版社,2005:495.

对社会法律之惩罚的畏惧和源自自保生命财产之生命本能的观点。唐君毅指出，虽然法律的特征在于惩罚，不同于教育注重训练，道德注重感化，但是惩罚只是加强了个人的法律意识，却不是法律意识的初始。法律意识和法律权威的根源在于，法律是社会普遍意志的表达，人们遵从法律是因为人们当遵从社会准则、他者的利益。惩罚可以加强法律意识、法律权威，但却不是法律权威的根本。法律权威的根本根据仍然在于它是合乎道德理性的，法律意识本于尊重他人、尊重社会的道德意识，本于以社会标准自律的道德意识①。因此，道德与法律同源，作为社会普遍意志的表达，法律体现着社会正义，并维护着社会正义。法律的功能主要是通过规范、限制的方式，协调各种社会文化活动，以使各种文化活动的开展保持一定的条理秩序，并最终得以充分的实现。因此，应该从保障人的普遍客观理性活动实现的角度，而不是从直接保障人之权利的角度，来谈法律的价值。为此，需要改变现实民主政治过分强调个人权利保障的现状，而通过肯定文化教育和道德人格的重要性，来培养人们对理性活动本身的尊重。唐君毅所要强调的是，在现代社会人们应当培养一种自觉的法律精神，以促进民主的实现。如此，则原来那种执着于权利分配的政治意识，即能转变为如何促进文化教育，尊礼道德人格的意识，以此意识为主宰，人们便会诚心地推崇贤能来主持政治，便能把发扬教育文化作为推进社会发展的中心任务。唐君毅强调，制度、法律应当体现普遍客观的社会价值精神，公民应当具备普遍的道德精神和公共的政治能力，如此，民主政治才能得到真正实现。

唐君毅所主张的理想民主政治肯定法治，但同时又超越了法治本身。在唐君毅看来，对于一个理想社会来说，仅有法治保障的井然秩序是不够的，人与人之间应有互敬互让互助的情意。"无论法律和惩罚如何严苛，都不足以维持一个人人为己、对他人漠不关心的社会。"②只有在一个互敬互让互助、充满情意的社会中，社会的正义才能得到真正实现。唐君毅看到，西方民主政治过于注重个体权利分配和社会体制完善

① 唐君毅.文化意识与道德理性(二)[M].桂林:广西师范大学出版社,2005:520.

② 张千帆.为了人的尊严——中国古典政治哲学批判与重构[M].北京:中国民主法制出版社,2012:138.

问题，加剧产生了现代社会个体发展的物化和价值的平面化，以及人与人之间关系的冷漠等问题，根本上背离了民主精神的真正本质，也不利于民主自身的实现。唐君毅强调社会普遍价值共识的建立，强调重塑政治意识，强调文化教育和道德人格的重要性，彰显的正是传统儒家政治文化中的礼治、人治、德治的精神。他试图以儒家政治文化中的礼治、人治、德治精神之"长"补西方民主政治之"短"：中国社会过去建立在人治德治礼治基础上，重视道德人格塑造，有利于建构亲密爱敬的社会关系，但是，封建君主专制的政治体制使得社会对治者主观的道德意志产生较强的依赖，造成社会治理具有较强的主观性、随意性和不确定性；西方民主政治以法治和民治为基础，个体之权力欲望受到合理限制，公共意志的实现获得法律的保障，但由于过分关注社会体制，依赖法律，以遵从法定要求的原则来完全取代人们对价值、意义的主动追求，客观上又造成了忽视甚至破坏社会道德的后果，使社会陷入庸俗化的境地，加剧了人的物化以及人与人之间疏离冷漠关系的形成，甚至可能导致"依靠信息交流的生活总体分崩离析"①。为此，唐君毅主张将儒家文化中礼治、人治、德治中所包含的礼让、推崇贤能、注重道德理性的精神与现代西方民主政治相融合，从而以制度的建构来保障人与人之间平等爱敬的师友关系的建立和社会团结的实现。这样一个理想的民主政治，将把文化教育和道德人格塑造作为政治生活的中心，注重个体道德潜能的生长和发展，注重各种社会文化力量的独立发展，为个体"积极行动"提供社会保障。唐君毅的这一思路与康德不同。康德从伦理共同体与政治共同体相分离的立场出发，认为一个理想社会共同体的构建只需要一部"完美的公民宪法"即可②，割裂了权利与善、正义与美德的内在统一关系。

一个理想的民主政治社会，既要体现自由平等的正义原则，也应体现互助友爱的仁道原则；既要确立和维护法律制度的公平正义性，也要重视教育和沟通对话，促成社会普遍价值共识的建立，实现社会团结，以便通过民主协商，实现民主决策。唐君毅所谓新型民主政治兼具仁道

① [德]阿克塞尔·霍耐特.自由的权利[M].王旭,译.北京:社会科学文献出版社,2013:144.
② [德]康德.历史理性批判文集[M].何兆武,译.北京:商务印书馆,1990:11—13.

与正义之价值精神，其正义是建立在仁心仁性基础之上的正义，是关于社会正义的一种新构思，体现出鲜明的德性政治的色彩，其所意欲构建的是一个"理想的道德成功的政治社会"①。美国当代美德伦理学者斯洛特指出，有效率而缺乏仁爱的社会，不是正义的社会。因此，他基于德性论的立场指出，所谓正义的社会应当使得它的社会制度和法律表现关怀仁爱的价值精神，应当使得它的成员相互之间充满关怀②。面对现代社会诸多社会问题的产生，越来越多的学者意识到，仅仅只有制度的正义是不够的。正义可以拒斥伤害，却不能实现相互的关爱，只有美德才能真正拒斥人与人之间彼此的漠视与忽视③。

唐君毅看到，今日社会发展以经济、科技为中心，道德的建设被边缘化，人的尊严和主体性地位受到严重挑战，为此，今日之社会，道德建设必须得到加强，个人道德品性修养必须得到提升，但这都必须置于兼具正义与仁道之价值精神的社会伦理环境的构建中。唐君毅指出，"如果人们尚不能免于饥寒，免于贫苦，免于自然之灾害，不幸之早夭；莫有家庭之幸福，社会不能保障人之安宁，人与人不能互相敬重，共维持社会之正义，反互相残害，人尚无稳定之现实生活，使人心有暇豫进一步求精神向上时，我们要使人人都爱真美善，以至证悟至心体之绝对永恒，培养出大无畏之精神，那却是根本不可能的"④。今天，当阿克塞尔·霍奈特强调在法定自由、道德自由之外，还有社会自由，自由具有其社会性时，他对私人关系、市场经济生活和民主政治生活中"我们"⑤的描述，也是在强调兼具正义与人道的社会交往关系和社会环境对个体人格自由实现真实性的重要意义。

唐君毅首先肯定西方政治文化中的民主精神，然后对西方民主政治进行反思，意欲建立融合儒家之礼治、人治、德治与西方民主政治之民治、法治的新型民主政治。这一关于新型民主政治的谋划以仁心仁性为

① 陈来.传统与现代——人文主义的视界[M].北京:生活·读书·新知三联书店,2009:262.
② [美]休·拉福莱特.伦理学理论[M].龚群,译.北京:中国人民大学出版社,2008:402.
③ [英]奥诺拉·奥尼尔.迈向美德与正义:实践推理的建构性解释[M].应奇,陈丽微,郭立东,译.北京:东方出版社,2009:202,212.
④ 唐君毅.人生之体验[M].桂林:广西师范大学出版社,2005:137.
⑤ [德]阿克塞尔·霍耐特.自由的权利[M].王旭,译.北京:社会科学文献出版社,2013:417.

基础，试图以儒家之"仁政"精神来克服和消解西方民主政治之弊，建构平等自由且相互扶助的理想社会，具有鲜明的儒家特色，同时具有时代意义和世界意义。在唐君毅看来，中国的民主政治实践应走出中国特色，合乎中国国情。他指出，"中国之民主之理想的实践，必须重肯定传统之价值差等之观念，而以中国传统式社会组织之原理，为一根据。因唯此方可真实成就中国之民主政治之实践，而亦可将现代式之社会组织与民主政治，再向前推进一步，以开拓人类社会政治之更高远的前途"①。在中国民主政治的构建上，与唐君毅同时期的新儒家也大多持有与其相类似的主张。徐复观就曾指出，实现真正的自由和平等，不能仅仅依靠强制的法律，只有在对性善的共同自觉之下，建立人与人的精神纽带，才能消解西方民主政治产生的危机，建立相互扶助的理想社会②。对西方民主政治的反思和试图以儒家政治文化精神克服西方民主政治之弊，以重建新型民主政治的谋划，反映了唐君毅及其同时代新儒家对民族文化的自信和意欲开拓人类政治文化新篇章的气魄，其中不乏浪漫的色彩，但也反映出这一代学者的自觉：一是儒学必须回答时代提出的问题，二是儒学必须体现到现代社会的法律制度及其建设中，必须参与到今天道德教化、社会治理的现实社会建设中。只有回答现实的问题、解决现实的问题，儒学才能重新焕发蓬勃的生命力。综观唐君毅的伦理思想，在儒学由"内圣"开"外王"的问题上，唐君毅一方面强调人们对国家政治生活的参与，在把道德理性贯注在日常政治活动的过程中完成人格的完善；另一方面直接向社会的政治制度建设提供儒学的补弊方案，意图把儒学的礼治、德治精神与西方的民治、法治精神相融合。相较于牟宗三在"内圣"开"外王"问题上开出的"良知坎陷"说，唐君毅的路径方案更具客观性、现实性色彩，现实的实践性大大增强。唐君毅意识到，对于今日之儒学生命力的复兴而言，不仅仅有一个内圣如何开外王的问题，更为重要的是，把西方民主政治作为反思对象，从而以儒家文化精神资源去支持并推动今日中国乃至世界之民主政治的现实构建。唐君毅肯定社会伦理中正义原则的首要性，主张建立体现仁道精神

---

① 唐君毅.中华人文与当今世界(二)[M].桂林:广西师范大学出版社,2005:492.
② 徐复观.中国人性论史[M].上海:华东师范大学出版社,2005:114.

的正义原则，强调作为正义内容的社会良好风尚及其形成对正义本身实现的保障作用，强调普遍客观价值精神的社会引导作用，对当前我国民主政治的改革和社会治理体系的构建均具有启发意义。但是，我们也要看到，唐君毅的正义原则建立在仁心仁性基础上，始终是与现代正义原则对普遍规则的强调不相符合的；同时，在唐君毅这里，社会正义原则是出于个体道德人格实现的真实性而被提出的，因此，社会伦理在唐君毅的伦理思想体系中仍不具有相对独立的地位。

结　语　中国传统道德文化的
现代新生

　　唐君毅以返本开新的立场，承继传统儒家心性学说，吸纳和反思西方近代理性主义哲学精神，以道德人格为中心建构其伦理思想体系，其本质是通过传统道德人格的现代转化，实现中国传统道德文化在现代社会的新生转进。那么，唐君毅的道德人格思想是否可以作为今日社会之道德文化？传统儒家道德文化通过这种新生转进是否可以作为今日社会之道德文化？现代道德文化应当具有怎样的样式？

一

　　唐君毅认为，道德人格是哲学的最高目标和最后归宿。围绕着"为什么应该成为有道德的人"和"如何成为有道德的人"两个核心问题，唐君毅从人之性情根本出发，为道德人格的实现探寻人性的根据，并由此建构"感通"这一实现主客融一的新型认知方式，为道德人格的实现探寻现实的路径。唐君毅把道德人格的实现看作是道德自我在生活实践中不断自我展现、不断客观化的过程，他突破长久以来传统儒家学者仅仅满足于主观心性修养的成习，而强调在日常生活实践和社会伦理关系中进行道德修养，强调知行合一，以此提升德性，成就道德人格。同时，唐君毅的道德人格学说并未停留于个体主观美德的层面，而是扩大至社会伦理生活和关系中，意图实现道德人格世界。感通因而也并不仅仅是一种个体主观的美德和能力，它同时构成一种客观的社会伦理关系，意味着平等互敬互助的社会人伦关系和社会生活世界的形成。从"己己感通"道德自我的建立，到"人我感通"同情共感的人际交往关系的形成，再到"天人感通"个体对社会共同体义务和责任的积极担当，唐君毅强调的是，人们正是在社会生活世界的实践中成就道德人格的，而道德人格的塑造过程同时也呈现为一个改变、创造社会生活世界的实践过程。

"由如实知、真实行，以成就吾人生命之真实存在，而立人极"①，心灵感通的历程是一个仁心呈露、知行合一的历程。由感通成就的道德人格是一个勇于自我超越、实现知行合一的自由存在者。自我超越、知行合一的道德人格，注重德性修养，追求个性独立，勇于创新，胸襟宽广，关爱他人，勇敢担当，富于公共精神。不难发现，唐君毅这个所谓作为自由存在者的道德人格，充分体现着现代社会对公民的品格要求。唐君毅通过感通成就的道德人格，提供的正是现代社会公民人格的样式。相较于西方，唐君毅对现代人格的建构不再只是一个"单面"的理性存在者，而成为知、情、意和真、善、美统一的完整丰满的人格。

"道德生活中最最利害攸关的东西……是'我们要成为什么样的人'以及要揭示什么样的世界。"②现代社会新道德文化的建构，不仅仅是有关个人道德修养的，它还应是关于新型社会伦理关系建构的，二者间有着密切的联系。唐君毅对时代特征和时代问题的把握体现出他敏锐而深刻的洞察力。现代社会区别于传统社会最重要的特征，即公共生活领域的扩大，它要求其社会成员走出主观的世界，更多地投入到公共领域的责任担当中，"积极生活"。从强调公共责任来谈人的自由实现，唐君毅和其同时代的美国学者阿伦特不谋而合。当然，我们也要看到的是，虽

---

① 唐君毅.生命存在与心灵境界[M].北京:中国社会科学出版社,2006:10.

② [美]斯蒂文·费什米尔.杜威与道德想象力:伦理学中的实用主义[M].徐鹏,马如俊,译.北京:北京大学出版社,2010:115.

然唐君毅也肯定和重视个体的独立性、唯一性，但他对于现代契约关系社会结构下公民的权利义务统一关系的认识，仍是偏于义务，而不是权利的。

民主政治是现代社会的重要特征。唐君毅从道德人格实现的现实性上，肯定个体成员政治上的平等性和民主政治的必要性，并在对西方民主政治反思的基础上，意图建构实现法治与礼治合一的新型民主政治。新型民主政治建构的目的最终是为了成就自由的道德人格，但唐君毅显然也深刻地意识到，作为人文世界政治理想的民主政治的实现，有赖于社会成员公民人格的养成。现代道德人格的内容不能离开公民德性精神的培养来谈。人是现代化的主体，是民主政治建构的主体，只有实现人的现代化，培养具有公共精神的现代公民人格，民主政治的建构才是可能的。不仅如此，唐君毅所谓新型民主政治，强调民主协商，注重以仁道精神建构人际间互敬互爱的关系，把人际间的师友关系看作为最理想的爱敬关系，有利于形成价值共识，实现社会团结。由此，在唐君毅看来，新型民主政治建构的过程本身就是道德人格养成的过程。

道德人格在唐君毅的伦理思想体系中居于中心地位。从唐君毅对道德人格中心地位的确立中，我们可以看到其在理论和实践两个层面的考虑。一方面，唐君毅对西方近代理性主义者以道德规则为研究中心的道德学说进行了深入的反思和批判，并由此致力于道德应然向实然现实转化的思考，强调道德的实践性本质，注重个体德性的培养，以克服近代以来理性主义道德学说中蕴含的形式化、教条化、冷漠化的倾向。唐君毅以道德人格为中心建构伦理思想体系，反映了当时世界实践哲学的转向路径，同时客观上与西方当代美德伦理学的复兴与发展产生合流。另一方面，唐君毅深刻地注意到，西方现代文明发展中，工具理性已然居于宰制性地位，由此导致价值理性沦丧、人日益走向物化、人格迷失等一系列"现代性问题"。唐君毅基于对民族文化的自信，意图以传统儒家优秀的道德资源诊治现代性之各种问题。与此同时，唐君毅显然也看到，推动社会进步的根本性力量在于人。这正如马克斯·韦伯在《新教伦理与资本主义精神》中所反映的那样，新教伦理对个体精神气质的培养，以及由此塑立的具有资本主义精神的人格，促成和推动着西方资本主义的产生和发展。中国走向现代化，需要文化实现现代化，需要培养具有现代性品格的现代公民人格。

应该看到，唐君毅对道德人格公民德性的阐发传承着传统儒家心性学说，是儒家"仁爱"精神的现代展现，在唐君毅看来，中国古代君子圣贤人格中蕴含着现代公民人格的精神品质。唐君毅在谈及"中国之人格世界"时，对"豪杰之士"大加赞赏，认为豪杰之士的人格特征就是"因心有所不安与不忍，即挺身而出，以担当世运，或舍身而去，以自求其志"①，豪杰之士，本有一颗仁爱之心，自作主宰，勇敢担当，表现出君子大丈夫的冲天豪气，他勇于"突破社会与外在之阻碍、压力、闭塞与机械化，以使社会之客观精神，重露生机；如春雷一动，使天地变化草木蕃者也"②。而孔子作为最高境界之"圆满型的圣贤型"人格，则体现在他"一面是如天之高明而涵盖一切之超越精神，一面是如地之博厚而承认一切之持载精神"③之上。仁爱、进取、担当、宽容、开放、谦虚，这是唐君毅对儒家圣贤人格特性的解读，也是唐君毅对现代公民人格德性的样式设计。在唐君毅看来，传统儒家文化中的理想人格皆有着公共政治上的担当精神，但受制于封建君主专制制度，而不能得到彰显。传统儒家的道德精神在本质上与封建君主制度存有根本上的矛盾，也正是在这一个意义上，实现民主政治正是中国传统文化之道德精神的内在要求。

唐君毅在文化上的开放精神是令人尊敬的，他意图实现传统儒家道德文化与现代文明的对话。但是，也要看到，正因为其建构的现代公民人格脱胎于中国传统道德文化中的君子人格，他无法克服传统道德文化本身所具有的历史局限性。中国传统道德文化及其所孕育的理想人格所赖以建立的仁心本体产生于小农经济的土壤。所谓"孝悌也者，其为仁之本与"（《论语·学而》），仁心仁性立根于孝悌等自然血缘亲情关系基础之上，由此返本开新所建构的现代公民人格，就具有其先天的有限性，它仍可能是狭隘的、主观的，而缺乏一种客观普遍的立场。实际

① 唐君毅.中国精神文化之价值[M].桂林:广西师范大学出版社,2005:293.
② 唐君毅.人文精神之重建(一)[M].桂林:广西师范大学出版社,2005:172.
③ 唐君毅.人文精神之重建(一)[M].桂林:广西师范大学出版社,2005:181.

结　语　中国传统道德文化的现代新生

上，建立在仁心本体之上的道德人格在根本上仍是保守的，甚至可能是"逆来顺受"的，对于外在环境的阻碍，主体首先想到的是返回"本心"，并不积极期求对外在客观环境进行改造，因而缺少对自我权利的维护、争取的意识以及创造的精神。

二

劳思光称唐君毅的哲学具有"德行实践的取向"，可谓真正道出了唐君毅道德哲学的本质。他指出，中国哲学在唐君毅去世后，"再没有人能够谈工夫问题，再没有人能够谈成德的问题"，因为唐君毅在谈成德问题时，不仅是"理论"上的，而且是"真正有自我生命的实感"①。而在西方哲学的思想史上，我们也不难看到类同唐君毅以"成德之学"为基础而突出道德实践性的研究主题。亚里士多德认为伦理学的研究应是由内向外的，但其起始问题是"应该如何生活"②，他在《尼各马可伦理学》中所谈的，即人们如何过道德的生活、如何成为有道德的人。而黑格尔在《法哲学原理》中所做的全部工作，在某种程度上也可以被理解为是"对自由人格及其实现"的揭示③。

"圣贤"是唐君毅道德哲学理论中的最高理想人格，但他为这种最高理想人格提出了一条平民化的实现路径，即倡导道德主体积极进行自我反省，并投入到日常生活与社会交往的实践中，承担对他人、对社会、对国家的责任，追求精神的上升和人格的自由。自由之道德人格目标实现的历程，是道德不断自我展现和客观化的过程。在这个意义上，唐君毅的自由道德人格也可谓是"平民化的自由人格"④。对于这种"平民化的自由人格"，唐君毅有过这样的描述："今后之人类，能人人在其从事任何特殊之职业事业中，不断提高其目标增益其价值，而又有胸襟度量

① 刘笑敢.中国哲学与文化 第八辑 唐君毅与中国哲学研究[M].桂林:广西师范大学出版社.2010:22.

② 徐向东.自我、他人与道德——道德哲学导论(下册)[M].北京:商务印书馆,2007:624.

③ 孙海霞.自由存在者:黑格尔人格思想探究[J].道德与文明,2011(2):63.

④ 冯契.人的自由和真善美[M].上海:华东师范大学出版社,1996:309.

以同情尊重肯定其他人格所怀之其他目标，及所从事之其他职业事业之价值，并使其个人生活与其所从事参加一切公共之事业，皆为相与顺成者，此即已开出人皆为尧舜人皆为圣贤之途，而较昔日一人为圣王之理想，更为广大而崇高。"①虽然唐君毅为圣贤人格的实现指出了"平民化"的现实路径，但是，由于道德被看作是仁心仁性的显发呈露，道德信仰的建立根本上就仍需要依靠主体的自我反省和体验才能完成。然而，在今日处处强调平等的大众社会中，这样的道德愿望实际上很难成为现实。何怀宏认为，今天的心性儒学仍是"一种立意崇高的、无限追求的、可作为个人终极关切的'为己之学'"，这样一种精英主义的"道德"与社会、时代有一定的"隔膜"，因为这个时代的人们不再有自我成圣成贤的精神追求，而更关注一套有效的"社会义务和社会正义体系"②。唐君毅以道德人格为中心的道德哲学显然也不能逃脱这样一种批评。今日之普遍的道德信仰仍需主要依托客观的社会规则来完成。

从个体人格角度，如何由"内圣"开"外王"的问题，即个体如何从自我走向他人、走向社会共同体的问题，反映的是现代社会公共生活领域扩大，现代民主政治建设对公民公共精神和实践精神的一种客观要求。唐君毅强调，"善善恶恶"之性情总是激发人们不断超越自我，由此建立的道德自我即具有自我超越的本质特性。基于这样一种自我超越的本质属性，个体在自我超越中获得价值感和意义感。个体不断寻求自我的突破，寻求从有限向无限、从特殊向普遍的人格提升，由此，内圣内在地必然要求走向外王。首先，人们本于仁心本体不断通过自我体悟和自我反省，迁善改过，修养内在德性，建立道德自我，谋求精神上升。道德自我建立的过程是一个通过"道德体认"获得"自我确认"的过程③。然而，人的自我体悟和自我反省可能受限于封闭的自我意识，使得生命与生活缺乏必要的感通，此时，良心隐退，生活陷入无序。于是，人之性情中内在的自我超越性驱动着人们去克服自我的有限性、主观性和封闭性。这就意味着个体人格境界的拓展和提升的动力不仅仅来源于

① 唐君毅.道德自我之建立[M].桂林:广西师范大学出版社,2005:16.
② 何怀宏.良心论[M].北京:北京大学出版社,2009:43,44.
③ 陈来.传统与现代:人文主义的视界[M].北京:生活·读书·新知三联书店,2009:257.

结语　中国传统道德文化的现代新生

主体内部，同时还需要通过外部的力量来帮助实现自我的提升和完善。为此，人们内在地要求克服自我的封闭性，承认他人的真实存在，并且积极走向他人，与他人实现心灵沟通，从而在与他人的同情共感、互帮互助中，实现自我的超越、人格的提升。从自我走向他人，从内心世界走向日常交往的生活世界，个体在人我关系的建构中实现了对自我之有限性、主观性的超越。但是，人我关系仍然是基于"自我"立场的关系，因而仍然是个体的、主观的、特殊的、有限的，还不具有客观普遍无限的意义。克服人们主观的"自我"立场，人们必须进入现实的社会伦理关系环境中，在个体与社会共同体之权利义务关系中寻求个体特殊利益与社会普遍利益的统一，实现所谓"天人合一"之自由人格境界。到此，唐君毅以人之性情为本根，为个体人格从自我走向社会，为个体人格实现"内圣"与"外王"的统一提供了可行性论证。与此同时，道德必须在客观的文化活动中显现自身，道德人格成就依赖于个体的自我体悟和道德自觉，同时也依赖社会优良的社会环境和秩序。由此，唐君毅从道德人格成就的现实性上引出社会伦理问题。纵观唐君毅自由之道德人格境界的实现历程，它确实呈现为一个"否定之否定"的辩证发展过程。但这种辩证发展，并不是如黑格尔那样以理性为基础作概念的内在推演，而是基于人之性情本性的关于生命本身的自我超越历程。

唐君毅以道德人格为中心的道德哲学，并未锁留在道德形而上学的层面，而是真实地关注道德实践，为自由之道德人格的实现和现代人的安身立命提供切实的精神指引。在"内圣"与"外王"的关系上，唐君毅的基本立场是从个体道德人格实现的现实性上引出社会正义问题。以正义为核心的社会伦理问题是在自由之道德人格实现的角度被提出的，体现了由"内圣"而"外王"的思路。而当唐君毅突出道德人格的公共精神和实践精神等公民性品格时，他实际上又坚持了与现代社会公共生活领域扩大和民主政治构建的社会背景相感通的立场。这意味着，唐君毅在"内圣"与"外王"的关系上，不仅是由"内圣"而"外王"的路向，实际上也包含着由"外王"而"内圣"的路向。在这个意义上，我们可以说，"内圣"与"外王"本质上是"内外通贯为一"的[①]。

人们认为，传统儒家之心性之学根本上是"为己之学""内圣之学"，不是也不可能开出"外王之学"。因为儒家心性之学难以避免"自我"立场，由"自我"之立场无法开出普遍的社会伦理。在现代人类日益陷入"物化"困境，而寻求自我解放之时，传统儒家心性之学对于现代人实现安身立命是有积极意义的，这是共识。然而，人们忧心的是，传统儒家道德价值精神如果不能融入现代社会的制度文化中，则不能最终逃脱成为"绝学"的命运。蒋庆肯定传统儒家心性之学作为"内圣之学"的时代价值，同时承认心性儒学不能直接开出"外王"，但他同时也指出，这并不意味着儒家文化中没有专门的"外王之学"。相反，他以"公羊学"为源头，开辟出与"心性儒学"相对应的"政治儒学"，并认为在心性儒学发展相对成熟的情况下，当代新儒学发展应从心性儒学走向政治儒学[②]。应该承认，唐君毅虽然谋划了新型民主政治，但这种谋划是建立在自我完善的立场上的，也并未从普遍的社会伦理的角度去专门探讨新型民主政治的构建。虽然如此，根据蒋庆的观点，"内圣之学"与"外王之学"本是分属的，那么，如果不苛求的话，站在"内圣之学"的角度来看待唐君毅的道德人格学说和他的伦理思想体系，虽然它还存在这样那样的问题，但无疑它又是一个基于儒家"内圣之学"建立的相对比较周全的道德学说体系。"人之道德精神，如果建立不起，缘之而使当然理想、客观价值意识、历史精神，皆不能向上提挈，而向下降落崩坏，则无一人生之活动或社会文化之建设，能真实成就。"[③]以道德人格为中心建构伦理学说体系具有其时代的合理性，当代西方美德伦理学的兴起就是以突出强调行为者和德性的中心地位为主要特征的。真正构成唐君毅道德人格学说问题的症结仍在于，与传统社会相比，现代社会的结构发生了根本的转变，这是一个从"身份到契约"[④]的转变过程，传统文化毕竟建立在自然经济、血缘亲情基础之上，与现代契约关系的社会

① 林安梧."内圣""外王"之辩：一个"后新儒学"的反思[J].天府新论,2013(4):12.
② 蒋庆.政治儒学：当代儒学的转向、特质与发展[M].北京：生活·读书·新知三联书店,2003:28.
③ 唐君毅.中华人文与当今世界(一)[M].桂林：广西师范大学出版社,2005:70.
④ [英]亨利·萨姆奈·梅因.古代法[M].高敏,瞿慧虹,译.北京：中国社会科学出版社,2009:130.

结构不相符合，而唐君毅未能重视社会实践中社会结构已然发生的变革。这也是墨子刻认为唐君毅"掩盖"一种"困境意识"的原因所在。墨子刻指出，传统中国社会结构形成了人们"相互依赖"的关系和心理，而唐君毅仍然试图在这种"相互依赖"的关系和心理中去重塑个体的"道德自主"，撤除了其中"力不从心"的"苦恼"①，忽略"外在环境"对主体选择的影响，陷入盲目的"乐观主义"中，其可行性是令人担忧的。

三

对于一个民族来说，传统需要传承，而未来的建构也需要有对传统的承继。传统是形成民族认同的重要因素，正是传统赋予现在和未来以意义和价值。现代化多半是有关传统的一种创造性的延传。而传统也正是在这种创造性的延传中，获得再生、完善，实现传承的。在这个过程中，传统向现代化转化，而现代化"自身"也成了"传统"②。同时，由传统所积淀形成的民族性，正是人之根本属性。一个人一旦丧失了民族性，即丧失了为人之"根"，沦为"飘零"的"花果"，一个民族丧失了民族性，则国将不国。这是一个"多极和多文化"的世界③，需要中国人以更加开阔的胸怀，担负起实现中华民族文化传统的再生、完善的时代任务，需要中国人以从容的自信坚守、传承和发展民族道德文化的立场，承担起中华民族传统道德文化在现代社会建构中新生转进的历史使命。

"现代性社会的建立过程，既是一个建立公正的社会结构制度体制的过程，同时亦是一个哺育塑造与提升公民的德性精神的过程。"④唐君毅

---

① [美]墨子刻,颜世安.摆脱困境——新儒学与中国政治文化的演进[M].高华,黄东兰,译.南京:江苏人民出版社,1996:38.

② [美]爱德华·希尔斯.论传统[M].傅铿,吕乐,译.上海:上海人民出版社,2009:22.

③ [美]塞缪尔·亨廷顿.文明的冲突与世界秩序的重建(修订版)[M].周琪,刘绯,张立平,等译.北京:新华出版社,2010:5.

④ 高兆明.制度公正论[M].上海:上海文艺出版社,2001:318.

深刻感受到公民德性精神的塑造对于现代性社会构建的重要意义。实现公民人格的现代化，是现代性构建本身提出的任务，同时，也是传统文化实现现代化的必由路径。传统文化的现代化正是在现代化的人的塑造中完成的。"改变自己，也就在重新诠释传统，再造文明……自我与传统共同地'转进新生'。"①唐君毅从道德人格的现代建构角度，为传统道德文化的新生转进开辟路径，虽不完美，但无疑又是可敬可信的，对现代中国新道德文化的建构具有重要的启示意义。

　　然而，正如吉登斯所指出的，现代社会在其形成与发展中，以其前所未有的方式，把我们"抛离"了所有类型的社会秩序的轨道，从而形成了其特有的生活形态②。虽然传统和现代之间还存在着延续，但是，现代性具有"断裂"的特性，这意味着现代道德文化的建构既要承继传统道德文化，但更要突破传统道德文化的框架，创造新的文化。现代新儒家返本开新的理路可以为传统道德文化的现代新生转进提供某种意义上的路径借鉴，但是，如果因此将之作为现代道德文化本身，而不能突破传统道德文化既有的框架和领域而有所创造，则其有效性就必定是令人质疑的。传统道德文化需要通过新生转进进入现代社会，但新道德文化的构建还需突破传统道德文化自身的框架和领域。今天，中国现代新道德文化的建构要吸收传统道德文化的资源，这个吸收过程是传统道德文化如何进入现代社会、实现新生的问题，但不能因此把新道德文化的构建完全等同于传统道德文化的现代化。

----

① 秋风.走出概念牢笼,温情对待传统[N].南方周末,2011-4-7(F31).

② ［英］安东尼·吉登斯.现代性的后果[M].田禾,译.南京:译林出版社,2000:4.

主要参考文献

一、唐君毅主要著作

[1] 唐君毅.中国哲学研究之一新方向[M].香港:香港中文大学出版社,1966.

[2] 唐君毅.中西哲学思想之比较论文集[M].台北:台湾学生书局,1988.

[3] 唐君毅.唐君毅全集 卷27 日记 上[M].台北:台湾学生书局,1988.

[4] 唐君毅.唐君毅全集 卷28 日记 下[M].台北:台湾学生书局,1988.

[5] 唐君毅.心物与人生[M].台北:台湾学生书局,1989.

[6] 唐君毅.中国哲学原论·导论篇[M].北京:中国社会科学出版社,2005.

[7] 唐君毅.中国哲学原论·原性篇[M].北京:中国社会科学出版社,2005.

[8] 唐君毅.哲学概论[M].北京:中国社会科学出版社,2005.

[9] 唐君毅.文化意识与道德理性[M].桂林:广西师范大学出版社,

2005.

[10] 唐君毅.道德自我之建立[M].桂林:广西师范大学出版社,2005.

[11] 唐君毅.人生之体验[M].桂林:广西师范大学出版社,2005.

[12] 唐君毅.人生之体验 续编[M].桂林:广西师范大学出版社,2005.

[13] 唐君毅.中国文化之精神价值[M].桂林:广西师范大学出版社,2005.

[14] 唐君毅.中国人文精神之发展[M].桂林:广西师范大学出版社,2005.

[15] 唐君毅.中华人文与当今世界[M].桂林:广西师范大学出版社,2005.

[16] 唐君毅.中华人文与当今世界补编[M].桂林:广西师范大学出版社,2005.

[17] 唐君毅.人文精神之重建[M].桂林:广西师范大学出版社,2005.

[18] 唐君毅.青年与学问[M].桂林:广西师范大学出版社,2005.

[19] 唐君毅.生命存在与心灵境界[M].北京:中国社会科学出版社,2006.

[20] 唐君毅.中国哲学原论·原教篇[M].北京:中国社会科学出版社,2006.

[21] 唐君毅.中国哲学原论·原道篇(上、下册)[M].北京:中国社会科学出版社,2006.

二、唐君毅思想研究相关著作

[1] 刘俊哲.熊十力 唐君毅道德与文化思想研究[M].成都:巴蜀书社,2008.

[2] 梁瑞明.心灵九境与人生哲学[M].香港:志莲净苑,2006.

[3] 梁瑞明.心灵九境与宗教的人生哲学[M].香港:志莲净苑,2007.

[4] 梁瑞明.心灵九境与形而上学知识论[M].香港:志莲净苑,2009.

[5] 梁瑞明.心灵九境与性情之教[M].香港:志莲净苑,2012.

［6］单波.心通九境——唐君毅哲学的精神空间［M］.北京:人民出版社,2001.

［7］苏子敬.唐君毅孟学诠释之系统研究［M］.台北:花木兰文化出版社,2009.

［8］张祥浩.唐君毅思想研究［M］.天津:天津人民出版社,1994.

［9］郑顺佳.唐君毅与巴特 —— 一个伦理学的比较［M］.香港:三联书店(香港)有限公司,2002.

三、中国古籍类

［1］黄寿祺,张善文.周易译注［M］.上海:上海古籍出版社,2001.

［2］金良年.孟子译注［M］.上海:上海古籍出版社,1995.

［3］金良年.论语译注［M］.上海:上海古籍出版社,1995.

［4］黎靖德.朱子语类［M］.北京:中华书局,1986.

［5］南怀瑾,徐芹庭.周易今注今译［M］.重庆:重庆出版社,2011.

［6］王阳明.传习录［M］.郑州:中州古籍出版社,2008.

［7］杨倞.荀子［M］.上海:上海古籍出版社,1996.

［8］杨伯峻.论语译注(简体字本)［M］.北京:中华书局,2006.

［9］朱熹.四书章句集注［M］.北京:中华书局,1983.

［10］朱熹.朱子文集［M］.北京:中华书局,1985.

四、其他相关论著

（一）中文著作

［1］蔡仁厚.孔子的生命境界——儒学的反思与发展［M］.长春:吉林出版集团有限责任公司,2010.

［2］陈来.传统与现代:人文主义的视界［M］.北京:生活·读书·新知三联

书店,2009.

　　[3]崔宜明.道德哲学引论[M].上海:上海人民出版社,2006.

　　[4]杜维明.杜维明文集[M].武汉:武汉出版社,2002.

　　[5]邓晓芒.儒家伦理新批判[M].重庆:重庆大学出版社,2010.

　　[6]冯契.认识世界和认识自己[M].上海:华东师范大学出版社,1996.

　　[7]冯友兰.中国哲学史[M].上海:华东师范大学出版社,2000.

　　[8]冯友兰.人生哲学[M].桂林:广西师范大学出版社,2005.

　　[9]龚群.道德乌托邦的重构——哈贝马斯交往伦理思想研究[M].北京:商务印书馆,2003.

　　[10]龚群,陈真.当代西方伦理思想研究[M].北京:北京大学出版社,2013.

　　[11]郭齐勇.现当代新儒学思潮研究[M].北京:人民出版社,2017.

　　[12]高兆明.伦理学理论与方法[M].北京:人民出版社,2005.

　　[13]高兆明.黑格尔《法哲学原理》导读[M].北京:商务印书馆,2010.

　　[14]高兆明.心灵秩序与生活秩序——黑格尔《法哲学原理》释义[M].北京:商务印书馆,2014.

　　[15]高兆明.道德失范研究——基于制度正义视角[M].北京:商务印书馆,2016.

　　[16]贺麟.五十年来的中国哲学[M].北京:商务印书馆,2002.

　　[17]焦国成.中国古代人我关系论[M].北京:中国人民大学出版社,1991.

　　[18]蒋庆.政治儒学:当代儒学的转向、特质与发展[M].北京:生活·读书·新知三联书店,2003.

　　[19]蒋庆.儒学的时代价值[M].成都:四川人民出版社,2009.

　　[20]李承贵.德性源流——中国传统道德转型研究[M].南昌:江西教育出版社,2004.

　　[21]梁启超.儒家哲学[M].上海:上海人民出版社,2009.

　　[22]刘时工.爱与正义——尼布尔基督教伦理思想研究[M].北京:中国社会科学出版社,2004.

　　[23]梁漱溟.东西文化及其哲学[M].上海:上海人民出版社,2015.

主要参考文献

［24］卢雪昆.儒家的心性学与道德的形上学［M］.北京:文津出版社,1991.

［25］蒙培元.中国哲学主体思维［M］.北京:人民出版社,1993.

［26］蒙培元.情感与理性［M］.北京:中国人民大学出版社,2009.

［27］牟宗三.圆善论［M］.台北:台湾学生书局,1985.

［28］牟宗三.人文讲习录［M］.桂林:广西师范大学出版社,2005.

［29］倪梁康.心的秩序 —— 一种现象学心学研究的可能性［M］.南京:江苏人民出版社,2010.

［30］孙向晨.面对他者——莱维纳斯哲学思想研究［M］.上海:上海三联书店,2008.

［31］宋希仁.西方伦理思想史［M］.北京:中国人民大学出版社,2004.

［32］万俊人.寻求普世伦理［M］.北京:商务印书馆,2001.

［33］王小锡.中国伦理学60年［M］.上海:上海人民出版社,2009.

［34］徐复观.中国人性论史［M］.上海:华东师范大学出版社,2005.

［35］香港浸会大学宗教与哲学系.当代儒学与精神性［M］.桂林:广西师范大学出版社,2009.

［36］熊十力.十力语要［M］.上海:上海书店出版社,2007.

［37］徐向东.自我、他人与道德——道德哲学导论［M］.北京:商务印书馆,2007.

［38］颜炳罡.当代新儒学引论［M］.北京:北京图书馆出版社,1998.

［39］杨国荣.伦理与存在——道德哲学研究［M］.上海:上海人民出版社,2002.

［40］杨国荣.成己与成物——意义世界的生成［M］.北京:人民出版社,2010.

［41］杨国荣.人类行动与实践智慧［M］.北京:生活·读书·新知三联书店,2013.

［42］杨祖汉.儒学与康德的道德哲学［M］.北京:文津出版社,1987.

［43］周辅成.周辅成文集（卷Ⅰ、卷Ⅱ）［M］.北京:北京大学出版社,2011.

［44］张千帆.为了人的尊严——中国古典政治哲学批判与重构［M］.北

京:中国民主法制出版社,2012.

[45] 赵汀阳.论可能生活 —— 一种关于幸福和公正的理论[M].北京:
中国人民大学出版社,2010.

[46] 朱贻庭.中国传统伦理思想史[M].上海:华东师范大学出版社,
2009.

(二) 外文译作

[1] A.麦金泰尔.德性之后[M].龚群,戴扬毅,等译.北京:中国社会科
学出版社,1995.

[2] R.W.费夫尔.西方文化的终结[M].丁万江,曾艳,译.南京:江苏人
民出版社,2004.

[3] 阿克塞尔·霍耐特.自由的权利[M].王旭,译.北京:社会科学文献
出版社,2013.

[4] 阿拉斯代尔·麦金太尔.伦理学简史[M].龚群,译.北京:商务印书
馆,2003.

[5] 阿拉斯戴尔·麦金太尔.依赖性的理性动物:人类为什么需要德性
[M].刘玮,译.南京:译林出版社,2013.

[6] 阿拉斯戴尔·麦金太尔.追寻美德:道德理论研究[M].宋继杰,译.
南京:译林出版社,2011.

[7] 安东尼·吉登斯.现代性的后果[M].田禾,译.南京:译林出版社,
2000.

[8] 安东尼·吉登斯.现代性与自我认同:现代晚期的自我与社会[M].
赵旭东,方文,译.北京:生活·读书·新知三联书店,1998.

[9] 奥诺拉·奥尼尔.迈向正义与美德:实践推理的建构性解释[M].应
奇,陈丽微,郭立东,译.北京:东方出版社,2009.

[10] 奥特弗里德·赫费.实践哲学:亚里士多德模式[M].沈国琴,励洁
丹,译.杭州:浙江大学出版社,2011.

[11] 鲍曼.现代性与大屠杀[M].杨渝东,史建华,译.南京:译林出版
社,2002.

［12］查尔斯·泰勒.黑格尔［M］.张国清,朱进东,译.南京:译林出版社,
2009.

［13］查尔斯·泰勒.自我的根源:现代认同的形成［M］.韩震,王成兵,乔春霞,等译.南京:译林出版社,2008.

［14］杜威.哲学的改造［M］.许崇清,译.北京:商务印书馆,1958.

［15］伽达默尔.真理与方法［M］.洪汉鼎,译.北京:商务印书馆,2007.

［16］汉娜·阿伦特.黑暗时代的人们［M］.王凌云,译.南京:江苏教育出版社,2006.

［17］汉娜·阿伦特.人的境况［M］.王寅丽,译.上海:上海人民出版社,2009.

［18］黑格尔.法哲学原理［M］.范扬,张企泰,译.北京:商务印书馆,1961.

［19］黑格尔.精神现象学［M］.贺麟,王玖兴,译.北京:商务印书馆,1979.

［20］黑格尔.精神哲学——哲学全书·第三部分［M］.杨祖陶,译.北京:人民出版社,2006.

［21］亨利·柏格森.道德与宗教的两个来源［M］.王作虹,成穷,译.南京:译林出版社,2011.

［22］康德.纯粹理性批判［M］.邓晓芒,译.北京:人民出版社,2004.

［23］康德.历史理性批判文集［M］.何兆武,译.北京:商务印书馆,1990.

［24］康德.判断力批判［M］.邓晓芒,译.北京:人民出版社,2002.

［25］康德.实践理性批判［M］.邓晓芒,译.北京:人民出版社,2003.

［26］理查德·罗蒂.偶然、反讽与团结［M］.徐文瑞,译.北京:商务印书馆,2003.

［27］李秋零.康德著作全集 第6卷 纯然理性界限内的宗教、道德形而上学［M］.北京:中国人民大学出版社,2007.

［28］卢梭.社会契约论 一名:政治权利的原理［M］.何兆武,译.北京:商务印书馆,1980.

［29］路易斯·博洛尔.政治的罪恶［M］.蒋庆,王天成,李柏光,等译.北京:改革出版社,1999.

[30]马丁·布伯.我与你[M].陈维纲,译.北京:生活·读书·新知三联书店,2002.

[31]马克思,恩格斯.共产党宣言[M].中共中央马克思 恩格斯 列宁斯大林著作编译局,译.北京:人民出版社,1997.

[32]马克斯·韦伯.新教伦理与资本主义精神[M].于晓,陈维纲,等译.北京:生活·读书·新知三联书店,1987.

[33]玛莎·纳斯鲍姆.善的脆弱性:古希腊悲剧和哲学中的运气与伦理[M].徐向东,陆萌,译.南京:译林出版社,2007.

[34]迈克尔·J.桑德尔.自由主义与正义的局限[M].万俊人,唐文明,张之锋,等译.南京:译林出版社,2011.

[35]尼古拉斯·布宁,余纪元.西方哲学英汉对照辞典[Z].北京:人民出版社,2001.

[36]齐格蒙特·鲍曼.后现代伦理学[M].张成岗,译.南京:江苏人民出版社,2003.

[37]让-保尔·萨特.自我的超越性 —— 一种现象学描述初探[M].杜小真,译.北京:商务印书馆,2010.

[38]斯蒂文·费什米尔.杜威与道德想象力:伦理学中的实用主义[M].徐鹏,马如俊,译.北京:北京大学出版社,2010.

[39]塞缪尔·亨廷顿.文明的冲突与世界秩序的重建(修订版)[M].周琪,刘绯,张立平,等译.北京:新华出版社,2010.

[40]萨特.存在与虚无(修订译本)[M].陈宣良,等译.北京:生活·读书·新知三联书店,2007.

[41]托克维尔.论美国的民主(全二卷)[M].董果良,译.北京:商务印书馆,2009.

[42]唐纳德·帕尔玛.为什么做个好人很难? ——伦理学导论[M].黄少婷,译.上海:上海社会科学院出版社,2010.

[43]休·拉弗莱特.伦理学理论[M].龚群,译.北京:中国人民大学出版社,2008.

[44]休谟.道德原则研究[M].曾晓平,译.北京:商务印书馆,2001.

[45]休谟.人性论(上、下册)[M].关文运,译.北京:商务印书馆,1980.

［46］亚当·斯密.道德情操论［M］.韩巍,译.北京:光明日报出版社,
2007.

［47］亚里士多德.尼各马可伦理学［M］.廖申白,译.北京:商务印书馆,
2003.

［48］伊曼努尔·康德.道德形而上学原理［M］.苗力田,译.上海:上海人
民出版社,2005.

［49］约翰·罗尔斯.正义论［M］.何怀宏,何包钢,廖申白,译.北京:中国
社会科学出版社,1988.

［50］约瑟夫·弗莱彻.境遇伦理学——新道德论［M］.程立显,译.北京:
中国社会科学出版社,1989.

［51］中共中央马克思 恩格斯 列宁 斯大林著作编译局.马克思恩格斯
选集［M］.北京:人民出版社,1995.

后　记

　　呈现在大家面前的这本著作是我在2014年完成的博士论文。论文存有许多不尽人意的地方，但此次出版除了对其中的字句进行校对修改，内容上并未有大的改动。博士毕业后这几年，让论文仍以原貌呈现，是一种遗憾，权且看作是自己过去学术历程的一个阶段性的真实记录吧。

　　朱熹说，读书可以明理。阅读和研究唐君毅著作不仅仅是一个开阔知识视野，训练哲学思维和写作能力的过程，同时也是一段感受唐君毅道德人格魅力、接受其精神境界陶养提升的经历。从陌生到熟悉，当我逐渐走近唐君毅，我感受到自己应当担当的责任。非常感谢导师高兆明先生将我领进唐君毅的思想世界，帮助我打开一片生机勃勃的研究领域。

　　我是幸运的，因为在人生最迷茫的时候，能够如愿拜在导师高先生的门下，聆听他的教导，亲身感受他的智慧和人格魅力。在跟着先生求学的那几年中，最快乐的是和先生一起品读《法哲学原理》《尼各马可伦理学》等原著经典；最浪漫的是与先生一起在仙林东区食堂餐桌上进行的师生对话；每逢写作中遭遇难题，裹足不前、焦躁万分之时，电话那边先生轻轻的几句点拨，便可以让我顿感云散雾开！先生的话语永远是平缓的、亲和的、有力的，绝没有冗余，他善于以对话的方式，启发学生思考，极其注重通过问题意识的培养来提升学生独立研究的能力。先生为学严谨，思想活跃，他尤为强调两点：一是要求树立学术的自尊和自信，要有学术的使命感；二是要求培养求真的精神和品格，不断夯实基础，勇于自我突破。

在南京师范大学求学那几年，我也有幸聆听了张之沧教授、王小锡教授、曹孟勤教授、陈真教授、刘云林教授、翟玉章教授、徐强教授、王璐露教授、林丹教授、曹晓虎老师的授课和教导。老师们知识渊博，平易近人，诲人不倦，让我受益匪浅、记忆深刻。在论文开题、写作、修改到最后定稿过程中，老师们给我悉心的指导，在此表示衷心的感谢。同时还要感谢东南大学张祥浩教授和南京大学顾肃教授参加我的论文答辩会，他们对我的论文提出了非常宝贵的修改意见。虽然很遗憾，这些在论文中没有得到充分体现，但我相信，它们一定会在我以后的学术研究中得到呈现。

在论文写作过程中，我曾专门拜访东南大学张祥浩教授，他是最早系统研究唐君毅思想的大陆学者。在张教授家中，他把私藏多年的唐君毅先生著作的台湾版本拿了出来，给我介绍了20世纪80年代大陆学界研究唐君毅思想的时代背景，同时还向我讲述了唐君毅先生生前的一些生活场景。与张教授的一席谈，让我对唐君毅先生的人格魅力有了一种更贴近的体验，也坚定了我走进唐君毅思想世界的信心和决心。

感谢我的硕士生导师崔宜明教授对我的鼓励！感谢朱贻庭教授对我论文写作提出的方法建议！感谢华东师范大学哲学系刘时工老师和深圳大学哲学系杨茂明老师一直以来对我学术成长的关注和引导！

感谢同门师姐李金鑫给予我的诸多帮助，她乐观豁达的生活态度和真诚执着的学术精神一直影响着我；感谢师弟洪峰对我的信任和帮助，他的青春活力感染着每一个走近他的人！感谢师兄李和佳、张君平，师姐王燕，师弟周维功、陈凡，师妹孙玉红、张苗苗对我的倾情相助！感谢同学徐芹、程芳云、郭芙蓉、凌烨丽、华启和、张述周、蒋俊明、吴华眉，因为有你们的相伴、砥砺和友谊，我才从未孤单。感谢华东师范大学哲学系博士生韩建夫无私地向我提供诸多宝贵的研究资料，感谢华东师范大学哲学系硕士生宗玉琴、张慧当年为我搜集资料所付出的辛劳！感谢朋友周景坤教授向我提供的无私帮助！感谢香港中文大学汪毅慧老师的热心！感谢黄山学院的领导和同事们一直给予我的帮助、鼓励和支持！

同样我也要感谢为此次出版付出辛劳的安徽师范大学出版社编辑陈艳和丁翔，她们为本书的出版付出了很多劳动。

最后，我要深深地感谢我的家人。是我敬爱的父母在我求学期间为我们承担起照看孩子和料理家务的重担，使我可以专心、安心地完成自己的学业；是我亲密的爱人汪辉华默默地支持、包容和鼓励，让我可以全心地投入学术研究中；2011年，在论文写作期间，我的女儿橙子小朋友来到这个世界，她给家人带来了欢乐，也给我以新的生命感悟，赋予我学习和工作以新的意义。

在学与问的道路上，常常让我想起、也永远不能忘怀的还有我的两位启蒙老师：杜荣坤和程熙两位老先生。是他们给予我这个乡村女孩以人生最初的梦想，开启我追逐本真与自由的朦胧心智。虽然两位恩师已仙鹤而去，但师恩难忘。

真实的生命存在需要在不断地自我超越中实现，通往本真和自由的道路注定是不平坦的，但追求的脚步不会停歇！

孙海霞

二〇一八年于黄山

后
记